Aux charmes de sa voix la graue Melpomene
De l'obscur du Tombeau les vertueux ramène.

LE
THEATRE
D'Alexandre Hardy
Parisien.

Dedié a Monseigneur
le Duc de Montmo-
rancy.

A PARIS, Chez IACQVES QVESNEL, ruë Sainct
Iacques, aux Colombes, pres S. Benoist.

LE THEATRE
D'ALEXANDRE HARDY, P,
CONTENANT,

DIDON, se sacrifiant.
SCEDASE, ou l'Hospitalité violée.
PANTHEE.
MELEAGRE.
PROCRIS, ou la ialousie infortunée.
ALCESTE, ou la fidelité.
ARIADNE Rauie.
ALPHEE, Pastorale nouuelle.

A PARIS,
Chez IACQVES QVESNEL, ruë S. Iacques aux
Colombes, pres S. Benoist.

M. DC. XXIIII.
Auec Priuilege du Roy.

A MONSEIGNEVR DE MONTMORANCY.

DVC, PAIR, ET ADMIRAL DE FRANCE.

MONSEIGNEVR,

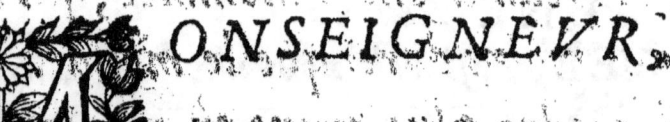

Ce petit ouurage se jette en la franchise de votre Autel, comme au plus accessible, & glorieux, où les Muses Françoises treuuent iournellement une inuiolable seureté, où elles appendent chacune à l'enuy de ces couronnes qui immortalisent leur protecteur. Au surplus, la verité m'anticipera de dire en faueur de ma

ã iiij

profession, que le stile Tragique toujours ocupe par les actions les plus releuées de la vertu, ne sçauroit que plaire à celuy qui en réduit à toutes occasions les paroles en éfet, comme Phœnix perpetué de l'vne des plus Illustres & anciennes maisons de France, en laquelle depuis Charlemagne, vne infinité d'Achilles se celebrent par l'oracle de l'Histoire, & ralument en vous (Monseigneur) le flambeau d'vne renommée, qui ne sçauroit moins durer que le monde. Or sans décendre plus auant en ce labyrinthe de loüanges, qui offensent plus leur sujet qu'elles ne le glorifient, & pour n'imiter ces méchants orféures, qui veulent emprisonner l'escarboucle dans quelque chaton sans artifice, et sans valeur, Je me contenteray à l'exemple des Medecins, qui disposent les malades, à la reception de quelque drogue, salutaire en son amertume, de conjurer votre clemence (si d'auenture elle daigne donner quelq...

res perdües à la lecture de ce liure,) de pardonner à cette mâle vigueur que desirent les vers Tragiques, à peu pres comparables aux Dames vertueuses, qui ne veulent emprunter leur beauté que de la nature ; vers qui demandent une égalité par tout, sans pointes, sans prose rimée, sans faire d'une mouche un Elephant, & sans une artiste liaison de paroles affectées, ampoules d'eau plus propres à delecter la veuë des petits enfans, qu'à contenter un esprit solide, & iudicieux, tel que le vôtre (Monseigneur) qui me promet la souscription d'une tant ciuile, & équitable requeste, en laquelle consiste, outre le gain de ma cause, une perpetuelle obligation de demeurer,

MONSEIGNEVR,

Vostre tres-humble & tres-obeissant seruiteur.

A. HARDY.

AV LECTEVR.

IE sçay, Lecteur, que mon Histoire Etiopique, toute monstrueuse des fautes suruenuës en sa premiere impression, fit faire vne mauuaise consequence de mes autres ouurages à certains Aristarques, & nommément à ces frélons qui ne seruent qu'à deuorer le miel des escrits d'autruy, ne pouuants d'eux-mêmes rien mettre dehors, que l'aiguillon de la médisance. Ie me seruiray contre eux du priuilege d'vne loy militaire, qui permet au soldat, ne pouuant plus fuir, de mettre l'épée à la main contre son Capitaine, comparant tels censeurs à ceux qui sans joüer, contrôlent, & remarquent hardiment les fautes commises sur le jeu, mais qui ne jouent jamais, où faute d'argent, où crainte de perdre: ainsy leurs calomnies, mordent impunémét sur la reputation des gens d'honneur, à faute de donner prise sur eux, d'autant que telles tortuës ne mettent iamais la teste hors la coque de leur ignorance. Condamner vn liure à son ouuerture, est paroistre indigne de sa lecture, & montrer plus de passion, que de iugement: aussy les meilleurs iuges ne font pas ordinairement les plus seueres, & si la prudence ne guide en telles actions, la même perfection ne se trouuera qu'imparfaite. Vn Apelle rencontrera mille faquins, disposez à contrôler ce qu'ils doiuent admirer. Non pas, Lecteur, que ie te vueille hier icy, ce que i'auoy là ingenuëment confessé; beaucoup de defectuositez, pardonables à vne jeunesse impetüeuse, qui ne tâchoit en ce tems-là, qu'à se sauuer à la nage, des griffes de celle, qui le plus souuent déuore les meilleurs esprits. Quant au chois de ces dernieres fleurs que ie dóne à ta curiosité, l'enuie y treuuera possible plus de resistance, ton goust plus d'apétit, & ma iuste douleur quelque allegeance en ton contentement. Ma Didon, presque entierement imitée du Poëte Latin, au moins te prépare le plaisir, de conferer sa version auec celle des autres: Et la diuersité des sujets qui la suiuent, comme du tout miens, montreront ce que i'ay pû seul. Les Chœurs y sont obmis, cóme superflus à la representation, & de trop de fatigue à refondre. I'ayme mieux te repaître encor de l'esperance de quelque dernier mets, autant digne de ta bienueillance, que du seruice de l'Auteur.

Εἰς τὸ τῦ ἐνδοξοτάτυ αὐδρὸς
Ἀρδίυ, τῶν τραγῳδῶν ἀώτυ,
θέατρον.

ΕΠΙΓΡΑΜΜΑ

Οὐ σέο μνῆμα τόδ᾽ ἐστιν ὦ Ἀρδιε βιβλίον, ἀλλὰ
  Τοῦδε σύ, τῇ δόξῃ γὰρ σέθεν ἀμπέχεται.
Καὶ γὰρ τ̂ Κελτῶν μεγάλην Χάριν ὄντα ἀοιδὸν
  Ἡ βίβλος ἔχει, μοῦσης ἀστέρα τῆς τραγικῆς,
Οὗ, κατὰ Πυταγόρεω φυσικὴν φάτιν, ὁ Σοφοκλῆος
  Πρὶν νόος ἐν στέρνοις δεύτερον ᾠκίσατο.
Οὐκοῦν εἰ μὲν κωφὸν ἔχει στήλις οὔνομα σεῖο,
  Αἱ δὲ σοφαὶ περὶ σοῦ ῥήσιες ἀθάνατοι.

Πέτρος Βερτζανὸς ὁ Μεσίρονος τῆς γλώττης
ἑλληνικῆς ἅμα τε καὶ ἑβραϊκῆς ἐξηγητής.

AD CLARISSIMVM, DOCTISSIMVMQVE D. ALEX. HARDY, Regium Poëtam.

AVREA Mæonidem fert prisca tabella
  vomentem
Flumina, quæ vatum mens sitibunda bibit.
Aure catenatas, victasque trahentia Gentes
  Altera in exuuijs Herculis ora facit.
Sic totos tua Pierios HARDIVE liquores
  Euomuere, tuo concita corda Deo.
Quô quisquis tragicos affectans conuolat hircos,
  Carpit & augustas ore tremente dapes.
Sic quocunque tui diuino robore cantus
  Pectora flexanimes illaqueata trahunt:
Sic capis os ubicunque lubet, sic seruis anhelus,
  Cum tua Pegaseis Musa triumphat equis.
Conciliat superos, hominesque, & Tartara flectit:
  Excutit & manibus tela trisulca Iouis.
Orpheus in syluis animalia carmine agebat,
  Hoc fuit Antiquis fabula: vera loquor.
Mitia terribilem circunstant fulmina Musam:
  Et vehitur pennis Æole celsa tuis:
Regales habitus, Majestatemque verendam
  Sumit, vt exoriens solis Amica toro.

Quales virga potens habuit Cyllenia vires,
 Talibus ardescit mens calefacta sonis.
Sunt tua tota auro, radijsque micantia Phœbi
 Carmina, Cecropiis cocta papaueribus.
Quam dulci fœcunda fluit tua vena susurro,
 Gratior aurifero, diuitiorque Tago.
Quinetiam tumidi ritu torrentis ab alti
 Aonij montis labitur acta iugo:
Tum velut effusus stagnanti flumine Nilus,
 Libera Pierijs exspatiatur aquis.
Quæ vada Lymphato, quæ flamma, quis impetus
  œstro,
 Egit in immensum pectora vatis opus.
In terris citius riuos, & flumina sicces,
 Cordis inexhausti quam tibi desit aqua.
Igneus ille furor lapsis feruentibus annis,
 Non vitæ flammâ deficiente cadit:
Ingenium sublime tuum non contudit ætas,
 Parsque senescenti nulla vigoris abest:
Seruiet irrequieta tibi tua dextera, donec,
 Subripiens calamos mors inopina premat.
Pascitur assiduo tua mens excelsa labore,
 Dulcius & veteri Cygnus ab ore canis.
Siue Sophocleos celeberrima Musa cothurnos
 Induat, & gladios imperiosa rotet:
Seu vocet armatas ad prælia sæua cohortes,
 Siue coronatos tollat ad astra duces.
Seu vice mutatâ miserorum sanguine lassa

Turba Tyrannorum præcipitata ruat,
Siue horrens nimio scelerare theatra cruore,
  Leniat articulis tristia plectra suis:
Ipsa subire casas humiles dignata coloni,
  Bucolicis gaudet ludere carminibus.
Seu pecoris custos vigilet, seu miles Amoris
  Tityrus vxorem cum Corydone petat.
Seu castæ insidians Satyrorum turba puellæ
  Garriat, & pœnas fuste subacta luat.
Siue iuuet rure ad mediam descendere plebem,
  Et molles soccos sumere fessa pedo.
Applaudunt hilares cuncti, mirantur, adorant,
  Materiâ numeris conueniente tuis.
Quam bene composito cingis diademate frontes.
  Quam bene de vili sceptra ligone facis.
Quam bene deturbas cæcos de culmine reges.
  Quam lepidis animos ludis imaginibus.
Quam bene, quamue acriter dubijs concurritur
    armis,
  Aspera cum miscent prælia Mars & Amor,
Mars & Amor tristes animos, irasque remittunt,
  Molliter altisonas te modulante lyras.
Contendunt ambo, mirâ quis in arte Poëtæ,
  Eloquij palmas, ingenijque ferat:
Sed pariter myrti exornant & laurus amantes,
  Et pariter vires prodit vterque suas.
Dextera tum pallens venerandæ Pacis Oliuâ,
  Herbaque victorem nectit vtrumq; sequax.

Quam bene letales arcus tua brachia lunant,
  Dantque pharetrato quam fera tela Deo:
Quam bene fallentes Veneris depingis Amores,
  Quam varijs recreat scenica pompa modis:
Quam festiua hominum mores dicteria carpunt:
  Quam dulci Corydon carmine mulcet oues.
Qualibet vsque adeò seruat persona decorum,
  Tamque aptum inueniũt singula facta locum.
Prælia si referas commissa minacibus iris,
  Mens timet, atque oculis militis arma micant:
Auribus ardentes strident, lambuntque sagittæ:
  Nostraque sanguineo flumine membra natant.
Si calamo pingens per amœna vireta vagaris,
  Das animis molles corporibusque toros.
Si blandos auium cantus: Dryadumq; choreas:
  Panaque muscosos cum canit ante Deos:
Amissum iuuenem flentis suspiria Nymphæ:
  Et murmur Venerem rupe loquentis aquæ:
Præcipitantem iras rapidis insultibus vndam,
  Et placidas voluens in mare flumen aquas:
Ludentes plantis oculos ferientibus hortos,
  Ver zephyri herbescens ore tepentis humo,
Pascua, & encaustos terrestria sidera flores,
  Per nemus inque feras effera corda canum.
Siue lacunatas sinuoso murice rupes,
  Saxaque cimmerij concamerata loci,
Cæteraque istarum pingas miracula rerum,
  Naturâ artifici luxuriante manu.

Tunc animus stupet, & tantâ dulcedine captus
    Expressis iungi nititur vsque locis.
Gestit in arguta pictoris imagine falli,
    Et varias terræ cernere gaudet opes.
Si pharetram pueri fabrices, & Numina pingas,
    Pectoribus patior spicula fixa meis.
Si obuia fulmineis vastantem dentibus aprum,
    Stat velut horrescens seta pauore coma.
Si tempestates his mens delusa procellis,
    Naufragio factam sentit inesse viam,
Et mox præcipites horrenda ad Tartara ferri,
    Sideraque iratas scandere cernit aquas.
Non Helenam melius Zeuxis, non docta Tonan-
    tem,
    Artificis pinxit regis in arte manus.
Non magis in scenâ gestus Ciceronis, & artis
    Æmula diuinæ Roscia dextra fuit:
Quam tua picturis expressa loquentibus acta
    Subijcit ars oculis ingeniosa meis.
Non tua in obscœnos deflexa Tragœdia risus :
    Hinc procul ostentans turpia Mimus abest.
Hanc oculi excipiant, castæque Lycoridis aures,
    Audiat hanc saluâ quisque pudicitiâ.
Græcorum voces sileant, oracula Delphis:
    Hæc tua principibus quæ facienda docent.
Ausoniasque tegant æterna silentia scœnas:
    Ista suas peragat Gallica scœna vices.
Hvmanæ specvlvm vitæ, rerumq; magistra,
    Consilijs

Consilijs firmat regia sceptra suis.
Iudicis æquales hac librat dextera lances,
  Cum trepidos iusto fulminat ore reos:
Inuictam, cæcamque aciem fert luminis auro,
  Nec iugulum Themidis perfidus ense petit.
Emendat vitiosa malos plebecula mores:
  Et Domini discunt colla subire iugum.
Compedibus malesanus amans hac sistit Amorē,
  Spargere sollicitas discit auarus opes.
Hac stulti sapiunt, Reges mitescere discunt,
  Nunquam peccantis prætereunte nefas.
Hîc requiem Regni quæris LODOICE laborum,
  Temperat hæc curas vnica Musa tuas,
Nec dedignaris belli defuncta periclis
  Regia laurigero LILIA ferre Deo.
Hîc animos sumis virtute, & Marte feroces:
  Hîc tibi suspectus vitreus Orbis honor:
Te docet æterno hîc fortis clementia clauo
  Sistere voluentes summa per ima rotas,
Equibus altorum fera Regum corpora pendent,
  Corpora carnificum victima facta lupis.
Quæ palpatorum fallacia pectora celant,
  Aulaque blanditijs insidiosa negat:
Hîc lætis minimeque inuitis auribus audis,
  Consignas animo raraque verba tuo:
Et dum magnificis ornas sacra carmina verbis,
  Gaudia muneribus testificanda putas.
Mutua sic debes HARDIVE encomia Regi,

Ecquid in hoc tanto principe mutus eris?
Sublimes depinge animos, vultusque serenos;
 Ille potens bello, iustus & ille toga.
Pinge precor? namq; æra ruunt, at semper honores,
 Hæc tua Semideûm viua tabella feret.
Dat tibi materiem belli, pacisque canendam,
 Materies Musæ postulat artis opus.
Decantata tuas ornabunt LILIA lauros,
 Magnaque Præconis gloria maior erit.
Hactenus indulsit Regum tibi gesta canenti,
 Nunc aderit cœptis Musa secunda tuis.
Non formam optatam referam, viresq; precabor,
 Gloria pingentem diriget acta manum.
Pinge modo? & talem ducas in imagine Regem,
 In nostro qualem pectore pinxit Amor.
Vt bene depictus magno cum Principe clamet,
 Victor Achilleos vidit vt ipse rogos.
Me fortunatum! cui contigit alter Homerus,
 Qui mea venturis Regia facta daret.
SECTA sed ingenij virtutibus inuida tantis,
 Non cessat fœtus dente ferire tuos;
Secta tibi petulans, quam noctis imago poëtam,
 Ludificans animo, montis in arce tulit.
Cui modò propitio communi lampade Phœbo,
 Pectora non flammis incaluêre tuis.
Cui Tripode exhalante imâ de sede Mephitim,
 Mente parum faustas extulit inde faces.
Ipsa tamen veluti Philomelas gracculus inter

Exiguis frigulans ludit in aure sonis.
Sentit vt exiliant numeri Parnaßia rupes,
   Haustaque deuouent pocula fracta caput.
Pingite? caluatas pictores pingite Musas?
   Nec ferat intonsam noster Apollo comam:
Scilicet inuitam hac nimium pectente Camœnâ,
   Vexatum crines deseruêre caput.
Ausu sacrilego sed se non carmina tantum,
   In tua vesanus porrigit iste furor.
Priscorum lacerat veneranda poëmata paßim,
   Inque sacros cineres impia bella gerit:
In cineres quorum pugnans ambiuit honorem
   Græcia, & Heroum qui meruêre rogos;
Et quibus Indigeti tanquam libamina Diuo
   Plurima certatim grata Iuuenta tulit.
Extincto insultant leporum sic ora leoni:
   In laruas catulis sic tygris orba furit:
Sic aliæ volucres modulantem veris amicam,
   Vnguibus inuidiæ, mordicibusque petunt.
Hos capit inscitiæ celeberrima REGIA fucos,
   Hîc gerit infames Musa perita notas,
Hîc fert inscitia elatas ad sidera frontes,
   Doctaque sunt doctis dißimulanda viris.
O scelus! hic magnus diuinæ Æneidos Author,
   Et sacra Ronsardi LAVREA serpit humo,
LAVREA Gallorum florentibus alta coronis,
   Quam olim Regales excoluêre manus.
Frendite? vipereis ringantur & ora venenis,

Non metuit rabidos inuia luna canes.
Cædite? tam fortis ridet fera fulmina laurus,
   Hæc licet aßiliat vertice tela Iouis.
Floret in aduersis, maioraque robora sumit.
   Hoc mage frondescit, quo magis vrit Hyems,
Explicat in cœlum, totumque hamata per orbem
   Brachia, & hostili pullulat icta manu.
Non vestræ arescet letalis flatibus auræ:
   Irriguo famæ rore perennis erit.
Dum super hac granditonat alter Olympius ore:
   Garrula leteis rana coaxet aquis.
Et calamistratos, & inania verba sonantes,
   Et molles numeros Aulica turba legat:
Vestraque Phœbeo elumbis se jactet in antro
   Musa, puellari delituisse sinu.
Dum meditãs animo æternos HARDIVVS *honores*
   Mordet in emeritis laurea serta comis:
Dumque cothurnato consurgens carmine, doctis
   Euigilata viris scripta legenda canit.
Inscitiæ solium doctrinæ vt cesserit AVLA,
   Protinus hîc vestrum tunc morietur opus.
At tua Parnaßi meliori imbuta liquore
   Carmina, deliciæ posteritatis erunt.
Postquam mens vitæ, Phœbique efflauerit ignes,
   Nectarea, & superis mixta, fluenta bibet.
Regia Melpomene monumenta dicabit, & omnis
   Ambiet effigiem bibliotheca tuam.
Te Sequana, & Ligeris, magnusque Garumna lo-
   (quentur,

Lentus Arar Rhodano nomina clara dabit,
Lætius hunc Tragicum non vexit Ariona Del-
   phin,
   Quam tua scripta mari flumina nostra vehēt:
Per terram meritas celebrabunt æquora laudes:
   Terraque per variam solis vtramque domum.
Interea casto, & constanti pectore Amantes,
   Quos grauibus Musæ concinuêre modis:
Molliter æternum hoc dulcis sub tegmine lauri,
   Cum celebri vester vate quiescat amor,
Hæc folijs inscripta suis, & ficta virenti
   Cortice, perpetuò carmina sacra ferat.
O vos felices, quorum sacer ignis, & ossa
   Non potuêre vrnâ nobiliore tegi.
Te quoque felicem, merito cui gloria viuo
   Contigit, extinctis sera relicta viris.

A. DVBRETON.

AV SIEVR HARDY.

Coûtumier de courre vne plaine,
Qui s'étend par tout l'Vniuers,
I'entens à compofer des vers,
Trois milliers tout d'vne haleine.

HARDY, dont les lauriers feconds,
Font ombre à tant de doctes teftes,
Que les plus grands de nos Poëtes,
S'honorent d'eftre tes feconds.

Iamais ta veine ne s'amufe,
A couler vn Sonet mignard,
Déteftant la pointe, & le fard,
Qui romt les forces à la Mufe.

Que c'eſt peu d'oüir Cupidon,
En Sonets molement s'ébatre,
Au pris de voir fur le Theatre,
Le defefpoir de ta Didon.

I'ayme Renaut, & Theagene,
I'en ayme encor vn milion,
Mais plus qu'vn liure d'Ilion,
Scedafe mort deſſus ta Sçene.

Ie marque entre les beaux efprits,
Malherbe, Bertaud, & Porcheres,
Dont les loüanges me font cheres,
Comme i'adore leurs écrits.

Mais à l'air de tes Tragedies,

On verroit failly leur poumon,
Et comme glaces du Strymon,
Seroient leurs veines refroidies.

 Tu parois sur ces arbrisseaux,
Tel qu'vn grand Pin de Silesie,
Qu'vn Ocean de Poësie,
Parmy ces murmurans ruisseaux,

 Les enuieux de ton estime,
Te donnent peu de sentiment,
L'ignorance est le chastiment,
Comme la cause de ce crime.

 HARDY, contre ces faux abois,
Tu feras voir comme Cigales,
Toutes leurs Muses inégales,
Se creuer en leur propre vois.

THEOPHILE.

A MONSIEVR HARDY
SVR SON THEATRE.

HARDY, dont l'esprit inuentif,
Rend celuy du Lecteur captif,
Qui se plaist à voir ton ouurage:
Pardonne-moy si ie te dis,
Que pour faire des vers Hardis,
Il faut imiter ton langage.

   Les autres petits Escriuains,
De vers inutiles, & vains,
Nous vont remplissant les oreilles:
Mais toy, notre Apollon François,
Autant de vers que tu conçois,
Ce sont tout autant de merueilles.

   Ces Rimeurs perdent leur credit,
Le parler leur est interdit
Depuis qu'on a veu ce volume;
Et dé-ja les plus beaux esprits,
Tiennent tous les vers en mépris,
Qui ne sortent pas de ta plume.

   Aussy mon HARDY les douceurs,
Dont s'entretiennent les neuf sœurs,
Auec lesquelles tu t'amuses,
Leurs charmes, leurs plaisirs diuers,
Se rencontrent dedans tes vers,

Comme dans le jardin des Muses.
 Courage, ne te lasse pas,
Que ces charmes, & ces apas,
Dont souuent ton esprit s'en-yure,
Te tiennent en si belle humeur,
Que tous les iours ton Imprimeur,
Fasse vn volume de ton liure.
 Et qu'on puisse dire en tous lieux,
Que ton esprit laborieux,
(A qui nul autre ne ressemble)
A plus fait en ses jeunes ans,
Que tous les Ecriuains du tâns,
Ne feront iamais tous ensemble.

DE LAFFEMAS, Conseiller Secretaire du Roy, & de ses Finances, & Lieutenant de Monsieur le Duc de Sully, Pair, & Grand-Voyer de France, en la Generalité de Paris.

A MONSIEVR HARDY, POETE DV ROY,

SVR SON THEATRE.

Qvel Démon, quel puissant Genie,
Expose aux yeux de l'Vniuers,
Grece, Rome, & la France vnie,
Par le doux charme de ses Vers?

 Docte main, qui nous represente,
L'horreur des Martiaux effrois,
Et fait paroître l'épouuante,
Au front des Princes, & des Rois.

 Puis d'une lente, & douce force,
E'ueillant leurs plus chauds desirs,
Fait voir que l'amour les amorce,
Du faux apas de ses plaisirs.

 Et d'vn merueilleux artifice,
Apres auoir bien combatu,
Rend toujours à la fin le vice,
Tributaire de la vertu.

 Graue, & sanglante Tragedie,
Qui toute ta gloire reçois,
De la plume mâle, & hardie,
Du plus braue de nos François.

 De quel prix assez magnifique,
Estimes-tu recompenser,

L'honneur de ta scene Tragique,
Sans ses merites offenser?
 C'est peu pour luy que le lierre,
Le laurier ne luy sufit pas,
Ny son nom graué dans la pierre,
Qui fait viure apres le trépas.
 Le lierre à la fin se passe,
Le laurier seiche auec le tems,
La pierre à la longue s'éface,
Tout cede à l'iniure des ans.
 Mais luy sur qui la médisance,
Ne treuue rien à contrôler;
Qui triomphe de l'ignorance,
Et que rien ne peut ébranler.
 Luy qui malgré la loy des Parques,
Par l'éfort d'un vers vehement,
Fait ressusciter les Monarques,
Et les tire du monument;
 Tout remply d'honneur, & de gloire,
Doit laisser à l'éternité,
Dedans le temple de memoire,
Son nom à la posterité.

   I. H. DE SAINT IAQVES,
   Aduocat en Parlement.

AV SIEVR HARDY,
SVR SON THEATRE.
EPIGRAMME.

SOIT que d'vn vers tout plein de charmes,
Tu representes à nos yeux,
Où l'enfant qui blesse les Dieux,
Où le Dieu qui porte les armes:
Soit que pour réduire à neant,
La force de quelque Geant,
Apollon inspire ta Muse;
Où que tu veuilles faire voir,
Combien la vaillance, & la ruse,
Ont dans vn Estat de pouuoir.
 Soit que ta veine plus hardie,
Mette les Grands hors de leur rang;
Couurant de poussiere, & de sang,
La face de la Tragedie;
Et que dans les éuenemens,
Où de ses diuers changemens,
La Fortune imprime les marques,
Tu rendes moindres les dangers,
De la houlete des Bergers,
Que du Sceptre des grands Monarques:
 HARDY, tes vers ont tant d'appas,
Quand tu mesles le Myrthe au laurier inuincible,
Qu'on ne peut sans estre insensible,
Les lire, où les oüir, & ne les loüer pas.
     I. BAVDOVYN.

SVR LES TRAGEDIES DE MONSIEVR HARDY.

STANCES.

L'Esprit le plus hardy qui soit dessus la terre,
D'vn art que les humains ne sçauroient égaler,
Nous fait en ses beaux vers diuinement parler,
Le Démon de l'*Amour*, & celuy de la guerre.

Le nombre des écrits de sa veine excellente,
Fait confesser à tous d'vn aueu solennel,
Que celle d'vn ruisseau qui seroit eternel,
Auroit moins d'abondance, & seroit moins coulante.

C'est trop d'ingratitude, à cét âge où nous sommes,
Qu'on n'ait point éleué l'image en mille lieux,
D'vn, qui parlant si bien le langage des Dieux,
Le vint communiquer à la race des hommes.

Toy qui portes les yeux sur ce sacré Mystere,
Contemple auec respect vn si saint monument,
Et sçache ateint d'enuie, ou bien d'étonement,
Qu'il faut à son aspect, adorer, & se taire.

TRISTAN.

Extraict du Priuilege du Roy.

PAr grace & Priuilege du Roy, il est permis à Iacques Quesnel, d'imprimer où faire imprimer, vn liure intitulé *Le Theatre d'Alexandre Hardy, Parisien*, contenant *Didon se sacrifiant*; *Scedase où l'Hospitalité Violée*; *Panthée*; *Meleagre*; *Procris, où la jalousie infortunée*; *Alceste, où la Fidelité*; *Ariadne Rauie, Tragedies*, Et *Alphée Pastorale*. Auec defences à tous Libraires, Imprimeurs, & toutes autres personnes, de quelque qualité qu'ils soient, d'imprimer, où faire imprimer, vendre, ny debiter ledit liure, ny mesme en extraire aucune chose, pendant le temps, & espace de dix ans, à peine de confiscation des Exemplaires, & de douze cens liures d'amende, comme il est plus au long contenu en l'original. Donné à Paris, le 16. iour de Mars mil six cens vingt-quatre. Scellé du grand sceau de cire jaune. Et signé,

Par le Roy en son Conseil,

LE LONG.

ARGVMENT
de cette Tragedie.

E sujet si connu de tous, n'estant que celuy du quatriéme de l'Æneide de Virgile, oblige, quiconque l'ignoreroit, à le puiser dans cette claire source de ce Prince des Poëtes.

LES ACTEVRS.

ÆNEE.
ACHATE.
PALINVRE.
DIDON.
ANNE.
IARBE.
THERODOMANTE.
IVLE.
BARGE.
MERCVRE.
CHOEVR DE PHOENICIENS.
CHOEVR DE TROYENS.
CHOEVR DE DAMOISELLES.
CHOEVR DE TIRIENS.
MESSAGER.

DIDON

DIDON SE SACRIFIANT.
TRAGEDIE.

ACTE I.

Ænée, Achate, Palinvre, Anne, Didon, Chœvr des Phoeniciennes.

SCENE I.

Ænée, Achate, Palinvre.

ÆNEE.

Rands Dieux, qui disposez des Empires du monde,
Toy qui portes en main ce tonnerre qui gronde,
Iupiter ennemy du peuple Phrygien,

A

Qui feis que nostre Troye à present n'est plus rien,
Vous qui l'auez bastie afin de la destruire,
Si sa perte fatale a destrempé vostre ire,
Si l'orgueil ruyné de cét ample vniuers,
Si tant de bastimens, d'os, & d'herbes couuers,
Si tant de sang meslé dans les ondes de Xante,
Si du pauure Priam la memoire innocente,
Si de son preux Hector, le violent trespas,
De tant d'autres enfans qui suiuirent ses pas,
Si son peuple enterré dans les feux de la ville,
(Helas! y repensant l'œil toujours me distille)
Bref, si de nous chetifs du naufrage restez,
Les trauaux infinis, & les calamitez,
La miserable vie en morts continuée,
La fortune, d'amis, & de biens desnuée,
(Horsmis en ce lieu seul, où Neptune a poussé
Le reste d'Ilion sur son dos courroucé,
Si la chose, (immortels), vostre pitié merite,
Seruez à mon esprit maintenant de conduite,
Sur tout ô Lycien, nostre saint deffenseur,
Contre les cruautez d'vn barbare oppresseur;
Toy qui guidas le trait de l'archer Priamide,
Afin de nous venger par la mort du Pelide;
Toy duquel i'ay suiuy les oracles donnez,
Pour atteindre voguant les pays destinez,
Iette, iette ton œil sur nos longues miseres,
Et si tu l'as iamais, exauce mes prieres,
Coule pere en mon ame, augure dedans moy

SE SACRIFIANT.

De soucys deuoré, ce que faire ie doy ;
  Icy, nous iouïssons d'vn repos desirable,
Tout conspire à nostre heur, tout nous est fauo-
  rable;
La naissante Cartage, & sa Princesse, amis,
Leur fortune, leur sceptre, au choix nous ont remis;
A peine, que tournant la rondeur de la terre,
Assiegez, incertains des eaux, & de la guerre,
Vn plus capable lieu, de releuer l'honneur
Des Pergames destruits, rameine ce bon-heur:
Mais d'ailleurs, le destin de prudence infinie,
Traisne ce beau dessein iusqu'au bord d'Ausonie;
Là, se doit restaurer le mur Dardanien,
Là, s'appaiser la sœur du grand Saturnien,
Là, le Tybre coulant d'vne douce entresuite,
Arrester des Troyens la vagabonde fuite,
Là mon espoir Ascaigne, Ascaigne mon soucy,
Redoutable, regner sous vn ciel adoucy,
Laissant de race, en race, vne splendeur d'Empire,
Partout où le Soleil fait ses flammes reluire,
Entre l'obscurité de ce Dedale ombreux,
Entre le souuenir de nos maux encombreux,
Et la comparaison de la presente ioye,
Mon esprit agité s'esgare, se fouruoye;
Chacun d'eux, tour à tour, me range à son party;
Ie rentre en mesme tems d'où ie me voy sorty;
Semblable au voyageur, qui la nuit suruenuë,
Rencontre deux chemins, leur addresse inconuë;

A ij

DIDON

De l'vn & l'autre pié, il branſle ſur tous deux,
Sans qu'aucun il accepte, à l'egal hazardeux:
Ainſy, l'infirmité de la nature humaine,
Me contraint reclamer voſtre main ſouueraine,
Deffaillant de moy-meſme; ha! n'apperçoy-ie pas,
Achate, & Palinure, auancez ſur mes pas,
Voyons, eux conſultez à reſoudre la choſe,
Où le bien d'vn public, & ſa perte repoſe.

ACHATE.

Illuſtre ſang des Dieux, quel ſoucy ſuruenant,
Pour le ſalut des tiens te preſſe maintenant?
Qu'auons-nous deſormais d'accident redoutable?
Ains, qui peut à ton ſort n'eſtre icy delectable?

ÆNEE.

La crainte du futur, du futur, que les Dieux,
Sous l'ombre d'vn repos dérobent à nos yeux.

ACHATE.

I'ay cent fois entendu de ta bouche prudente,
L'humaine ingratitude enuers eux éuidente,
Lors que de leurs biē-faits nous ne daignōs vſer,
Et qu'il ne les faut plus que les maux refuſer.

ÆNEE.

Non, mais l'oiſiueté, peſte pernicieuſe,
Nous deffend plus long tems vne vie ocieuſe;
Où il faut nos deſtins dans Cartage borner,
Où nos erreurs pourſuiure, & n'y plus ſeiourner.

PALINVRE.

Comme du premier flot vn ſecond ſe dériue,

SE SACRIFIANT.

En nous la volonté pulule deceptiue,
Plus quelqu'vn y croupit, plus il y veut croupir,
Et nous vient à la fin son sommeil assoupir;
De sorte, que l'on pert l'enuie, & la memoire,
D'acheuer vn chef-d'œuure encommencé de gloire;
Destournons l'accident, esuitons-le, tandis,
Que les perils domtez nous rendent plus hardis,
Que le courage tient nostre ieunesse ardante,
Vn depart desiré de ce havre attendante.

ÆNEE.

Pleust aux Dieux, que ce havre eust refuy nos
    vaisseaux,
Que nous fussions encore à la mercy des eaux,
Menacez de l'horreur d'vn éminent naufrage,
Et qu'vne autre tourmēte, eust quitté mō courage,
Vne autre beaucoup pire, ha! la voix me defaut,
Quand ie pense deuoir soustenir cet assaut.

ACHATE.

L'amour, au scorpion sa picqueure apparie,
L'vne, & l'autre mortelle, à grand' peine guerie,
D'autant qu'on les neglige, & que de leur poison,
Iusqu'à l'extremité s'attend la guerison,
Que de peu d'apparence ils font de grands sym-
    ptomes,
Telle faute est commune au vulgaire des homes.

PALINVRE.

Le vulgaire traisné de sa cupidité,
S'il succombe au fardeau qu'il n'a premedité,

A iij

Merite moins de blâme, & ioint que sa ruine
Importante de peu, s'estouffe en l'origine!
Mais vn fils de Déesse, vn heros indomté,
Vn, qui sçait des destins la sacre volonté,
Vn, qui doit rebastir dans le sein de l'Itale,
Notre seconde Troye, à la premiere égale,
Qui tient notre salut enchaisné dans le sien,
Cedant aux passions, d'excusable n'a rien ;
Sa vertu disparuë à l'approche du vice,
Montre qu'il a peché de certaine malice,
Qu'auant que de combatre il se rendra vaincœur,
Et qu'il ne manque tant de force, que de cœur.

ÆNEE.

Ma constäce esprouuée en choses plus arduës,
(Choses qui font trëbler les plus forts, entëduës,)
Me purge du soupçon de telle lascheté;
La gloire au plus haut pris i'ay toujours acheté,
Ennemy du repos, ennemy des delices;
Mais quand nous nous sentons de cruautez com-
plices,
Quand il est question de rompre vne amitié,
Enuers nos bienfaicteurs plus dignes de pitié;
Ha! Cieux! ha! iustes Cieux, alors la conscience,
Iette vn trouble dans l'âme affreux d'impatience,
Nous portons contre nous de terribles tesmoins,
Et les plus genereux, alors le sont le moins.

ACHATE.

Quoy? n'as-tu point oüy que Iupiter se moque,

SE SACRIFIANT.

Des sermens pariurez de l'amant qui l'inuoque,
Qu'exemplaire luy-mesme à l'infidelité,
Tels crimes sont toujours suiuis d'impunité:
Didon ne se voudroit ainsy n'estre trompée,
De plein gré dans tes rets elle s'est attrapée,
Tu as payé d'amour ce que tu luy denois,
Et pour sauuer les tiens autrement ne pouuois,
Si que la pieté de contrainte suiuie,
Te dispense de coulpe, & de peine ta vie.

ÆNEE.

Achate, aucun de nous ne sçauroit mieux iuger
Que nous mesme, obligez à ce peuple estranger
De la clarté du iour; & luy meurtrir sa Reyne,
(Car mõ depart sans doute au sepulchre la traine)
O quel triste loyer; toutefois attachez,
A vn autre destin l'entreprise cachez,
Faites que notre flote au riuage apprestée,
De viures, d'equipage, & de gens affretée,
N'attende qu'vn signal à refendre les flots,
Auertissez soudain soldats, & matelots.

SCENE II.
ANNE, DIDON,

ANNE.

Ma sœur, ma chere sœur, dites ie vous supplie,
A quelle occasion de tristesse remplie,
Vous semblez repousser le bon-heur qui vous suit,
Et de votre beau iour faire vne sombre nuit,

A iiij

Au scrupule premier possible retombée,
La blancheur de ce front d'albastre s'est plombée.
DIDON.
Vn iuste repentir du vœu que i'ay faussé,
Tient vn glaiue pendant sur ma teste haussé,
Represente à mes yeux incessamment fichée,
L'image qui se plaint de mon loyal Sichée ;
Encores l'autre nuit au milieu du repos,
Sa bouche me tenoit ce menaçant propos !
Esperes-tu long tems ô Didon forcenée,
Arrester en mon lit ce vagabond Ænée ?
Faire long tems pallir de honte le Soleil,
Pour ton crime adultere à nul autre pareil ?
Non, non, perfide non, la supresme Iustice,
Te reserue, & bien tost à vn aspre supplice ;
Les plaisirs du Troyen te seront cher vendus,
Ils seront de tes bras comme vn ombre perdus,
D'eux ne te restera qu'vn desespoir de rage,
Au meurtre de toy-mesme animant ton courage,
Sa Cartage est ailleurs, le vouloir des destins,
Apres mille trauaux l'ordonne au chāps Latins!
Ainsi pasle, muette, en glace conuertie,
Elle s'est fremissant d'auec moy departie,
Semblable au vent qui part à l'oreille sifflant,
Et sur les flots esmeus hideusement ronflant :
Las! n'ay-ie là dessus, n'ay-ie suiet de plaindre?
N'ay-ie pas vn suiet legitime de craindre?
De craindre que ma peur s'achemine à l'effect,

SE SACRIFIANT.

La foy de l'estranger, & ce songe suspect?

ANNE.

Vous Reyne de son cœur, Reyne de sa fortune,
Qui luy auez rendu toute chose commune,
Vous qui l'auez tiré d'vn Dedale mortel,
Qui des siens, & de luy, meritez vn autel,
Croire qu'extrait des Dieux il māque à sa parole,
Vous fier moins en luy, qu'à vn spectre friuole?
Auorté de la peur, & d'vn scrupule vain,
Que les deffuncts charmez d'vn long somme d'airain,
Hostes perpetuels d'vne lame profonde,
Reprennent le soucy des affaires du monde?
Ha! ma sœur, n'enuiez votre heur de la façon,
Que l'antique prudence estouffe ce soupçon,
Soupçon, qui reconu contraindra votre Ænée,
De chercher voirement plus loing sa destinée.

DIDON.

La langue, vray pinceau de nos affections,
Me faict mal augurer de ses intentions.

ANNE.

Comment?

DIDON.

Il ne se peut tenir quoy qu'il s'efforce
D'auoüer que l'Itale, & son sceptre le force,
Dire qu'il doit, malgré la haine de Iunon,
S'aquerir en ces lieux vn illustre renom.

ANNE.

Ce ne sont qu'aiguillons enuers sa geniture,

DIDON

Pour embrasser l'exploit d'une haute auanture.

DIDON.
Non, cela n'est rien plus, de l'entreprise chef,
Qu'en mots expres toucher mõ supresme méchef.

ANNE.
L'âge entr'eux different, distingue leurs pésées,
Ainsy que le present fait les choses passées,
L'vn a son calme ateint au sein d'vne Cypris,
L'autre a pareil bon-heur bande là ses espris.

DIDON.
Peu caute, estimes-tu que sa race il expose?
Que le fils en peril, vn pere se repose?

ANNE.
Apres que l'âge aura fortifié son corps,
Capable de courir aux belliqueux efforts,
Assisté d'vn conseil digne de l'entreprise,
Ænée aupres de vous (amoureuse franchise,)
Qui le diuertiroit du voyage fatal?

DIDON.
O redouté voyage, ennemy capital,
De Didon, de sa ville, & de si peu de ioye,
Par eux gousté, depuis qu'ils tromperent la proye
D'vn brigand parricide, helas! au moins attends,
Differe à t'accomplir, prolonge-moy ton temps,
Iusqu'à ce que mes feux alentis de leur cendre,
Ie puisse au desespoir ma constance reprendre:
Mais allons de Iunon les Autels visiter,
La seule Deité peut nos maux arrester.

ANNE.

Outre qu'aux Tyriens la Diue tutelaire,
Depuis leurs premiers vœux n'a cessé de bien faire,
Qu'en Samos mesprisée, elle daigne auec nous,
Sa demeure choisir, allons, qu'à deux genous,
Ie luy offre mon cœur en humble sacrifice,
Afin de destourner votre fascheux auspice.

Chœur des Pheniciennes.

Beau couple celeste d'amants,
Assemblé des bouts de la terre,
Puissent en tes contentements,
Mourir la discorde, & la guerre,
Puisse Cartage, deuenir,
Vne autre Amathe à l'aduenir.
Permets, ô Déesse écumiere,
Qu'icy l'vn de tes fils regnant,
Soit dessous la torche nopciere,
A nostre Didon se ioignant:
Et que leur regne puisse esclore,
Chez nous vn âge d'or encore.
Que nos cœurs francs d'ambition,
Ne respirent que l'innocence,
Ne bruslent d'autre affection,
Et ne conspirent d'autre offence,
Qu'alors que Saturne quita
L'Olympe, & le monde habita.

Puisse de leur couche feconde,
Naistre vn Hercule audacieux,
Qui de monstres purge le monde,
Et puis s'enuole dans les Cieux,
Laissant vne souche diuine,
Qui de pere en fils le domine.

    Sus, preparons-nous chastes sœurs,
    A l'heur de ce proche Hymenée,
    De guirlandes de toutes fleurs,
    Soit notre teste enuironnée,
    Nos seins sous vn lustre riant,
    Portent les thresors d'Orient.

Io que chacune déploye,
A l'enuy ce qu'elle a de beau,
Afin que ces heros de Troye,
Se prennent d'vn appas nouueau;
Et que l'hymen de notre Reyne,
Vn nombre infiny nous ameine.

    Venus preste-nous ce ceston,
    Qui la fureur de l'onde esmeuë,
    Accoise aisément ce dit-on,
    Arme de foudres notre veuë,
    Foudres desquels ton premier fils,
    A les plus grands Dieux desconfits.

Toy Iunon, toy chaste Lucine,
L'vne pour le nœu coniugal,
Et l'autre qui par la gesine,
Nous comble d'vn bien-fait esgal;
Assistez chacune propice,

SE SACRIFIANT.

Ce saint ouurage d'vn auspice,
 Faites benignes Deitez,
 Pleuuoir vos faueurs liberales,
 Sur deux peuples qui sont restez,
 Vaincœurs de leurs peines fatales;
 Sy qu'vn, deuenus desormais,
 Ils fleurissent en bonne paix.

ACTE II.

IARBE, THERODAMANTE, ÆNEE, ACHATE, IVLE, PALINVRE, CHOEVR DE TROYENS.

SCENE I.

IARBE, THERODOMANTE.

IARBE.

Embrasé de fureur, de vengeance & de haine,
Au pié de tes Autels, Maiesté souueraine,
Puissant Olympien, ie t'adresse ma voix,
Ie te prens à tesmoin du crime que tu vois,
Du crime perpetré contre ta geniture !
Vne folle, bruslant d'execrable luxure,
Vne qui tient de moy la lumiere du iour,

Vne à qui ma pitié conceda le seiour
Du pays Lybien, luy departant de terre,
Ce que le cuir d'vn bœuf en son espace enserre;
Vne qui m'enflamma, passable de beauté,
Mesprise mes bien-faicts, mon nom, ma royauté;
Leur prefere indiscrette, vn vagabond de Troye,
Vn, de tous les malheurs la malheureuse proye,
Vn, que ie ne voudrois esclaue receuoir.
Helas! si ie suis tien, pere, fay-le sçauoir,
Montre, que descendant amoureux de la nuë,
Tu vestis d'vn belier la semblance cornuë,
Ma mere rauissant sur les sables dorez,
Où s'erigent depuis tes autels adorez :
Montre grand Iupiter, que ta race commande,
La gent Maurusienne à leur seruile bande,
Dessous mon bras vengeur, comme aux champs
    Phlegreans,
Foudroyant animeux ce reste de Geans;
Expie par l'amour de ta Garamantide,
L'outrage à mõ hõneur fait d'vn couple perfide:
Quel besoin de priere, & d'espandre des vœux?
Ie le puis de moy-mesme, & sçay que tu le veux,
Ministre du couroux de ta haute iustice,
I'exigeray de luy le merité supplice,
Deux peuples estrangers nos communs ennemis,
Periront pour le rapt de mes amours commis.

        THERODOMANTE.
Gloire de l'vniuers, inuincible Monarque,

En cette passion plus auant ne t'embarque,
Dessur ce bruit espars, bruit qui n'est bien souuent,
Qu'vne chimere vaine, vne vapeur, vn vent !
Informons plus au vray, premier, ce qui se passe,
Informons plus au vray premier, ce qui se brasse
Chez vn peuple estranger, que ta puissante main,
Coupable détruira du iour au l'endemain.
　Onc à la temperance vn repentir n'arriue,
L'equité, de sa source au contraire dériue,
Vertu, qu'en tous ses faits obserue Iupiter;
Qui plus que toy son fils le doit donc imiter?

IARBE.

Stupide conniuer au crime manifeste,
Directement repugne à l'equité celeste,
I'ay plus qu'il ne faloit mon courous moderé,
Par vn monde tesmoin le diffame aueré :
Cartage iusqu'icy resonne la liesse,
De l'hymen de ce traistre, auecque sa Princesse,
Dessur telle assurance à ce vil suborneur,
Elle a mis, elle met en proye son honneur,
Ils ne se cachent plus de la commune veuë,
Pour ensemble rauir la palme qui m'est deuë,
Ensemble sauourer la douceur de ses fruits,
Que les biens-faits m'auoient veritables produits;
Ils brauent ma puissance, & font en despit d'elle,
Voler iusques au Ciel leur complot infidelle !
Et que ie doute encor ! & que ie sois retifs,
A détruire vengeur ce couple fugitif?

Qu'ils se moquent de moy, ioüissant de leur aise?
Que consommé de flamme, ils esteignët leur braise?
O rage estincelante au milieu de mes os,
O martel enuieux de mon libre repos,
O perfide conseil, sepulcre de ma gloire!
M'engloutisse l'Erebe auant que de te croire;
Pasteur enuironné de soldats plus espois,
Que ne sont en Esté les fueillages des bois,
De nombre surpassant la tempestueuse areine,
Qui flotte espouuentable aux deserts de Cyreine,
La terre sous le faix de leur pas gemissant,
Le Ciel à leur aspect de crainte pallissant,
I'iray de fond en comble, (entreprise trop vile,)
Ces Troyens sagmentez, exterminer sa ville,
Et quant à l'impudique, en des fers vergogneux,
Le supplice borner d'vn refus desdaigneux;
Tãdis quelqu'vn des miens dans Cartage se glisse,
Qui de l'etat present des choses m'auertisse.

THERODAMANTE.

Sire, ie reduiray tel oracle en effet;
Mais auec vn courage en son zele parfait.

SCENE II.

ÆNEE, ACHATE.

ENEE.

Achate, vne frayeur enuironne mon ame,
Ce que n'ont pû les fers, les ondes, ny la flame,
Ce que tant d'accidents cette nuit suruenus,

Qui

SE SACRIFIANT.

Que du Grec frauduleux nous fusmes preueñus!
Qu'apres deux fois cinq ans nostre ville occupée,
Brula ses citoyens mis au fil de l'espée,
Bien qu'à l'heure la mort s'offroit de tous costez,
Que les cris parmy l'ombre hideusement ietez,
Les cris d'vn pauure peuple égorgé dans sa couche,
(Las! encore de l'œil ce desastre ie touche)
Il me semble courir aux armes en sursaut,
A qui par l'incertain sa conduite defaut,
Emporté du hazard où l'alarme cruelle,
De ceux qui resistoient en tenebres m'appelle,
Il me semble reuoir Creuse se pendant,
Plaintiue à mes genoux ; & son fils me tendant,
Afin de refroidir l'ardeur de mon courage,
Et de les preseruer de l'Argolique rage!
Derechef, derechef, de ses bras dépêtré,
Dedans l'horreur de Mars ie me semble rentré,
Au secours acouru des desolez Pergames,
Où ie vis expirer tant de vaillantes âmes;
Priam ce bon vieillart sur le corps trebucher,
Sur le corps massacré de son Polite cher;
Où le Palais remply de feminines larmes,
Hecube reclamoit mes impuissantes armes:
Tout cela neantmoins le cœur ne m'ébranla,
Ma constance fut vne en tout ce malheur là;
Ie feis ce que pouuoit vne audace indomtée ;
Et ores de Didon la face redoutée
Glace mes sens d'effroy ; ie n'ose l'aborder,

B

DIDON

Vn coupable congé luy voulant demander :
Celle qui me charmoit de ses attraits naguere,
Sans qui ie hayssois la celeste lumiere,
S'est changée en furie, elle roüe à mes yeux,
Le flambeau punisseur d'vn pariure impieux :
Ie fremis parauant que faire mes approches,
Du bruit imaginé de ces fieres reproches,
Douteux de rebrousser sur mes pas auancez,
Et mes vagues desseins de deux parts balancez.

ACHATE.

Autrefois i'admiray que l'humaine foiblesse,
Si frequente, succombe à l'amour qui la blesse :
Mais te voyant plier sous mesme passion,
Ie plains ores des deux l'aspre condition ;
I'estime la vertu ne proufiter à l'homme,
Depuis qu'vn feu secret ses entrailles consomme,
Que ton frere a coulé le miel de sa poison,
Au siege precieux de la sainte raison ;
Detestable Tyran qui n'épargne personne,
A son propre germain supplié ne pardonne :
Efforce-toy pourtant, oppose aux voluptez,
L'infiny des trauaux que tu as surmontez,
Songe qu'en ce dernier la palme est recueillie,
Qui releue le nom de Troye enseuelie.

ÆNEE.

La foy plus que l'amour me liure de terreur.

ACHATE.

La foy qui te retient n'est qu'vn friuol oerreur,

ÆNEE.
Elle porte en la main le foudre de son ire.
ACHATE.
Nous luy pouuons oster le moyen de nous nuire.
ÆNEE.
Non pas que d'vn grãd crime en vn pire tombez.
ACHATE.
Ses feux auec tes yeux luy seront dérobez.
ÆNEE.
Toujours demeureroy-ie & ingrat, & perfide.
ACHATE.
,, La loy perd sa puissance où la force preside!
ÆNEE.
J'ayme mieux mille fois encourir du danger,
Que si loin du deuoir de l'honneur m'étranger.
ACHATE.
Danger, certes extrême entre les plus extrêmes,
Et nous n'en auõs point encor franchy de mesmes;
Non, la rage de Scylle, & les rocs épreuuez,
Des Cyclopes reclus en leurs antres cauez;
Non, lors que la derniere, & plus rude tempeste,
De perdre notre espoir entierement fut preste,
Que Neptune engloutit inflechible à pitié,
De quatorze vaisseaux la plorable moitié!
Qu'est-ce au prix d'auertir vne amante irritée,
Es lacs du desespoir furieuse iettée?
Luy demander congé d'emporter hors d'icy,
Son cœur jà dans le sein tremblant de ce soucy?

Luy demander congé de rauir le trophée,
De son chaste veufuage, & que d'ire échauffée,
Les Tyriens ardens à la vanger du tort,
N'abisment notre flote au sortir de leur port?
Ô le peu d'apparence, ô que c'est sa ruyne,
Vouloir obstinement.

ÆNEE.

L'assistance diuine
Conduira ce dessein pieux à saueté,
Au lieu que conuaincu de telle lâcheté,
Ingrat & déloyal, le ciel, l'onde, & la terre,
Iustement irritez me denoncent la guerre.
,, Vn traitre est execré des Dieux, & des humains,
,, Et de l'un où de l'autre il n'échape les mains,
,, L'ingratitude aussy ne demeure impunie,
,, Iupiter le grand Dieu sa grace luy dénie,
,, Reputant des forfaits le suprême forfait,
,, Cil qui de trahison recompense vn bienfait.
N'auienne, que iamais, quoy que fortune brasse,
La peine iustement des deux crimes t'embrasse,
Vne subite mort me plaist plus qu'vn remors,
Implacable suiuy de renaissantes morts.

ACHATE.

Resoût, il n'est besoin que plus on te conseille.

ÆNEE.

Penates honorez, ma gloire nompareille,
Ma force, mon bon-heur, mon refuge dernier,
Vous que i'ay retirez du Troïque brasier,
Vous qu'Hector me donna dépost inuiolable,

SE SACRIFIANT.

Vous qu'attend L'Ausonie en son bord souhaitable,
Adoucissez le fiel de ce cruel Adieu,
Permettez la raison dans son ame auoir lieu;
De sorte qu'innocent auec vous ie me rende,
Où la frequente voix des destins le commande.
    Mais? a t'on preparé nos vaisseaux au depart?
Peuuent-ils de la mer attendre le hazart?

ACHATE.

Tes vaisseaux équipez de viures, de cordages,
Pouruëus mieux que deuant de resolus courages,
Fauorisez d'vn vent qui les appelle en mer,
Ne demandent sinon le signal de ramer;
Partons vn tems si cher prodigué se regrette,
Et nulle occasion bastante ne l'arreste.

ÆNEE.

Retourne sur le port les tenir en deuoir?
Cependant ie vay seul au demeurant pouruoir.

SCENE III.
IVLE. PALINVRE. ACHATE.
IVLE.

ô le lâche seiour, ô la faineantise,
Donques vne Cartage auorte l'entreprise
Qu'ont inspiré les Dieux? & le sein de Didon,
Sera de nos trauaux le plus digne guerdon?
Nous auons ià remis en son antique lustre,
Le beau los moissonné de nostre ville illustre?
Troye ressuscitée a releué le chef,

Iufqu'aux aftres du pôle auteurs de fon méchef?
Ce feu prefagieux a produit fon augure,
Qui fans dommage aucun fechoit ma cheuelure?
Nous fommes (ô proiets d'hommes effeminez,)
Dans vn pays affreux de deferts confinez;
Nos trenchans coutelas, & ce fer de nos piques,
De conqueftes n'auront que les feres Lybiques?
Heureux de poffeder les lares empruntez,
De fes Phœniciens à notre fort ietez:
Heureux de nous réduire au vouloir d'vne fême,
O faute irreparable, ô vergogneux diffame,
O prophane mépris des Dieux, & de l'honneur,
Execrable repos des vertus fuborneur!
  Pour moy ce peu de fang qui me boût dans les veines,
Ne permettra des Dieux les ordonnances vaines,
Iaçoit que foible d'ans l'vniuers conoiftra,
Qu'onques la volupté dans mon âme n'entra;
Qu'vn Hector fut mon oncle, & que ie veux enfuiure
Ses faits cheualeureux, que la mort fait reuiure.

PALINVRE.

Ta boüillante ieuneffe au poids de la fureur,
Eftime fe croyant la prudence vne erreur,
N'a pas dedans l'efprit à grand' peine vne chofe,
Qu'elle la voudroit faite, & d'obftacle n'oppofe!
Nous plus meurs digerons l'auenir, parauant
Que d'aller au hafart fon effet pourfuiuant!

SE SACRIFIANT.

Cuides-tu que l'ardeur en nos seins enfermée,
Autant que toy n'aspire apres la renommée ?
Et que qui ne craindroit un tardif repentir,
Du havre Tyrien nous fussions à sortir ?
Ascaigne, purge-toy de cette frenaisie,
Nous n'auons point icy de retraite choisie,
Desireux de voguer iusques aux chams Latins,
Selon que de ta gloire emportent les destins:
Qu'ainsy ne soit, remarque en l'apareil qu'ō dresse,
L'occasion sans plus nous causer la paresse ;
On l'attend & perduë, alors certes peux-tu,
Dire que l'on fait tort à ta ieune vertu.

ASCAIGNE.
Des hommes doiuent-ils nous renforcer encore?

PALINVRE.
Ne soldats, ne nochers, notre flote n'implore.

ASCAIGNE.
Manquons nous, où de vent, où de munitions?

PALINVRE.
Ils secondent ensemble à nos intentions.

ASCAIGNE.
Possible quelque signe obserué dans les Astres,
Quelque proche tourmente augure nos desastres.

PALINVRE.
L'air serain, ne prédit tourmente de long tems,
Ny le moindre peril sur les sillons flotans:

ASCAIGNE.
Donc la Reyne deffend?

B iiij

PALINVRE.

Iule, ne t'informe
D'vn secret, à ton âge entierement difforme;
Remets-toy du voyage au soucy paternel,
Soucy, qui là dessus le trauaille eternel,
Ne sommeille non plus que ce flambeau, qui donne,
Le iour à l'vniuers des feux de sa couronne
Capable du fardeau, mais ! Achate enuoyé,
Pour quelque cas exprés de l'œil ta costoyé ;
Et craint à mon auis que de ceux de Cartage,
Quelqu'vn sans y penser le secret ne partage,
Ne diuulgue espion tel auertissement.

ACHATE.

Chacun dans sõ vaisseau se range sourdement,
Tienne ses voiles prests, & les siens en aleine,
Pour singler diligent sur la vagueuse plaine,
Au premier mot laché, hastons-nous d'y aller,
De peur que le besoin preuienne mon parler.

ASCAIGNE.

Déja par tant de fois ma ioye interrompuë,
D'vn espoir mensonger, & trompeur s'est repeuë,
Que ie ne veux plus croire à l'heur sans le toucher,
Mais au doute il ne faut le mépris atacher,
Temeraire infracteur du vouloir de mon pere.

PALINVRE.

Ne crain qu'ainsy toujours ta vertu ne prospere,
Enuers ton geniteur humble de pieté,
Tu as dedans l'Olympe vn laurier apresté,

SE SACRIFIANT.

CHOEVR DES TROYENS.

L'étrange changement des affaires mondaines,
Ne ressemble rien plus,
Que les courses des mers qui décroissent soudaines;
Puis croissent d'vn reflus.
Or la prosperité chez cetuy-cy sejourne,
Tantost l'autre à son tour,
Au fauorable vent que fortune luy tourne,
Iouït de son seiour.
,, L'homme n'a de certain parmy l'incertitude,
,, Que l'horreur du tombeau ;
,, Tout le reste sujet à la vicissitude,
,, Est vne ampoule d'eau.
Soit qu'il branle vn grand sceptre en sa dextre or-
    gueilleuse,
Ou soit que bucheron,
Il sape des forests la teste sourcilleuse,
Son port est l'Acheron:
Mais l'inegalité toute autre de la vie,
Nous separe de loin ;
L'vn bute des malheurs, esclaue de l'enuie,
Des trauaux & du soin,
Sous vn bandeau Royal cache la peur empreinte,
Des exemples diuers ;
Qui par celuy recent de notre Troye éteinte,
Font pallir l'vniuers.

Où s'il suit ce chemin des vertus, qu'on apelle
Ainsi que nostre chef;
Mille & mille dangers de l'aueugle infidelle,
Luy pendent sur le chef.
Esperant rebâtir au sein de l'Esperie,
Vn second Ilion,
La moitié de sa flote au naufrage perie,
L'enfle d'afliction:
Et (supréme malheur!) au milieu des delices,
De l'archer de Cypris;
A grand peine il poura fendre les precipices,
Qui nous retiennent pris.
Didon se vengera d'vn pariure Thesée,
Au moindre petit bruit:
Qu'apres sa chasteté longuement abusée,
Par les ondes il fuit :
Helas! combien au pris, combien est souhaitable,
Ceste condition ;
Qui remenant au soir les bœufs dedans l'estable,
Nuë d'ambition,
Ne pense au lendemain qu'à refendre les plaines,
Où si c'est la saison,
Des épics nouriciers (dous espoir de ses peines)
Dépoüiller la toison.
Heureux s'ils connoissoient leur felicité grande,
Les laboureurs des chams,
La trompette en sursaut furieux ne les mande,

SE SACRIFIANT.

A vn assaut marchans.
Ils ne vont comme nous sujets à la colere,
D'vn perfide élément;
Importuner des Dieux la troupe mariniere,
Où Neptune en ramant;
Ains contens de leur peu, dans vne maisonnette,
Attendent que la mort,
Les prenne apres cent ans la conscience nette,
De rapine & de tort.

ACTE III.

Didon, Ænee, Anne, Barce,
Chœvr des Pheniciennes,
Achate, Chœvr des Troyens

SCENE I.

Didon, Ænee, Chœvr, Anne.

DIDON.

Anne c'est fait de moy, ce corsaire effronté,
Enleue impunément mon honneur af-
fronté;
Ses mats sont couronnez, sa brigande cohorte,
Nos viures dans les naux amasse de la sorte,
Qu'vn troupeau picoreur de fourmis épandus,

Aussy tost qu'en Iuillet les épics sont tondus,
Il comble preuoyant, la froidure voisine,
De quelque chesne vsé la profonde racine,
Les chemins en sont noirs, & au labeur ardent,
Il ne va qu'au trépas le butin démordant :
Donques voila ma crainte en desespoir changée,
Et c'est où ton conseil imprudent m'a rangée,
D'vne simple étincelle vn brasier il éprit,
Qui depuis me deuore & le sang & l'esprit.
Las! helas! que feray-ie? helas! à quel remede,
Courra dorenauant l'erreur qui me possede?
Demandes-tu, Didon, quel remede? la mort,
La mort, si peu de chose à vn courage fort,
La mort, ô miserable! ô dure recompense,
Alors qu'à son motif desastreuse ie pense,
Vn que i'ay n'aufrageux de la parque recous,
Que voulurent les Dieux abismer en courous,
Pauure, couuert d'écume, & priué de retraite,
A la rigueur ainsi pour salaire me traite?
La faueur de mon lit ne l'arrestera pas?
Ha! le voicy ma sœur, il croise à nous ses pas,
Sus, sus, que l'on s'écarte, ô troupe bien aimée,
Chacune face place à mon ire enflâmée,
Qui le consommera, s'il osoit d'vn refus.

 Ha! traitre, à ce visage éperdûment confus,
Ie ly l'intention de ta sinistre enuie,
Tu viens pour massacrer qui t'a donné la vie,
Tu viens pour deceuoir, qui conoist de ton cœur,

SE SACRIFIANT.

La trahison fardée, & l'iniuste rancœur:
Me couurir le dessein de ta fuite, homicide?
Hé! de quelle maniere esperois-tu perfide,
Pouuoir abandonner ma terre à mon deceu?
Comment as-tu ce dol execrable conceu?
Ne t'auroit point touché cette dextre donnée
Autrefois à la tienne au nom de l'hymenée?
Ny notre amour passé, ny le destin sanglant,
De celle que tu sçais meurtrir en la quitant?
Mesme desesperé, ores que la tempeste,
Sous vn astre orageux vn nauffrage t'apreste,
Ietterois-tu ta flote à la rage des flots,
Quand bien ta Troye encor fleuriroit en son los?
Qu'il ne te la faudroit que treuuer asseurée,
T'y efforcerois-tu l'onde ainsy colerée?
L'honneur d'vn chef prudent, autrefois merité,
Déroge à ce depart plein de temerité;
Me fuis-tu? par ces pleurs, par ceste main loyale,
Puis que rien plus ne reste à ma grandeur Royale,
Que ie t'ay tout donné, tout mon plus precieux,
Par l'hymen commencé, si iamais à tes yeux,
Chose de moy prouint & desirable, & douce,
Dépouille ce desir, & ma voix ne repousse;
Ce desir inhumain, de perdre te perdant,
Vne, de qui tu es l'Aurore, & l'Occident!
Voy, voy, qu'à ton suiet vn mõde m'est contraire,
Les peuples Lybiens ne s'en peuuent plus taire,
Les Roys de Numidie ont iuré mon trépas,

DIDON

Voire, helas! & pour toy, les miens ne m'aimēt pa$
Ma pudeur est éteinte, & sa premiere gloire,
Qui m'éleuoit au Ciel dans vn trône d'iuoire,
Hoste ingrat, tu m'en veux laisser le souuenir!
Puis que ie n'ose époux te dire à l'auenir?
Tu me le veux laisser de la parque voisine:
Car le moyen que plus à viure ie m'obstine,
Possible en attendant mes murs à ruyner,
D'vn germain parricide, où qu'à m'enpoisoner,
Le Getulois Iarbe ameine ses batailles,
Encor si ie portois de toy dans mes entrailles,
Par la fuite absenté quelque gage d'amour;
Et qu'vn petit Ænée apparût en ma Cour,
Folâtre en ieux d'enfans du tout abandonnée,
Ie ne reputerois ma couche infortunée!
Ha! la douleur me serre, & le cœur, & la vois,
I'ay fait plus que ma force, & que ie ne deuois.

ÆNEE.

Disputer contre toy, Reyne, beaucoup de choses,
Qui sont sous la raison de tes raisons encloses,
Nullement, nullement! ie tien de verité,
Que des miens & de moy tu as trop merité,
Qu'étouffant le soupçon redouté d'infamie,
Ton grade en mon endroit passe celuy d'amie,
Il le passe Didon, ie ne te puis nier,
Des deuoirs d'amitié sinon que le dernier:
Et iamais, visitant les prouinces étranges,
Ie ne seray honteux de chanter tes loüanges;

SE SACRIFIANT.

Celebrer tes bienfaits, & les rememorer,
Tant qu'vn esprit vital me fera souspirer!
Mes vœux d'vn souuenir te porteront l'homage,
Tant qu'Aenée, où d'Aenée vne larueuse image.
D'auoir voulu brasser vn partement fuitif,
Ne l'imagine point, onc ie ne fus captif,
Onc ie n'ay pretendu le nœu de mariage,
Quand bon me semblera, restraindre mõ voyage.

DIDON.

Trompeur, à quel but donc aspira ton dessein,
De ma pudicité perpetrant le larcin,
Au creux de cette roche à mon malheur funeste?
Roche où te l'exposa la vengeance celeste!
M'ecuidois-tu sujette à la lubricité?
Sujette à receuoir tes gens en ma Cité?
Leur permettre en ton nom plus qu'aux Tyriens
    mesme?
T'apeller en mon lit? t'offrir mon diadême?
Affin qu'à ton plaisir te fust loisible apres,
Volage, d'échanger notre Mirthe en Cyprés?
Balance derechef le mal que tu veux faire,
De tuer ta Didon, par ses mains la deffaire,
Las c'est bien la meurtrir que la vouloir quiter,
Veüille donc ce conseil damnable reietter.
Helas! Aenée, helas! pren pitié de ma flâme!
Ne me dérobe point la moitié de mon âme,
Demeure aupres de moy, que ie voye tes yeux,
Que ie hume à long trait mon venin furieux,

Appaise en tes regars, la rage insatiable,
De ton Tyran de frere, enfant impitoyable.
ÆNEE.
Madame, moderez, moderez;
DIDON.
hé, comment?
Moderer les chaleurs d'vn feu si vehement?
Il faloit conseiller la miserable Elize,
D'éteindre son amour aussy soudain qu'eprise!
ÆNEE.
Le tems a triomphé de plus fortes douleurs.
DIDON.
Oüy bien vers tes pareils de fraudes receleurs;
Qui n'aiment que par feinte, acoustumez au change:
Mais mon amour n'a rien que de grand, que d'étrange;
Fiché dedans le cœur, dans le sang, dans les os,
Qui toy perdu, s'apreste vn cercueil de repos.
ÆNEE.
L'inconstance messied au titre que tu portes.
DIDON.
Elle ne te conuainc que de preuues plus fortes,
Inuincible restée à toute affliction,
Qui ne penetre point iusqu'à l'affection,
Qui des biens fortuits simplement nous separe,
Cartage, monument de ma constance rare,
Cartage, que malgré les Astres rigoureux,

Ie consacray Sichée à tes manes heureux,
Ha! ce nom ramenteu me liure des alarmes,
Dignes de ma folie, & dignes de mes larmes.
ÆNEE.
Plût au Ciel, te pouuoir par ma mort secourir,
Et la haine des Dieux rebelle n'encourir!
DIDON.
Peux-tu m'abandonant n'encourir point leur
 haine,
Ame ingrate cent fois, & cent fois inhumaine?
ÆNEE.
Forcé de leur decret ie poursuy mes erreurs.
DIDON.
Pourquoy me remplis-tu de nouuelles fureurs?
Forcé de leur decret, tu meurtriras qui t'ayme,
O l'insoluable excuse, ains l'horrible blaspheme.
ÆNEE.
Parauant que te voir i'ay sçeu leur volonté,
Comme aussy tu la sçeus l'esclandre raconté,
L'esclandre d'Ilion, vne nuit continuë,
Qu'il te plut des Troyens festoyer la venuë.
DIDON.
Nuit plus fatale à moy, que celle qui les tiens,
Par le cheual fist choir es Argiues liens.
ÆNEE.
„ Quiconque se repent du bien qu'il a pû faire,
„ Quiconque le reproche, impuissant de le taire,
„ Qui mesme s'en souuient, pert le merite aquis,

,, *Fuſt-il au tien ſemblable, & voire plus exquis.*

DIDON.

Ma plainte mépriſée, & ma iuſte priere,
Vn reproche ſans doute a ſuiuy la colere!
Tu n'en ferois pas moins en ma place réduit,
Mais ployable, naiſſant tu étoufes ce bruit,
Il ne ſortira plus de l'enclos de ma bouche,
Il ne t'offencera d'vne ſeconde touche;
Tu me vois à tes piez, tienne plus que iamais,
T'adorer comme vn Dieu; ie iure deſormais
D'eſclaue te ſeruir, ie me repute heureuſe,
Et ne m'éloigne point de ta face amoureuſe,
N'éclipſe les rayons de ton double Soleil,
Me le promets-tu pas, ma lumiere, mon œil?
,, *Tes deſtins ſont icy: à l'homme de courage,*
,, *Le pays eſt par tout, où eſt ſon auantage.*

ÆNEE.

N'accuſe que le Ciel, ie ne ſuis plus à moy,
Preſſé du partement par ſa ſeuere loy!

DIDON.

Ha! cruel!

ÆNEE.

hé! Madame,

DIDON.

ha! barbare infidelle.

CHOEVR.

Courons la retenir, helas! elle chancelle!

DIDON.

SE SACRIFIANT.

Impiteux homicide, au moins, au moins, atens,
A tüer ton Elise, encore quelque tems.

ÆNEE.

S'éclate un foudre horrible, & appaise sa rage
Sur la teste d'Ænée, auant qu'il vous outrage.

DIDON.

Le moyen de partir, & ne point m'outrager?
De m'ôter à la Parque, & d'auis ne changer?
Tu ne peux, tu ne peux; éloignant notre riue,
De celle d'Acheron tu m'aproches chétiue;
Ne le fay-pas Aenée, Aenée, pren pitié
De Didon, de sa ville, & de son amitié.

ÆNEE.

Trop de pitié me tient, la douleur qui te mine,
M'arache à ces sanglots l'âme de la poitrine,
Ie deteste le iour que ie deusse benir,
Mais daigne à toy Princesse un moment reuenir!
Escoute de pié coy ce peu que ma pensee,
Se reserua toujours à te dire forcée;
Au cas que les destins plus doux m'eussent permis,
Dessous mon propre auspice un Empire remis,
A mes soucis feconds une borne prescrire,
Les ruynes de Troye on me verroit élire:
On verroit, on verroit, si les Dieux supliez,
M'auroient d'un pesant joug d'oracles deliez,
Des Pergames recheus, des Pergames antiques,
La cendre preferée, & les douces reliques:
Ailleurs ie ne voudrois une ville planter,

C ij

Et le sort vagabond des Troyens arrester.
Mais ores Apollon Grinean me demande,
Et la grande Hesperie, auec toute ma bande;
Les destins de Lycie ainsy l'ont commandé,
C'est là que ma patrie a mon amour bandé.
Si toy Phœnicienne obtiens vne retraite,
Dedans les fortes tours de Cartage parfaite,
Quelle raison, dy-moy, d'enuier notre bien,
De fortune pareille au bord Ausonien?
Encores i'oublioy, qu'autant de fois que l'ombre,
Nous enferme le iour dans son grãd voile sombre,
Que la nuit fait sur nous son humide circuit,
De mon vieil geniteur l'image me reluit,
Trouble, haute, effroyable, & de fureur comblée,
Enjoignant ce depart à mon âme troublée:
D'ailleurs ne me mouuroit mon Ascaigne innocent,
Qui de plus de sejour le dommage ressent,
Que ie priue des chams que le destin luy donne,
Bien plus, le Messager du puissant Dieu qui tonne,
(I'ateste nos deux chefs) ce diuin truchement,
M'auoir reiteré le mesme mandement;
Ie l'ay veu deualé du Palais de son pere,
Entrer dedans tes murs apparent de lumiere;
Mon oreille ententiue a sa voix englouty,
Menacé de là haut, pour n'estre ja party:
Cesse de t'enflamer, & moy par la complainte,
Voyant comme ie suy l'Itale de contrainte.

SE SACRIFIANT.
DIDON.

Tu la suis de contrainte, execrable imposteur,
Non, Dardan ne fut onc de ton tige l'auteur,
Tu n'as d'vne Dëesse infecté la gesine,
Ains conceu du Caucase, à ta bouche enfantine,
Quelque tigresse aura ses mamelles presté!
Car de dissimuler, qu'ay-ie plus arresté?
A quel meilleur espoir, me suis-ie reseruée?
Sa veuë dessur nous de terre il n'a leuée,
N'à daigné regarder en face, ô creue-cœur!
Qui luy daigna soumettre vn Empire, & son cœur:
L'inhumain seulement de mes pleurs continuës,
Vn soupir, vn sanglot, n'a perdu dans les nuës;
Et toy grande Iunon, grande ie le croyois,
Et toy Saturnien, patient tu le vois;
Il n'y a plus de foy par le monde asseurée,
Vn bany recouru de l'onde colerée,
En ma couche pudique, en mon trône receu,
Les siens que preseruer autre que moy n'eust sçeu;
(Ha! l'extrême fureur, me transporte insensée,)
Cét abuseur en fin me tient recompensée,
Cuide remunerer mes biens-faits prodiguez,
Or des sorts Lyciens faussement alleguez,
Tantost d'vn mandement apporté de Mercure!
Oüy, comme si les Dieux n'auoient point d'autre cure,
Qu'ils n'eussent dãs le Ciel que d'vn traitre à peser,
Voilà certes dequoy leur repos offencer,

C iij

Ie ne te retien plus, du depart ie n'étriue,
Cingle en ton Italie, abandone ma riue,
Cherche vn regne nouueau ſur l'abîſme des flots,
Si le Ciel n'a de luy toute équité forclos,
Si quelques Deitez l'habitent, pitoyables,
Si quelques-vnes ſont au peruers imployables,
Tes vaiſſeaux échoüez contre le premier banc,
Ouuerts en mille lieux, par le dos, par le flanc,
I'eſpere qu'on t'oira, la mort dedans la bouche,
Reclamer, inuoquer ce nom, qui ne te touche:
Mon ombre toutefois roüant de noirs flambeaux,
Te fera pis mourant, que la rage des eaux,
Elle y ſera preſente, & vengée à mes manes,
On viendra l'anoncer aux riues Stigianes,
Ha! ie, ie, ſouſtenez, emportez-moy d'icy.

BARCE.

O malheur! ô malheur! ô malheur! qu'eſt-ce-cy?
Ie crain que ſa foibleſſe au tombeau ne la meine.

CHOEVR.

Courons vîte mes ſœurs, au ſecours de la Reyne.

ÆNEE.

Cruelle, m'enuier l'heur de te dire à Dieu?
Soit, vn iour la raiſon dans ton âme aura lieu,
Tu iugeras Didon du courage d'Aenée,
Auſſy-toſt qu'il verra ſtable ſa deſtinée,
Et qu'il aura franchy ce Dedale d'erreurs:
Ie iure que Neptune, & toutes ſes horreurs,
Que peril, quel qu'il ſoit n'empéchera ma barque,

SE SACRIFIANT.

De te rendre vn deuoir où la foy se remarque,
De reuoir le Soleil de tes yeux adorez,
Pour vn moment, de corps, non de cœurs separez.

ACHATE.

Alons, fils de Déesse, alons, ne te replonge,
Dans le gouffre inhumain du remors qui te rôge;
La flote nous atend,

ÆNE'E.

                las! que ne sommes nous,
En plaine mer des flots épreuuant le courous!

Chœur des Phœniciennes.

O Amour, ô fortune,
Malicieux démons,
Quelle vieille rancune,
Vlcere nos poumons?
A quel nouuel esclandre,
Voulez-vous inhumains,
Cent fois pires nous rendre,
Que les auares mains,
Du meurtrier sacrilege,
Inutile en son piege;
   Alors que ce danger,
Nous panchoit sur la teste,
Vn fuitif étranger,
N'auoit fait la conqueste,
Du precieux butin
De l'honneur d'vne Reyne,

Qui du mauuais destin,
(Sa prudence encor saine,)
Surmontoit les effors,
E'tablis en ces bors.

　Maintenant vne rage,
Possede ses espris,
Son sceptre, & son courage,
Luy tombent à mépris;
Le salut ne la touche
Du peuple Tyrien,
Tout au pris de sa couche
Deserte ne sent rien;
Vn seul perfide Aenée,
Tient notre destinée.

　Deuorant sa douleur,
La voilà qui recluse,
D'aucun en ce malheur
Qui la console, n'vse:
Elle nous fuit, ainsy
Que du iour ennuyée;
O Dieux! la reuoicy,
Sa constance oubliée,
Qui menace les Cieux
De regars furieux.

SE SACRIFIANT.
SCENE II.
DIDON. ANNE.

DIDON.

Cherches-tu du repos, miserable insensée,
L'âme de tant de soins, çà, & là, balancée?
Incertaine de viure encores vn moment,
Ores que l'infidelle est sur son partement,
Ores que le barbare, apres l'Adieu funeste,
Te fuit, ne plus, ne moins, qu'vne effroyable peste,
Ores que retiré dans le creux d'vn vaisseau,
Possible il n'attendra le iour à fendre l'eau.

Anne, où és-tu ma sœur? aproche ma chere âme,
Si tu veux renoüer le long fil de ma trâme,
Va trouuer le Troyen, va, non point à demy,
Conjurer la pitié de mon traitre ennemy!
Prépare de tes pleurs iointes à la priere,
Aux sanglots redoublez, vne large riuiere:
Dy-luy le genou bas, & luy croisant les mains,
Qu'au nombre ie ne fus des haineurs inhumains,
Qui iurerent le sac de sa Troye en Aulide;
Qu'au Gregeois ie n'ouuris leur machine perfide,
Que d'Anchise ie n'ay semé la cendre au vent,
Ses manes violé, qui donc le va mouuant?
Pourquoy l'iniurieux ne permet que ma plainte,
Luy donne par l'oreille vne fléchible atteinte?
Où il se precipite au plus fort de l'hyuer,

*Me perdant, qu'il attende au moins à se sauuer,
Que sur les flots du moins il asseure sa fuite;
Ie ne demande pas, crainte d'estre éconduite,
De souffrir derechef la honte d'vn refus,
Le rang trahy d'épouse, auquel vn tems ie fus,
Ie ne luy veux plus faire (importune folie,)
Au sceptre renoncer de sa belle Italie:
Que i'obtienne sans plus vn espace ocieux,
Qui m'acoutume au joug de ce deüil soucieux,
Qui m'aprenne à gemir ma fortune vaincuë:
L'acces de priuauté qu'à l'homme tu as euë,
Te semond d'y aller, & ce plaisir ma sœur,
Morte, ie combleray d'vn salaire jà seur,
Hâte-toy, ie n'ay plus que cela de ressource.*

ANNE.

*Que ces torrens de pleurs reprimēt dōc leur cource,
Donnez trêue aux sanglots qu'éclate ce beau sein,
I'iray de ses erreurs diuertir le dessein,
I'iray, i'iray m'offrir, d'esclaue, & de victime,
Pourueu que d'abuseur il n'encoure le crime,
Pourueu que ie le rende au deuoir conjugal:
Iupiter seul toujours à soy demeure égal,
Immuable d'auis, iamais ne le réuoque,
Vnique, de l'humaine inconstance se moque;
Aenée peut changer de cœur, de volonté,
Induit de ma priere, induit de la beauté,
D'vne, qui ne le veut forcer que volontaire,
D'vne, qui tient sa vie, & son fort tributaire,
D'vne, qui aime mieux que de se ressentir,*

voir germer en son âme vn tardif repentir:
Releuez-vous ma sœur, d'espoir, & de courage,
Ie vay mettre la main de ce pas à l'ouurage,
Faire vn dernier effort sur ce cœur de rocher;
Tandis, priez les Dieux de le vouloir toucher.

DIDON.

Protectrice Iunon, ma solide fiance,
Pardonne, pitoyable, à mon impatience,
N'impute ce qu'extorque vn tourmēt de douleur;
Tu sçais que sous ta foy, ie commis au voleur!
Que ie luy exposay ma vierge renommée;
Guery me l'arrestant sa blesseure entamée,
Inspire-le Déesse, inspire ce felon,
Conceu des flots marins, & du froid Aquilon.
Anime de pitié son ingrate poitrine!
Mais toy mesme sa mere, amiable Ericine,
Toy, toy, mere d'Amour, cōmande à son germain,
Que d'vn garot capable, il perce l'inhumain;
Soyez-moy l'vne, & l'autre à l'enuy pitoyables,
Soyez-moy, l'vne & l'autre, à l'enuy secourables,
Vous obtenez apres des vœux, & des Autels,
Plus que du demeurant conferé des mortels:
Cartage inuentera de nouueaux sacrifices,
Aprochans la grandeur de pareils benefices.
Las! vne triste horreur me presage, me dit,
Que ie ne flechiray ce corsaire maudit:
Qu'Anne perdra ses pas, & ses prieres vaines,
Déja l'affreuse mort chemine par mes veines,

Sichée à haute voix, reproche de l'enfer,
Mes impudiques feux que ie deuſſe étouffer.

CHOEVR DES TROYENS.

Pere porte-trident, Roy des ondes, Neptune,
Qui reuois d'Ilion la derniere fortune,
Soumiſe à ta mercy;
Toy ſecond Iupiter, qui ébranles les terres,
Qui lances de tes flots à coup mille tonnerres,
Pren de nous le ſoucy.

Bride des Aquilons l'audacieuſe rage,
Preſerue nos vaiſſeaux d'vn horrible nauffrage,
Ia tant de fois offert;
Retien dedans le Ciel tous aſtres aduerſaires,
Ne nous fais plus ſouffrir, pour nos peres fauſſai-
res,
Que nous auons ſouffert.

Oſte dorenauant cette troupe ennemie,
Deſſous qui, les nochers à la face blémie,
Prophetiſent leurs maux :
Orion cerné d'or, la chéure Olenienne,
Le bouuier pareſſeux, la flâme Oebalienne,
Des Lædeans iumeaux.

L'aſtre des triſtes ſœurs, qui ſans ceſſe degoute,
Bref, Sauueur, guide-nous en notre humide route,
Iuſques au bord Latin :
Iuſqu'au ſejour prédit de la terre Heſperide,
Où ſe doit releuer du ſceptre Priamide,

SE SACRIFIANT.

Le funereux destin.

Iusqu'où de nos erreurs la moisson préparée,
Eleue une autre Troye en la voûte azurée,
Fait un Xante rouler;
Qui ne se tiendra plus du preux sang de Phryge,
Ains pourra d'ennemis la campagne rougie,
A l'aise se soûler.

Exauce-nous, ô pere Hypien fondataire,
Portuné, conseiller aux crins bleus tutelaire,
En tes noms infinys
Fay garantis des eaux, que dessur le riuage,
Tombent cent taureaux noirs de victime & d'hommage,
A ton grand nom beny.

Qu'un Cantique sacré, trauerse outre la nuë,
Et que par chacun an ta feste reuenuë,
De nouueaux ieux de pris,
Témoignent que tu as rebâty les Pergames,
Malgré l'âpre fureur des ondes, & des flâmes,
En ta tutelle pris.

Nous le croyons ainsy, veu l'ardeur de ce zele,
Las! & plus d'autre peur nos esprits ne martelle,
Que le peu de sejour,
Sous qui nous languissons dedãs ce hâvre encore,
Atendãt pour voguer, que la vermeille Aurore,
Ait ralumé le jour.

ACTE IIII.

MERCVRE, ÆNE'E, ACHATE, ANNE, DIDON.

SCENE I.

MERCVRE, ÆNE'E, ACHATE.

MERCVRE.

Magnanime heros, de semence diuine,
Se peut-il, qu'au sommeil ta paupiere s'incline?
Toy dernier des Troyens, ronfles-tu, cependant,
Que la flote exposee au suprême accident,
Verra, tardant icy tant soit peu d'auantage,
De fer, de feu, de sang, couurir tout le riuage?
Que d'amour forcenée, & proche de mourir,
Elise, à la vengeance aueugle veut courir,
Veut mêler en son sang celuy de l'aduersaire,
Vous veut enseuelir dans son feu bustuaire,
Expier son honneur des Phrygiens détruis,
D'où vient qu'à rames donc, & voiles tu ne fuis?
Présume ce que fait la femme furieuse,
Ains que n'engloutiroit sa rage iniurieuse,
Animal inconstant, variable toujours.

Fuy? n'abrege ta gloire, en abregant tes jours,
Reçoy ce mandement apporté de Mercure,
Qui se va remêler dedans la nuit obscure.

ÆNEE.

E'ueillez-vous amis, sus, sus, sans diferer,
Que chacun au plutôt auise à démarer;
Hastons-nous de partir, vn Dieu nous le com-
 mande:
Or quiconque tu sois de la celeste bande,
Derechef, à ta voix, humbles, obeyssans,
Pere, nous te suiuons sur les flors mugissans,
Alaigres; nous alons trouuer vne franchise,
Aux Penates de Troye, en la terre promise:
Enfans, mettez au large, & soudain dépechez,
Leuez l'ancre au plutôt, les cordages tranchez,
Faites à mon exemple!

ACHATE.

   hé! qui nous precipite,
(Dy-moy ie te supply) tellement à la fuite?
Quel éminent peril menace d'abysmer
Nos vaisseaux dant le port, s'ils ne gaignent la
 mer?

ÆNEE.

Vn oracle receu, nagueres que le somme,
Couloit sur le fardeau du soin qui me consomme,
Receu du truchement des grans Dieux de là haut;
(Car selon sa figure, ainsy croire le faut)
Ieune, ailé, d'vn poil d'or, l'épaule reluisante,

Luy mesme, du danger la grandeur represente,
M'a dit, que diferant vn moment de partir,
Les Tyriens armez nous viennent inuestir;
Que Didon vengera sa chasteté rauie,
Dessur ceux qu'vn bon vent à la fuite conuie,
Prenons l'occasion,

ACHATE.

Ie me trompe, où voicy
Anne, que matineuse elle t'enuoye icy.

SCENE II.

ANNE, ÆNE'E.

ANNE.

Si de l'antique amour vne foible étincelle,
Prince Dardanien ta belle âme recelle,
Sy de ton naturel, celeste, & genereux,
Tu n'as accoutumé fouler les malheureux;
Ecoute par ma bouche vne Reyne chetiue,
Qui ta pitié coniure en forme de captiue,
Ecoute vne priere, afin de l'exaucer,
Que selon l'equité tu ne peux repousser.

ÆNE'E.

L'aueugle affection t'empesche de comprendre,
Pourquoy ie suis contraint à regret de mépren-
      dre,
D'vser de cruauté vers l'obiet gracieux,
Auquel certes ie doy la lumiere des Cieux,

Poursuy

Pourſuy, ne laiſſe pas d'acheuer ta harangue.
ANNE.
Las! ma parole meurt ſur le bout de ma langue;
L'image des douleurs qui aſſiegent ma ſœur,
L'eſtat où ie la laiſſe implorant ta douceur,
Du ſouuenir me tue, ainſy qu'vne Menade,
Errant ſur Citheron de ſon eſprit malade:
Va, diſoit la pauurette Aenée ſupplier,
Qu'à mes iuſtes clameurs ie le daigne plier,
Remontre que Didon ne fut au port a' Aulide,
La ruine iurer de la gent Priamide,
Que de ſon geniteur troublant le ſaint repos,
Ie n'ay ſemé la cendre, ou déterré les os;
Que ie ne bleſſay pas ſa mere à la meſlée,
Que la meſme ie ſuis qui de l'onde ſalée,
Le receus n'aufrageux à ma table, en mon lit,
Où ma virginité, le ſecond il cueillit,
Où Sichée oublic, ie perdis la memoire,
De ma premiere foy, de ma premiere gloire!
Rememore comment Iarbe dédaigné,
Au fleuue des plaiſirs le cruel s'eſt baigné!
Comment ie le prefere à mes yeux, à mon âme,
Pourquoy dõc il me veut ſous la poudreuſe lame,
Réclure auant le tems? pourquoy deſeſperé,
Il flote au cœur d'hiuer ſur le flot coleré?
Pourquoy ſans nulle offence il m'a tant pris en
    hayne?
Vne ſemblable plainte elle ourdiſſoit à peine,

D

Que deux ruisseaux de pleurs luy arrousent le sein,
Que la voix au canal d'amertume tout plein,
Se resserre étoupée, & que sa face pâle,
Ne differe de ceux qu'au sepulchre on devale.
ÆNEE.
Cesse de me vouloir acroistre la pitié,
Ie ne manque non plus qu'elle fait d'amitié,
Sa douleur est la mienne, helas! ie la déplore,
Et la dextre des Cieux à son ayde i'implore:
ANNE.
Vnique medecin, quel besoin que d'ailleurs,
Tu cherches le remede à tarir ses douleurs?
Le favorable aspect de ta face presente,
Ses larmes, ses soucis, ses angoisses absente,
Elle ne meurt, sinon à faute de te voir.
ÆNEE.
Mais la loy du destin m'empesche ce pouvoir,
M'arrache de l'Elize, où ie voudroy sans cesse,
Sacrifier des vœux à ma chere Princesse.
ANNE.
,, Iamais l'homme prudent ne se travaille en vain,
,, Tranquille ne se plaist d'embrasser l'incertain,
,, De trainer Ixion, sa peine continuë,
,, Vne fortune stable, & heureuse obtenuë!
ÆNEE.
Passager en ces lieux, ie la neglige, affin
D'ancre roù mes travaux ont leur fatale fin.
ANNE.

SE SACRIFIANT.

Cartage est-elle pas de l'arrester capable?
En quoy la trouue-tu d'impuissance coupable?
Est-ce l'air pestilent qui te chasse d'icy?
Ou nos mœurs, que dans peu tu aurois adoucy?

ÆNEE.

Aux corps effeminez appartient ce scrupule,
Des climats, pour le mien la difference est nulle,
Me plaindre de vos mœurs? barbares les nommer,
Qui m'auez recueilly pelerin de la mer?
Pauure, nu, souffreteux, & réduit à l'extrême,
Onc il ne m'auiendra de vômir ce blasphême,
Onc il ne m'auiendra de n'honorer le iour,
Que Didon me reçeut en sa ville, en sa Cour.

ANNE.

Tu crains de t'asseruir à si petit Empire.

ÆNEE.

Possible qu'en vn moindre, en l'Itale i'aspire.

ANNE.

Faute de peuple elle a de susisans tresors,
Sous vn chef comme toy, pour acroistre ses bors:
Didon, ne manque plus que du guerrier Aenée,
Argument qui chez nous borne ta destinée.

ÆNEE.

Didon, n'a pas besoin de si foible support,
Mise au contentement que i'espere du sort.

ANNE.

Las! enten le surplus de son humble requeste,
S'il poursuit obstiné sa fatale conqueste,

D ij

Elle en parloit ainsy que sourd à la raison,
Ce soit à tout le moins sans forcer la saison,
Sans vouloir s'asseurer d'vn element perfide;
Lors qu'à sa plus grand rage il a lasché la bride;
Lors que les Aquilons contre-luitants les flots,
Lors que le nauigage au marinier est clos;
Que Tetis, de moment, en moment, se mutine,
Lors que proche du doigt il touche sa ruyne!
Ascaigne à mon defaut ; Ascaigne vn innocent;
Luy deust faire guéer le goufre où il descent;
Reuoquer ce conseil, qui tient du temeraire,
Tel voyage remis au printems à parfaire;
L'occasion de fuir ma couche, mon palais,
Moy contente du nom d'amie desormais ?
N'esperant plus de luy qu'vne faueur commune!
Las! helas! voilà bien auilir sa fortune,
Voilà bien s'abaisser sous vn tyran vaincœur,
Et qui du plus sauuage amoliroit le cœur.

ÆNEE.

Ie ne dis pas que non, blecé de sa bleceure,
Nauré d'vn mesme trait, ô Anne, ie t'asseure,
I'ateste de Phœbus l'eternelle clarté,
Que sur mes actions ayant la liberté,
Derechef ie te iure, & du plus sain de l'âme,
Qu'en ce cas, d'inhumain i'euiteroy le blâme,
Que ie voudroy toujours mon Elize adorer,
Et de ses dous regars l'influence tirer,
Et joüir du repos que son lit me prepare;

SE SACRIFIANT.

Mais helas! un destin contraire m'en separe,
Mais le decret celeste au depart me contraint,
Et dans ce propre iour de terme le restreint;
Decret reiteré du fils de Maye encore,
Que l'aube ne faisoit que sa lumiere eclôre,
Oüy Mercure enuoyé de son pere tantôt,
Me commande quiter vostre havre au plutôt,
Sur peine d'encourir quelque desastre horrible :
Iuge, si resister n'excede le possible
De tout homme deuot; Il faut, il faut marcher,
Et me deussent les flots dans leurs goufres cacher;
Mainte-fois plus enflez d'vne écumeuse rage,
L'air éclatant de feux, le Ciel troublé d'orage,
Rien à l'entour de nous qu'vne image de mort,
I'ay neantmoins franchy la tempeste plus fort;
I'ay ferme sous l'espoir de nos Dieux domestiques,
Preserué iusqu'icy les Troyennes reliques :
D'estre plus du salut d'vn enfant curieux,
Qu'acomplir menacé le mandement des Cieux ;
Iamais, la pieté leur appartient premiere,
Comme ils veulent de nous vne asseurāce entiere,
Que l'on croye du tout leurs oracles receus,
Par qui les vertueux onc ne furent deceus.

ANNE.

Sous ombre d'obseruer l'ordonnance celeste,
Liureras-tu ma sœur à la parque funeste ?

ÆNEE.

„ L'extrême violence ez maux ne dure pas.

DIDON

ANNE.

Tu dis vray, car ils ont le remede au trépas.

ÆNEE.

Sa constance a paré des reuers de fortune,
Pires, il t'en souuient, qui l'éprouuas commune.

ANNE.

Vn meurtre luy causa de griefues douleurs,
Mais ce n'estoit au prix que roses, & que fleurs.

ÆNEE.

Saturne ce vieillard à la faux empennée,
Aura tost effacé la memoire d'Ænée.

ANNE.

Epoinçoné du tan qui l'emplit de fureur,
Tu ne t'excuserois sur vn pareil erreur.

ÆNEE.

Que me cōmādez vous premier que ie vous quite.

ANNE.

Prendre ma sœur, & moy, compagnes de ta fuite.

ÆNEE.

Aussy le serez-vous, veu que le souuenir,
Inseparablement nous ioint à l'auenir !
Que hormis les faueurs du deuis concedées,
Mon âme se paistra de vos belles idées,
Parlera du penser, & les reclamera,
Tant qu'vn esprit vital ce corps animera ;
Outre, que ie promets, ma fortune affermie,
Apres le long courroux d'vne Diue ennemie,
Apres auoir nos Dieux, nos chers penates mis,
En ce lieu de repos, par les destins promis,

SE SACRIFIANT.

Dans Cartage reuoir ma fauorable Elise,
Luy requerir mercy de l'offence commise,
S'il y a quelque offence ou la contrainte à lieu;
Or n'ay-je plus loisir de retarder, à dieu,
A dieu, viuez touiours heureuses, & contentes,
Mon destin me remet sur les plaines flotantes,
Les vens soufflent à gré, qui maintenant perdus,
Seroient un siecle en vain quelquefois attendus.

ANNE.

Ænée, Ænée helas! arreste inexorable,
Auant que de partir meurtry-moy miserable,
Moy, l'infame motif des douleurs de Didon,
Qui soufflay dans son sein l'impudique brandon,
Moy, qui de ses vertus, qui de sa chaste gloire,
Damnable conseillere étoufay la memoire,
Las! comment à ses yeux paroistray-je iamais,
Qui ne m'attribura la coulpe desormais?
Qui ne m'estimera du perfide complice,
Meriter le tourment de l'extrême suplice?
O Anne desastreuse, ô funebre rapport,
O cruauté d'amour, ô cruauté du sort,
O qu'une femme doit ne commettre legere,
Son honneur au serment d'une flâme étrangere:
Si faut-il malgré-moy se resoudre d'aler,
D'vn espoir de retour sa fureur consoler.

D iiij

SCENE III.

DIDON. ANNE.

DIDON.

Nuit, infernale nuit, bourrelle, que ton ombre,
M'a donné de terreur, & m'augure d'encombre,
Vn songe où ie pensois en lieux vagues errer,
De leur Dedale obscur ne pouuant me tirer;
Vn triste hurlement de larues sepulchrales,
Montrent-ils pas le cours de mes heures fatales?
Montrent-ils pas la fin tragique de mes iours?
Que de ma dextre, pend l'espoir de mon secours?
Que ce meschant voleur acharné sur ma vie,
A refusé ma sœur la trefue poursuiuie:
La suite coup sur coup des prodiges passez,
De mon sanglant trepas m'asseure plus qu'assez,
Hier que i'acheuoy l'annuel sacrifice
A mon loyal espoux, le sang d'vne genisse,
Iallissant impourueu le front me macula,
Le Prestre par trois fois d'horreur se recula,
Voyant le vin sacré (chose fascheuse à croire,)
De pur sang deuenu, prendre vne couleur noire:
Sus, resoluë au pis decouurens sur le port;
Las! & quoy decouurir qu'vn spectacle de mort,
Quoy decouurir, sinon ceste flote peruerse,
Qui coupe également d'acort la vague Perse:
Voila de tous mes maux le présage accomply,

SE SACRIFIANT.

Le vouloir des destins ores à plein ie ly;
Voilà ce detracteur d'vn pariure infidelle,
Ce gardien des Dieux, qui de hayne mortelle,
Poursuit l'ingratitude, il le prouue au besoin,
Sa fuite nous en sert d'oculaire tesmoin,
Voila ma chasteté, qu'on enleue à ma veuë,
De raison, de conseil, & de sens despourueuë:
Comment! que ce banny, ce traistre vagabond,
Mocque vne Reyne ainsy? que l'on le coule à fond,
Suiuons-le Tyriens, portez viste des flâmes,
Mettez voiles au vent, sus despliez les rames,
Tüez, exterminez ce reste fugitif,
Et qu'vn seul à mercy ne se prenne captif.

ANNE.

O Cieux! ô Cieux cruels! d'impatience extrême,
Elle a du desloyal veu la fuite elle mesme,
La responce elle aura de sa sœur préuenu,
Et le dernier assaut du malheur soutenu;
Las! me representer à sa face ie n'ose,
Qu'vn peu plus de seiour la playe ne repose,
Que des premiers regrets le brasier alumé,
En cendre ne se soit peu à peu consommé.

DIDON.

Que dy-je? où suis-je? & quelle excessiue ma-
nie,
Pipe d'vn fol espoir ma misere infinie?
Didon, pauure Didon, ne sens, ne sens-tu point,
De tes impietez le remors qui t'époint?
Qui ne s'apaisera, parauant que Sichée,

Voye couler ton sang sur sa couche tachée!
Ses iours, innocemment de la sorte abreger,
Et simple n'auoir pris le tems de se venger?
Enseuely son corps démembré sous les ondes,
Charogneuse pasture aux fouques vagabondes,
Fait de ses compagnons vn carnage absolu,
Vne entiere hecatombe à mon honneur polu?
Bruler toutes ses naux, & à ce detestable,
Son Ascaigne en morceaux presenter sur la table?
Oüy, mais le sort estoit des armes à douter;
Qu'importe, desirant de me precipiter,
Qu'auroy-ie craint ma mort déja deliberée,
Lasse de plus languir sous la voute etherée?
I'eusse enflâmé ses naux la vengeance ayant lieu,
Moy mesme dans les feux me iettant au milieu;
Satisfaite, d'auoir en la perte commune,
Et du pere, & du fils, expié la rancune.

ANNE.

Diuertissez bons Dieux, arrachez-luy du sein;
L'execrable projet de ce felon dessein.

DIDON.

Clair Soleil, qui là haut des flâmes que tu dardes,
Les œuures des mortels equitable regardes,
Toy, de mes maux complice, & leur source Iunõ
Infernale Déesse Hecate au triple nom,
La nuit aux carefours par les villes hurlée,
Vous Dires, qui vengez vne foy violée,
Et vous Dieux, de la pauure Elise se mourant,
Escoutez les clameurs qu'aux abois elle rend,

SE SACRIFIANT.

Pour suprême faueur de ma mort arrestée,
Faites s'il atteignoit la riue souhaitée,
Si ce chef scelerat par l'arrest du destin
Souscrit de Iupiter, voit l'Empire Latin,
Exorable donnez à Didon qui vous prie,
Que d'vn peuple ennemy la guerriere furie,
Loin des embrassemens de son Iule cher,
Ne trouuant desconfit retraite à se cacher,
L'afflige, le poursuiue en l'horreur des batailles,
De la fleur des siens morts pleurant les funerailles,
Forclos, abandoné de tout humain secours,
Que son desastre n'ait ne mesure ne cours,
Que sa meschante vie, ait vne fin capable,
De ramener au bien l'âme la plus coupable.

ANNE.

Comme vn flot se grossit, de l'autre qui le suit,
Toujours de mal en pis sa plainte elle poursuit,
En imprecations aiguise sa colere,
Il vaut mieux l'interrompre, à peine de deplaire,
Toutefois ce venin rentré dedans le cœur,
La pourroit suffoquer à l'acces du rancœur,
Plus discrette, attendons qu'elle vomisse à l'aise,
Qu'vn nuage de pleurs cette tourmente appaise.

DIDON.

Ha! i'entreuoy ma sœur craintiue s'approcher,
Le surplus de ses vœux reseruant au bûcher,
Ie feindray sur ma face vn reste d'esperance,
Depeur que ses propos troublent mon asseurance,
Qu'elle dresse vn obstacle au dessein pourpensé,

Et bien, pour le prier tu n'as guere auancé,
Tu n'as peu retarder la course du pyrate,
Tu n'as peu rien gagner dessur ceste âme ingrate.
ANNE.
Pressé du sentiment de son crime outrageux,
I'ay remarqué, qu'encor qu'il feit le courageux,
Le corps absent, son âme à Cartage demeure,
Ma sœur, consolez-vous, il reuiendra ie meure;
Dez le premier orage, vne equitable peur,
Tournera ses espoirs d'Italie en vapeur,
Repentant, à genous il se viendra soumettre,
A la peine du mal qu'il a voulu comettre;
Nous reuerrons ses naux notre havre habiter,
Sans qu'il ait iamais plus desir de vous quiter.
DIDON.
L'esperance ne m'a que trop long tems deceuë,
Il faut à ce malheur trouuer vne autre issuë,
Que dy-ie la trouuer? seulement preste-moy,
Le secours d'vne sœur en ce cuisant ésmoy,
Assiste l'entreprise & soudain ie me vante,
De sortir de misere; au moyen que i'inuente
Mes langueurs finiront: pres des ondes d'Atlas
Où le Soleil se va coucher quand il est las,
Où ce mont orgueilleux sur son épaule forte,
La machine étoilée infatigable porte,
En ce lieu, comme i'ay du commun bruit apris,
Demeure secourable vne femme de pris,
Prestresse de la gent Nasilienne, âgée,
De la garde du Temple Hesperide chargée,

SE SACRIFIANT.

Qui donnoit au dragon en ce riche verger,
Les pauots sommeilleux, & le miel à manger,
Gardant les rameaux saincts sur l'arbre vigilan-
te,
Elle promet guarir ceux qu'amour violente,
Délier le soucy des ames qu'il époint,
Où mesme l'enuoyer à ceux qui n'en ont point;
Elle fait rebrousser les fleuues à leur source,
Des Astres dans le Ciel rétrograde la course,
Sous ses vers murmurez les manes fremissants,
S'assemblent, les enfers luy sont obeissants,
La terre sous ses piez mugit changeant les formes,
Elle contraint des monts à descendre les ormes,
Chere sœur ie t'ateste, & ton chef precieux,
Employer malgré moy ses arts pernicieux,
D'vn maistre impitoyable à cette heure regie,
Grands Dieux vous le sçauez i'vse de la Magie.
Va donc, elle m'enioint d'y proceder ainsy ;
Pren le soin qu'vn bucher se dresse pres d'icy;
Qu'à découuert dedans le Palais on le face,
Et apres du Troyen les dépouilles amasse,
Les armes, qu'à mon lit l'impieux attacha,
La couche, où mon honneur prodigue s'épancha;
Bref qu'il ne reste rien, rien prouenu de l'homme,
Que la flâme tantost ne purge & ne consomme;
Que tous les monumens laissez du fouuenir,
Disparoissent reduits en cendre à l'auenir:
Dépêche, & me permets d'acheuer solitaire,
Quelque secret requis à ce sacré mistere.

DIDON

ANNE.

Ie ne voudroy mon sang, non ma peine épargner,
Pour vous faire mon œil la victoire gaigner,
Victoire, que l'on tient sur toutes la plus belle,
Qui domte l'appetit à la raison rebelle,
Victoire, qui vous donne autant où plus de los,
Que les vostres conduits, & sauuez sur les flots.

DIDON.

Rasseure toy mon âme, efforce ta constance,
Tu ne porteras plus du corps la penitence,
Le chemin preparé d'un repos eternel,
Tu vas sortir d'auec cét hoste criminel,
De sa corruption ie te rendray deliure,
Luy éteint, ie te fais immortelle reuiure,
Sichée satisfaict de sa punition,
Te promet du passé toute abolition,
Nous l'alons retrouuer aux plaines Elisées,
Les sources de sa haine en mon sang épuisées,
Nous alons retrouuer son esprit bien-heureux,
Dedans une forest de myrtes odoreux,
Moissonant le doux fruit de ses vertus celebres,
Qui ne craint les aguets d'un auare funebres,
Qui ne redoute plus de perdre ses tresors :
Or premier que du Stix ie franchisse les bords,
Sichée mon Soleil, qui luis entre les ombres,
Donne à l'infinité de mes cruels encombres,
Derechef tà mercy ie reclame à genoux,
Donne-moy des témoins de l'adultere absous,

SE SACRIFIANT.

Que cette nuit derniere aux langueurs de ma vie,
Si ie suis du sommeil d'auanture rauie,
Ton ombre m'apparoisse agreable, disant,
Ne te trauaille plus de ce soucy cuisant,
Vien, haste-toy Didon, de ta grace asseurée,
Vien viste rëunir ta moitié separée,
Tu trouues vn azile ouuert dedans mon sein,
Le coup executé de ton braue dessein;
Nous ne respirerons qu'vn penser par vne âme,
Nous ardrons mutuels d'vne loyalle flâme:
Qui renouuellera de la fuite du tems,
Nous serons à iamais, & heureux, & contents.
Ha! douce illusion, que tu flates mes peines,
I'ay peu verifier tes apparences vaines,
Et le pouuoit aussy, dez lors que le destin,
Feist l'auteur de mon mieux Erébique butin,
Dez lors qu'vn parricide emporta mon Sichée,
Il ne faloit suruiure à son sort'atachée,
Compagne de ses pas chez l'auare Pluton,
Nos fuseaux acheuez en vn iour de Cloton:
L'amitié le vouloit, outre le certain terme,
L'heur des fresles mortels dans la carriere enferme,
Pareil à la beauté des roses qui s'esteint,
Depuis que la chaleur de trois soleils l'atteint;
Pareil au flot qui vient se creuer au riuage,
Mourant pleine de gloire en ce chaste veufuage,
Quels hazards i'abregeoy, qu'elle suite de maux,
Combien d'afflictions, de soucis, de trauaux?
Ce que m'auoit Cartage aquis de renommée,

Au triple ie le pers d'vn voleur diffamée;
Fortune iniuste a pris l'vsure de mes iours,
Vne playe endurant qui saigner a toujours,
Fortune sous l'apas du vice m'a conquise,
Mais la vertu souuent bronche la plus exquise;
Mais ma cheute ie veux soudaine releuer,
Et du naufrage entier mon renom preseruer;
Iaçoit que le regret d'vne ville orpheline,
Que celuy de ma sœur du courage decline;
Didon peu resoluë, & où retombes-tu,
Ez mains des ennemis que tu as combatu?
Quite quite le soin des affaires du monde,
Que Iupiter s'il veut dessus face la ronde,
Tu n'as qu'à t'entourner la teste de Cypres,
Presser du sacrifice ordonné les appress,
Dire à ton peuple aymé les paroles dernieres,
Offrir aux Dieux d'embas tes placables prieres,
Et d'vn bras courageux, d'vn bras mâle d'effet
Sçeller de ta memoire vn chef-d'œuure parfait.

CHOEVR DES TROYENS.

La plus part de nos accidens,
Ne dériue de la fortune,
Nous en accusons impudents,
Celle qui n'a point de rancune,
Veu que les gestes désreglez,
Que mainte passion mauuaise,
Trouble le calme de nostre aise;

Et

Et nous precipite aueuglez.
    L'imbecille nature humaine,
Se laisse au vice manier ;
Puis auec vne excuse vaine,
Cuidant ses erreurs pallier,
Maintient que la gauche influence,
Des astres par trop rigoureux,
Enuie à ses iours bienheureux,
Le fruit d'vne pure innocence.
    Mais las! que c'est se méconter,
Que l'excuse inepte, & friuole,
Coupable à tort fait reputer,
L'aueugle Déesse qui vole;
Chacun certes quasy se sert,
De demon, où de destinée,
Chacun tient l'espace bornée,
Des maux qu'il souffre, ou a souffert.
    Quiconque entier sur le modelle,
De la vertu se formeroit,
Et qui n'empruntant rien que d'elle,
Iamais ne s'en éloigneroit ;
Qui Pancratiaste à sa lute,
Se tiendroit ferme sans broncher,
Rarement le pourroient toucher,
Les maux qu'à fortune on impute.
    Perfection digne des Dieux,
Que premier n'obtint à la terre,
Celuy qui fit victorieux,

Aux monstres vne iuste guerre,
Premier que d'auoir dépouillé,
Son mortel, dans la flâme éprise,
Et çà bas l'écorce remise,
Des voluptez qui l'ont souillé.

Ne les serpens de sa marastre,
Qu'il étoufa dans le berceau,
Ne l'hydre à nuire opiniastre,
Que d'vn labeur toujours nouueau,
Fallut ez marais de Lernée,
Auecque la flâme & le fer,
A ce grand Alcide étoufer,
Auant la palme moissonée.

Ne dans l'espace d'vne nuit,
Ieune, mais d'indomté courage,
Cinquante fils qu'il a produit,
Chacun issu d'vn pucelage :
La biche aux pieds d'airain legers,
Aux cornes d'or, qui sur Mænale,
Eprouua sa dextre fatale,
Dextre épouuentable aux dangers.

L'énorme lyon de Némée,
Que ny fer, ny pierre, ny bois,
(Si nous croyons la renommée)
Ne pouuoit réduire aux abois,
Pourtant ne trompa sa victoire,
Luy fit moins de peur, que de mal,
Vestant du superbe animal,

La dépouille pleine de gloire.

Il pût, infiny de trauaux,
Donner le cruel Diomede,
Pasture à ses propres cheuaux,
Et (qui la force humaine excede,)
Emporter en ses bras, captif,
Le sanglier, terreur d'Erymante,
A vn tyran qui le tourmente,
Enuieux & vindicatif.

Le Ciel s'en alloit en ruine,
Atlas pliant dessous le faix,
S'il n'eust son épaule voisine,
Supposé, lustre de ses faits:
D'vne montagne diuisée,
Il borna l'vne, & l'autre mer,
Trouuant pour plus se renommer,
L'issuë des enfers aisée.

Où le triple mâtin portier,
Arraché du creux de son antre,
Il met à l'attache au collier,
Où ce foudre de valeur entre:
Contraint l'impiteuse Cloton,
De renoüer le fil d'Alceste,
Et tire du piege funeste,
Son Thesée, malgré Pluton.

Bref, ce heros, pour qui sous l'onde,
Le Soleil retarda son cours,
Celuy qui s'obligea le monde,

Par un ordinaire secours,
Ce domteur qui lassa la haine,
De Iunon, qui ne faisoit rien,
Sinon du preux Thyrintien,
Fomenter la gloire en la peine.

Ce fils, digne de Iupiter,
Peut tout vaincre, hormis soymesme;
Car si tost qu'amour vint ietter,
L'apas à sa force suprême,
Si tost qu'Omphale eust par ses yeux,
Dérobé son âme blessée,
La trace des vertus laissée,
Et plein d'un poison furieux;

L'oisiueté, mere des vices,
Eclipsa l'antique valeur,
Peu à peu, le miel des delices,
Luy ourdit un honteux malheur :
Emprisonné de sa captiue,
La fureur d'un jaloux martel,
Mourant, le rendit immortel,
Au milieu de la flâme viue.

Las ! helas ! notre Reine ainsy,
Serue d'un miserable esclaue,
Depuis que sa constance graue,
Fléchit sous l'amoureux soucy :
Depuis que la nouueauté fole,
Ebranla son chaste desir,
L'imprudence la vint saisir,

Qui l'antique renom luy vole.
Ce n'est plus celle qui souloit,
Triompher du sort aduersaire,
Qui dessus le salut veilloit,
D'vn peuple soumus, volontaire;
Le soin des murs qu'elle a fondez,
Ne la chatoüille plus de gloire;
Amour luy oste la memoire,
De tant de perils éuadez.
 Surprise d'vne letargie,
Elle n'a senty qu'à la fin,
Que ce Duc venu de Phrygie,
S'accommode au tems le plus fin;
Qu'abusant de sa chaste couche,
En titre de futur époux,
C'est attendant qu'vn ciel plus doux,
Le chemin des flots luy débouche.
 Attendant qu'il ait reparé,
Le bois de sa flote échoüée,
Et qu'il puisse, mieux preparé,
Rompre cette foy mal nouée:
O pariure ingrat, ô méchant,
Tu perds qui te sauue, infidelle,
Ains tu perds execrable en elle,
Tout vn empire trebuchant.
 Ce n'est point vn serment leger,
Que viole ta perfidie,
Serment que la foudre braudie,

Ne puisse & ne doiue venger:
Les Dieux que tu dis, hypocrite,
Conseruer dedans tes vaisseaux,
Ne hasteront que sur les eaux,
La peine de ton démérite.

Barbare, as-tu point de remors,
La conscience bourelée,
De laisser enceinte de morts,
Ta bien-faictrice desolée?
La verrois-tu, sans t'accuser,
D'vn sacrilege parricide,
Verser cette riuiere humide,
De pleurs, qu'on ne peut apaiser?

Verrois-tu déchirer l'albâtre,
De ce beau front, de ce beau sein,
Sans demeurer, & sans rabatre,
La cruauté de ton dessein?
Dessein, que Iupiter confonde,
Que Neptune face auorter,
Qu'vn coup de vent, puisse emporter,
Dessous les abysmes de l'onde.

Mais, ô vains regrets ocieux,
O honte, ô lâche coüardise,
Quel songe nous charmoit les yeux,
Imbus de la fraude entreprise?
Que l'on n'a vengé dans le port,
L'affront d'vne iniure commune,
Qu'on n'a déchargé sa rancune,

SE SACRIFIANT.

Dessur les coupables du tort.

    Que pere, fils, naux, & gensdarmes,
Entierement exterminez,
Inuestis des feux, & des armes,
Ne sont dignement guerdonnez :
Victime agreable à la Reine,
Qui luy recuperoit l'honneur,
A nous un signalé bon-heur,
Et une gloire souueraine.

    Voila, toutefois le destin,
Fauorise leur iniustice,
Son vouloir semble clandestin,
Conniuer à semblable vice;
Ils moquent la credulité,
D'une triste Reine abusée,
Ils tournent ores en risée,
Nostre lente stupidité.

    Citoyens du celeste empire,
Moderateur de l'uniuers,
Ne faites, que franc de votre ire,
L'erreur s'enracine peruers;
Qu'au Ciel spectateurs immobiles,
Vous laissez courir au hazart,
Tout ce que fortune depart,
A nos iours caducs, & labiles.

    Or le sacrifice annoncé,
Desormais au château nous mande,
Qu ie crain qu'un mal absconsé,

E iiij

Face l'ouuerture plus grande,
Que ce cœur, comme genereux,
Du desespoir de la vengeance,
Loin de se trouuer allegeance,
Ne sçay quoy de plus funereux.

ACTE V.

SCENE I.

DIDON, BARCE, ANNE, CHOEVR
DE TYRIENS, MESSAGER.

DIDON.

PRéparée à la mort, icy ie m'achemine,
Pour accomplir sur moy la vengeance diuine,
Pour attendre vne fin de trespas renaissans,
A toy Sichée, à toy victime ie descens,
Sous l'ombre des honneurs d'vn bustuaire office,
De moy-mesme ie vay te faire sacrifice;
Cartage communique au spectacle impourueu,
Ainsy que mon forfait, adultere elle a veu;
Combien des enuieux de ta grandeur prospere,
Tu auras à soufrir, orpheline étrangere?
Combien de maux à coup, t'enuironnent le chef,
Ie l'aprehende plus, que mon propre méchef;

SE SACRIFIANT.

Mais Iunon supléra de sa toute-puissance,
Au dommage que peut apporter mon absence:
Il faut sortir de peine, il faut dorenauant,
Aller libre d'esprit vn projet acheuant,
Magnanime, pieux, autant que memorable,
L'occasion venuë à son point fauorable.
Barce, Barce, va-t'en ma germaine haster,
Venez au sacrifice, ensemble m'assister,
Elle dans l'eau d'vn fleuue auant purifiée,
Ta temple ceinte autour d'vne bande liée,
Bande sacre à l'honneur de Iupin Stigien,
D'hosties au surplus, qu'elle n'obmette rien:
Va, ie veux accomplir l'œuure bien commencée,
De point en point, ainsy que ie l'auois pensée.

BARCE.

Nous vous obeïrons, heureuses de pouuoir,
Ores participer à ce pieux deuoir;
Mais las! quelle pâleur décolore sa jouë?
Comme ces yeux ardans de fureur elle rouë?
L'indice m'épouuente, & conçois vn soupçon,
Pire que de ton meurtre, ô mon cher nouriçon:
Détournez, immortels, diuertissez de grace,
L'attentat, si quelqu'vn en son âme se brasse.

DIDON.

Tu es seule, ma sœur, que ie regrette plus,
Que ie pleure ce corps, au sepulcre reclus;
L'inuiolable amitié qui nous auoit vnies,
Ourdira tes douleurs, par les miennes finies:

DIDON

Le sceptre, qu'épineux ie te cede au trépas,
Ton incroyable deuil ne moderera pas;
En danger que bien-tost tu me suiues sous terre,
Comme l'ormeau tombant entraine son lierre;
En danger que tirée au destin de Didon,
Tu ne fauches l'espoir des peres de Sidon :
O fâcheux labirinthe, où touiours retombée,
Ma constance de moy s'écoule dérobée,
Sus-sus, composons-nous, de constance, & de vois:
Feignons mieux esperer deuant ce peuple épois,
Deuant ma sœur qui vient, malheureuse trompée,
M'apporter du Troyen la secourable épee.
Anne, approche, tens-moy, ce que tu tiens icy,
Gardant qu'aucun apres me trouble mon soucy :

ANNE.

Les taureaux sont-ils préts? leur esfusion sainte,
Qu'aucune loy ne soit aux trépassez enfrainte ;
Que la prétresse trouue à l'autel bien paré,
Ce qu'elle commanda qu'on luy tint preparé.
Parfaites à loisir deuant le sacrifice,
Ce qu'aurez sceu, requis à son funebre office;
Diligente, ie cours, le surplus ordonner,
Barce, auise tandis, de ne l'abandonner.

CHOEVR.

Croyez, que la Reine contrainte,
Déguise vne extréme douleur,
L'accent, & l'instable couleur,
Ne déuoilent que trop sa feinte ;

SE SACRIFIANT.

Et le glaiue en ses mains offert,
Nous ne deussions auoir soufert.

DIDON.

Suprêmes Deïtez, vainement reclamées,
Ne tenez desormais vos oreilles fermées,
A ce peu que ie veux, mais iuste, requerir,
Contre mon homicide auant que de mourir :
Imployables, tandis que ie filay ma vie,
Fléchissez au suiet qui me l'aura rauie,
Que cet ingrat, ce traitre, & inique motif ;
Ce fausaire affronteur, sans cesse fugitif,
Sans cesse enuelopé de guerres suruenuës,
Acablé sous le faix des pertes soutenuës,
Execré, poursuiuy des hommes, & des Dieux,
Aux siens finalement, à soy-mesme odieux,
Tombe deuant le iour, & pour derniere peine,
Demeure enseuely au milieu de l'areine,
Que les siens, en Itale esperans du repos,
Vn vengeur belliqueux, qui sorte de mes os,
Renuerse leur Estat, les pille, les détruise,
Vaincus, au desespoir, mille fois les réduise.
Et vous, ô Tyriens, ie vous coniure tous,
De n'éteindre enuers eux vn trop iuste courrous,
Obligez vostre Reine, & sa muette cendre,
De ne vouloir iamais à la paix condescendre :
Que dés l'heure tantost aux siecles aduenir,
Nulle espece d'acort ne soit pour vous vnir,
Immortels ennemis, du tout en tout contraires,

Nos riuages aux leurs, opposez aduersaires,
L'onde, contraire à l'onde, & à l'vn l'autre port,
Les neueux guerroyans, tombez en mesme sort.

CHOEVR.

D'vn desespoir d'amour éprise,
Elle touche sous mots couuers,
Iettant des regars de trauers,
Vne furieuse entreprise;
Approchons plus pres du bucher,
Afin de pouuoir l'empécher.

DIDON.

O dépoüilles, iadis doucement fortunées;
Tant qu'vn Dieu le permit, qu'il pleust aux destinées;
Glaiue en intention, plus humaine receu,
Cet âme, receuez que vous auez deceu,
Ostez-moy du tourment, des soucis que i'endure,
I'ay deuidé le cours de ma fortune dure,
I'ay vécu, i'ay construit vne belle Cité,
I'ay vengé mon époux de la ferocité
D'vn beau-frere homicide, & ores ma grand-ombre,
Sous terre, ira des morts croistre le dolent nombre.
Heureuse, helas! par trop, heureuse, si sans plus,
Nôtre riue eust les naux Phrigiennes exclus;
Nous mourons sans vengeance, il est vray que m'importe?
Mourons, ie veux aler aux ombres de la sorte;

Voye, voye ce feu, meſſager de ma mort,
Le barbare impiteux, qui me la donne à tort;
Qu'aperçeu deſſur l'onde, il luy allume en l'âme,
De coupables remors une éternelle flâme,
Dieux! ie vous en ſuplie une derniere fois,
Sus, perdons la douleur, la lumiere, & la voix.
BARCÉ.
Au meurtre, elle ſe tuë,
CHOEVR.
ô prodige éfroyable,
Courons, pour retenir ſa dextre impitoyable!
BARCE.
Helas! il n'eſt plus tems, ce beau ſein trauerſé,
L'ame fuit dans le ſang à gros bouillons verſé.
CHOEVR.
O ville deſolée,
BARCÉ.
ô chétiue vieilleſſe,
CHOEVR.
Hé! d'où vient que ſa ſœur, à ſon beſoin la laiſſe?
BARCE.
La cruelle luy a expres commis le ſoin
Du ſacrifice, afin de la tenir plus loin.
CHOEVR.
O rage furieuſe, ô maudite iournée.
BARCE.
O celeſte rancune, à nous nuire oſtinée.

DIDON

ANNE.

Amis, quel accident vous prouoque ces cris?

CHOEVR.

Le meurtre de la Reine, ores nous a surpris.

ANNE.

Hé! Cieux! que dites-vous?

BARCE.

le glaiue du perfide,
Glaiue en ses mains fatal, perpetre l'homicide.

ANNE.

Lancez sur moy, grands Dieux, vn foudre punisseur;
Que feray-ie? où iray-ie? ô ma vie, ô ma sœur,
Me deuois-tu trahir de ta mort simulée?
Mais me dois-ie montrer à la voûte étoilée,
Pestifere flambeau, qui t'allumant le sein,
Qui de tes chastes vœux réuoquant le dessein,
Te contraigny flétrir l'honneur de ton veufuage;
Qui pousse ta belle âme, en l'oublieux riuage;
Pardonne-moy ma sœur, auant que trépasser,
Ne me sçaurois-tu plus mutuelle, embrasser?
Me dire vn long adieu? lâcher vne parole,
Qui de mon desespoir l'extremité console!
Au defaut de la voix, pardonne moy des yeux,
Et que leur Occident me luise gracieux :
Las! tu es autant-vaut le butin de la parque,
Aucun signe de vie en toy ne se remarque,

SE SACRIFIANT.

Tu n'és plus qu'vn flambeau debile, qui s'éteint,
Les roses, les œillets, disparus de ce ceint,
La mort, l'affreuse mort sur tés membres campée,
A laquelle pour dard, i'ay fourny cette espée,
Ha! ie veux reparer le parricide fait,
Ie veux du mesme fer expier mon forfait.

CHŒVR.

Princesse, desormais nostre vnique esperance,
Princesse, desormais nostre vnique asseurance,
Resiste genereuse au desastre malin,
Pardonne pour l'amour de ce peuple orphelin,
Las! pardonne à ta vie, embrassant sa tutele,
Reçoy-nous affligez sous l'ombre de ton aisle,
Phœnix de ta germaine elle en toy reuiuant,
Prend le frein de l'Empire & le va releuant,
Que ta prudence ainsy nous repare sa faute
Du suprême destin la prescience haute
A causé, non pas toy, sa precipite mort,
Puis que tout l'Vniuers ne dépend que du sort.

ANNE.

O sort, inique sort, la rancœur de ta haïne,
N'en veut qu'à la vertu, sa malice inhumaine
Le modelle a choisy de la perfection,
Pour nous combler de deüil, d'ennuis, d'afflictiõ,
Tu ne trouuois objet digne de ton enuie,
Que celle qui cent fois te vainquit en sa vie,

Immortelle sinon, par le mortel apas
De celuy, qui les Dieux francs ne dispense pas,
Qui porte audacieux iusques dans leur courage
(Toutefois traitrement) le poison de sa rage,
O serpent infernal, monstre, que les fureurs,
Auorterent là bas en leurs noires horreurs,
Amour, peste du monde, ennemy de nature,
Qui trebuches les tiens dedans la sepulture,
Boureau de l'innocence, ha! que ta cruauté,
Tes meurtres iournaliers, & ta déloyauté,
Nous deussent auertis d'exemples rendre sages,
Eloigner la raison de tes mortels passages:
On remarque les bancs dispersez en la mer,
Mais premier que te voir tu nous fais abismer,
Toute contagion, toute autre maladie,
Hors mis la tienne seule, à tems on remedie:
L'homme viuroit heureux de ton ioug affranchy,
Implacable tiran qui ne fus onc fléchy,
Deluge de tous maux, qui d'vn plaisir qui passe,
Laisse des repentirs que la parque n'eface;
Ma sœur, ma pauure sœur, he! faut-il qu'vn tombeau,
Ait ce qu'eurent les cieux, & la terre, de beau?
Faudra-t'il que les vers, (enorme sacrilege,)
Déuorent peu à peu ta poitrine de neige?
Que ta bouche iadis de Python le seiour,
Ses oracles diuins ne donne plus au iour?

SE SACRIFIANT.

Ne me reuele plus ses secrettes pensées?
O amer souuenir des priuautez passées,
O Anne desastreuse, ô prophete soupçon.
  Mais approchons les bors de ce corail besson,
De ce corail blanchy d'Atrope l'homicide!
Si quelque esprit errant, foible encor y preside,
Ie le recüeilleray de mes leures bouché,
Ie le deuoreray auidement cherché,
Ie receuray dans moy le reste de son âme,
Ha! que ta défiance a merité de blâme,
De ne m'auoir, ma sœur, le projet decelé,
Et me le decelant de compagne appelé!
Mesme fer, mesme iour acheuoit nos fuzées,
Nous deualions ensemble aux plaines Elizées,
Charon n'eût à deux fois trajetté nos esprits,
Non contente d'vser de ce rogue mépris,
Tu les éteints en moy, & ton peuple & ta ville,
Proche de sucomber, aux barbares seruile,
Proche de lamenter, sous vn joug éternel,
Ton meurtre de malheurs infinis, criminel.

BARCE.

L'excessiue douleur les plaintes me dérobe,
Enuieuse de l'heur malheureux de Niobe,
Ha! que ne suy-je vn marbre, vn troc, ou vn rocher?
Qui deust incessamment des larmes épancher!
Arrousant le cercüeil qui dans son peu d'espace,
Va serrer l'ornement de cette terre basse,
Va serrer le suport de mon âge chenu,

F

Suport en son auril, à peine paruenu,
Soleil, qui ne luisoit au milieu de sa courçe,
Fontaine, qui tarit en découurant sa source;
Helas! helas! ie meurs de ne pouuoir mourir,
Et vouée en ma mort, la sienne secourir.

CHOEVR.

Si par l'égalité conjointe à l'infortune,
Nous moissonons vn fruit d'alegeance commune,
Que l'esclandre où chacun tire vne mesme part,
Le peril où chacun subit mesme hazart,
Doit nous encourager, consoler, & resoudre;
Rien ne sert desormais en larmes se dissoudre;
Ce n'est que relâcher à la mercy des flots,
Vn vaisseau, que l'espoir de salut n'a forclos;
Cela n'est que du sort acroistre l'insolence!
Au contraire roidis contre sa violence,
Les Dieux nous aideront, qui veulent suppliez
Nos courages d'vn tems à l'effet dépliez;
Qui ne peuuent pas moins, qu'alors que notre fuite
En la Reine éprouua vne masle conduite:
Procurons à son corps les honneurs meritez,
Que pour comble obtenu de ses prosperitez,
On sacre à sa memoire vne feste anuelle,
Qui comme le Soleil, roule perpetuelle.

ANNE.

O friuoles honneurs, puis qu'ils sont impuissans,
De nous ressusciter des enfers pâlissans,
Puis qu'au partir du mōde, innocent, & coupable,

Tombeau, dedans vn lieu, d'obscurité capable,
Puis que le vieil Charon n'a son esquif vsé,
Plus aux moindres pasteurs qu'aux grands Rois refusé,
Pesle-mesle, ietez au port qui ne repasse,
Sans égard de vertus, de beautez, ny de race:
O friuoles honneurs, dont l'arriere saison,
Ridicule se montre à l'humaine raison;
Qui veut fleurir au monde, en vn estat prospere,
Confondre la loüange auec le vitupere,
Incite du Troyen la feinte pieté,
Aux dépens d'vn Empire, & d'vne chasteté:
Qu'il n'obserue de foy qu'auec son auantage,
Des peuples inconus supposez de partage,
Tel méchant ioüira du profit, de l'honneur,
Il embrasse viuant le vray corps du bon-heur,
Didon le prouue assez, Didon, qui fut n'aguere,
Alors que son bourreau déloyal se confere,
Que la vertu se voit sous le vice opprimer,
Las! (& qui plus) sa gloire imprimée entâmer:
Mais toujours ses regrets trouueroient vn dédale,
Ce roc Sisiphien toujours monte, & deuale,
Obtenons, obtenons, de trêues vn moment,
Que l'on aille placer ce corps au monument,
Qu'en larmes dessur luy ie distile mon âme,
Ains qu'vn mesme bucher nous consomme en sa flâme.

F ij

MESSAGER.

O funebre auanture, ô cruelle pitié,
O aueugle cent fois à choisir ta moitié;
Voila que le mépris de mon Prince t'apporte,
Iarbe preferé, tu ne fusses pas morte!
Iarbe vn grand Monarque, enflâmé du renom,
Qui rechercha ton lit sous les loix de Iunon,
Qui te vouloit combler d'vne grandeur heureuse,
Et vnir à ta gent la sienne valeureuse;
Vnion suffisante à rendre l'vniuers,
Sous vn ioug tributaire en ses peuples diuers:
Le sort ne l'a permis, qui te portoit enuie,
Qui n'a que trop ainsy la vengeance assouuie
De mon Prince blessé de ce ialous martel?
 Sans doute qu'au rapport, d'vn accident mortel,
Quelque reste d'amour, luy arrache des larmes,
Luy fait tomber du poin ces vengeresses armes,
Qui deuoient du Troyen, & d'elle triompher,
L'vn emporté de l'onde, & cette-cy du fer.

FIN.

SCEDASE,
OV
L'HOSPITALITE'
VIOLEE.
TRAGEDIE.

PAR ALEXANDRE
Hardy, Parisien.

E iij

Les Acteurs.

ARCHIDAME.
CHARILAS.
EVRIBIADE.
IPHICRATE.
SCEDASE.
EVEXIPE.
THEANE.
EVANDRE.
PROBANTE.
PRONOCRATE.
AGESILAS.
ANDROCLIDE.
LEONIDE.
XANTIPPE.
CHOEVR DE LEVCTRIENS.

SCEDASE,
OV
L'HOSPITALITÉ
VIOLEE.
TRAGEDIE.

ACTE I.

ARCHIDAME, CHARILAS, EVRIBIADE, IPHICRATE.

SCENE I.

ARCHIDAME SEVL.

ES Empires mondains ont leur gloire bornée,
Sujets ainsy que nous, à quelque destinée,

Ils paruiennent au plein de leur prosperité,
Tandis que la vertu regne en seuerité;
Que les vices haïs meurent auant que naistre,
Estat, où Sparte unique au monde souloit estre,
Qui porta dans le Ciel ses belliqueux exploits;
Tandis que de Licurgue elle obserua les loix;
L'Europe, peu s'en faut sous le joug d'une ville,
(Les delices de Mars) courba son col seruile
Au Perse redoutable, heureux de la pouuoir
Maintenir alliée, & ses armes ne voir:
Chose qui dure encor, mais peu à peu decline,
Depuis que relaschant la vieille discipline,
Lysandre fit venir des Attiques domtez,
Ce metal, qui corromt les chastes volontez;
Ce metal qui conçoit une soif hydropique,
Pernicieux à l'heur de toute Republique;
Source de trahisons, qu'ordinaires on craint,
Contre qui rien ne dure, inuiolable, & saint;
Execrable metal, ministre des delices,
Dont le retour chez nous ressuscite les vices;
Tu m'espouuentes plus, pensant à l'auenir,
Qu'ennemis opposez qui puissent suruenir.

 Tutelaire Iunon, & vous clairs Tyndarides,
Qui regnez tour à tour sur les ondes perfides,
Et quiconque là-haut a pris d'affection,
Sparte la Martialle en sa protection,
Humble ie le requiers, du plus pur de mon âme,
Eteindre le tison d'une naissante flâme,

L'HOSPITALITÉ VIOLÉE.

Repousser l'auarice, & le luxe de nous,
Ou si quelque destin la doit perdre en courrous,
Si la reuolution de sa bonne fortune,
Attent la decadence aux Empires commune ;
Concedez immortels à mon zele feruent,
Qu'vn trépas glorieux m'arriue auparauant,
Que ie trouue premier entre mille gendarmes,
Vne fin magnanime en la lice des armes,
Que te voir ma patrie, oncques degenerer,
Et le sort des vaincus à ton tour endurer.

SCENE II.

Charilas, Evribiade, & Iphicrate.

Charilas.

PHœbus ne renoit point auec liesse égale,
Le tour du monde fait, sa chere isle natale,
Comme ie reuerray ce vieil Bœocien,
Hoste de pere en fils à nous deux ancien ;
Sa champestre maison, celle me represente,
Qu'éleurent trois grands Dieux de retraite plaisante,
Maison, qui sans orgueil, riche en sa pauureté,
Loge tousjours la paix auec la seureté,
Non pas certes maison, bien Temple magnifique,
Choisy de Cupidon chez vn peuple rustique,

Choisy dans les beaux yeux si cruellement dous,
De deux pucelles sœurs qu'il se garde ialous:
Deux sœurs, en qui le Ciel admire la nature,
En qui chaque action dément la geniture,
Digne de quelque sçeptre à leur merite offert:
O Cieux, y repensant ce dedale me pert;
Mon âme ne se peut retrouuer égarée,
Dans leur double merueille à nulle comparée,
Et le cœur tout de flâme à coup se trouue épris,
D'vne, à qui cederoit la beauté de Cypris.

EVRIBIADE.
Quiconque apres l'aspect ce miracle n'adore,
Le nom d'hōme qu'il porte inhumain deshonore,
Merite qu'on l'appelle impassible rocher,
Merite sacrilege vn funeste bûcher,
Les siecles precedents les nôtres, ceux qui viēnent,
Ces peuples infinis que les poles contiennent,
Ne peuuent rencontrer de pareilles beautez,
Dont la seule vertu cüeille les primautez,
Dont la seule vertu conforme les pensées,
Sans imperfection, n'estoit que trop glacées,
Elles laissent passer sterile vn gay printems,
Qui les Dieux captiuez, pourroit rendre con-
tens.

IPHICRATE.
L'exces ne me plaist point de semblables loüanges,
Tels discours entre vous reputez fort estranges,
A qui la gloire deust la parole animer,

L'HOSPITALITE' VIOLEE.

Non le cœur vn desir ocieux exprimer,
Vn desir pestilent qui le courage émousse,
Et qui les fruits naissants de la vertu repousse,
Ceux abrutis soudain que gaigne le poison,
A mesme heure perdus de los, & de raison,
Combien il sieroit mieux de se remettre en veuë,
De nos plus braues chefs l'histoire ramentuë,
Dessur leur preference à l'enuy discourir,
Dire la volupté que l'on gouste à mourir,
Pour accroistre l'honneur de sa chere patrie,
Et sur les pas de ceux qu'imitables on trie,
Ne respirer sinon les batailles, où Mars
Disperse ses lauriers au milieu des hasars.

CHARILAS.

Aussy ne voulons-nous ensuiure d'autre trace,
Mais toujours furieux en sa natale Thrace,
Ne guerroye le Dieu qui preside aux combats,
Cypris par fois l'attire à des plus dous ébats,
Le sort humain demande vne trefue, qui donne
Plus de vigueur apres au mestier de Bellone,
Qui les soings relâchez à l'ombre du repos,
Nos courages renuoye aux effets plus dispos.

IPHICRATE.

Lors à la verité, qu'en prouësse guerriere,
Nous laissons renommez tous les autres der-
riere,
Qu'au comble paruenus de ce penible mont,
Où l'exemple immortel d'Alcide, nous semont;

Le pays n'aura plus qui nos armes employe,
On peut moderément se lascher à la joye,
D'honnestes passetems exercer son loisir,
Non pas pource plutost la volupté choisir,
Perte de la ieunesse, & honte du vieil âge,
Bref qu'oncques elle n'eut d'accez chez homme
   sage.

EVRIBIADE.

Le plus frequent appas des actes glorieux,
Et qui plus de Heros rendit victorieux,
Fut l'amour, passion, genereuse de sorte,
Que tout cede où son foudre incomparable porte,
Que la vaillance naist en la timidité,
Que la prudence germe en la stupidité,
L'âme sous un objet qui merite asseruie,
L'âme dans un objet qui l'anime rauie,
La gloire sans l'amour, aliment de son feu,
Sur le theatre humain s'éteindroit peu à peu.

IPHICRATE.

Ilion sans l'amour, & son vainqueur Achille,
N'eussent seruy d'exemple, à quiconque facile,
Donné dans les gluaux de ce caut oyseleur,
Et qui semble fatal aux hommes de valeur.

CHARILAS.

Ne t'imagine pas, que celle frenaisie,
Incurable domine en nostre fantaisie,
L'un & l'autre demeure amplement satisfait,
Des faueurs du regard qui neglige l'effet.

L'HOSPITALIT' VIOLEE.

IPHICRATE.

Les yeux premiers atteins, communiquent à l'ame,
Cette contagion qui la luxure enflâme,
De suite la raison abandonne son fort,
Cede au vice ennemy, qui le chasse plus fort,
Tout amant comparable en sa triste fortune,
Au marinier qui court les hasards de Neptune;
A peine hors du havre il sillonne les flots,
Que l'orage subit l'enuelope forclos
De l'espoir du retour, & sa nef maistrisée,
S'échoüe, ou tient au gré des vents entre brisée;
Croyez, que le plus seur seroit de ne reuoir,
Ces Sereines d'amour propres à deceuoir.

EVRIBIADE.

Tu sçais que le passage au logis de ces belles,
Passage coustumier nous inuite plus qu'elles,
Ioint l'hospitalité qu'auec le pere on a,
Pourquoy donc soupçoner quelque mal en cela ?

IPHICRATE.

Certain sinistre augure agite ma poitrine,
Tel que le Nort croissant, qui les ondes mutine,
Augure auant-coureur du desastre auenir,
Que mon conseil à tems n'aura pû retenir;
Détournez-le de grace, ô vierges de l'Auerne,
Dessous qui le destin ce grand monde gouuerne;
Ma presence du moins l'empechera toujours,
Plus cupide d'honneur que d'alonger mes jours.

S'éclate sur mon chef la machine étoilée,
Hors de ces fondemens soit la terre écroulée,
S'opposent mille feux, mille fers ennemis,
Ce voyage ne peut vn seul moment remis,
M'interdire ta veuë, Euexipe adorée,
Qui passes en beauté la blonde Cytherée,
Euexipe, Soleil qui prophane tes rais,
Chez vn peuple grossier, habitant des forets,
Euexipe qui tiens mon âme prisonniere,
Mais d'vn chaste lien, iusqu'à l'heure derniere,
A ton Temple prochain ses vœux ne presenter,
Seroit vn sacrilege execrable attenter.

EVRIBIADE.

Leur chois indifferent, de merite pareilles,
Theane aux mesmes loix, merueille des merueilles,
Etreint ma liberté dans sa belle prison,
Et me fomente vn mal qui hait sa guerison;
L'amour à ces deux sœurs diuisa son Empire,
Et ma condition, dessous elles n'est pire,
Toute de feux, d'attrais, de lumiere, d'apas,
Qui des Syrtes gouffreux attireroit mes pas,
Me deussent ses regards cent fois couter la vie,
Ou trebucha iadis Euridice suiuie!
Nul peril ne m'en peut distraire suffisant,
Encor que de respect pres d'elle me taisant,
L'espoir autre faueur illicite n'attende,
Satisfait quand ses yeux ont receu mon offrande.

CHARILAS.

L'HOSPITALITÉ VIOLEE.

CHARILAS.

Ma suprême faueur, gist en sa priuauté,
Que m'obtient le deuis d'vne vierge beauté,
Deuis, que Python fait couler sans artifice,
Et de grace aussy plein, comme nu de malice,
Qui peso neantmoins, qui puerilement,
Ne s'auenturera de parler nullement;
Tout so defaut, en quoy l'amour s'éprouue inique,
A l'exemple de nous il est trop Laconique;
Sa honte porte enuie à ma felicité,
Contraire à ces caquets de filles de Cité,
Lors que plus attentif son discours ie respire,
Telle beatitude à sa naissance expire,
La honte sert de mors, pour retenir soudain
Ses deuis, que ie tâche à prolonger en vain.

EVRIBIADE.

Ma Theane la suit, pas à pas imitée,
Sa parole, en façon d'oracles limitée;
Parole, que precede vne rouge pudeur,
Et par qui le courage exprime sa candeur,
Parole, qui rauit les oreilles charmées,
Parole, qui rendroit les roches animées;
Mais rare, que le frein du silence restreint,
Prothée ainsy donnoit ses responses contrainct.

IPHICRATE.

Ainsy dit vn prouerbe, vtile, & veritable,
Que l'enuie, ce vice entre tous detestable,
Fait toujours à nos yeux, qu'elle occupe troublez,

G

Sembler les champs voisins, produire plus de blez,
Sparte, n'a volontiers (sterile en belles dames)
D'assez dignes objets à captiuer vos âmes?
Elle, où la vertu regne en sa perfection,
Vous contentera moins, louches d'affection,
Que ce pauure hameau d'étrange seigneurie!
O manifeste erreur, erreur, mais bien furie,
Remis d'entendement, iugez qu'on puise l'eau,
D'vne source, trop mieux que d'vn petit ruisseau.

CHARILAS.

Iaçoit, qu'au faix des ans ta vieillesse succombe,
Moins propre à courtiser les dames, qu'vne tõbe,
Et iuge incompetant ez matieres d'amour,
Ta veuë neantmoins ne souffrira le iour
De ce double Soleil, qu'apres tu ne confesses,
La preference deuë à pareilles maistresses;
Que mesme l'aiguillon du desir impuissant:
Sous leurs loix ne te range esclaue obeïssant.
Mais Titan sur le point d'accomplir sa carriere,
Luisant, demy-couché dans l'onde mariniere,
Ne permet differer le voyage entrepris.

IPHICRATE.

Voyage à contrecœur qui trouble mes esprits.

ACTE II.

SCEDASE, EVEXIPPE, THEANE,
CHARILAS, EVRIBIADE,
IPHICRATE.

SCENE I.

SCEDASE, EVEXIPPE, THEANE,
SCEDASE.

O Souuerain des Dieux, qui gouuernes le monde,
Combien tu me rauis en merueille profonde,
Autant de fois que seul mon penser s'entretient,
Sur ton iuste compas, qui l'Vniuers maintient;
De sorte que parmy ces peuples que la terre,
Dans le cercle infiny de sa rondeur enserre,
Chacun, où vit, où peut viure content, du sort,
Que tu luy prescris iuge en suprême ressort;
Cettuy regit heureux vn monde qui l'adore,
L'autre n'affecte point les grandeurs qu'il ignore,
L'vn trouue des Citez le seiour gracieux,
L'autre hay le fuit, ainsi que vicieux,
L'vn ayme de nature à manier les armes,
Se plaist parmy l'horreur du meurtre, & des alarmes,

L'auare, sur les flots combat la pauureté,
Nous autres villageois, à plus de seureté,
Fouïllons le sein fecond, que la mere Cybelle,
Preste humaine à nourrir la semence mortelle;
Heureux, & plus qu'heureux, d'vne condition,
Où le peu bien aquis borne l'ambition ;
Heureux, pour n'enfanter les discordes ciuiles,
Pour abhorrer la pompe, & le luxe des villes,
Pour ne pâlir d'enuie, & dans vn double cœur,
Loger la trahison, l'assacine rancœur,
Pour auoir la parole ainsy que le courage,
Pour ne faire innocens à personne d'oûtrage ;
Telle sincerité coule en repos mes iours,
Et iusques au cercueil me durera toujours,
Qui ne manque d'honneurs chez vn peuple cham-
  pestre,
Qui content de mon sort, ne desire plus estre,
Ma felicité n'a defaut aucun, sinon,
Que veuf, nul mâle enfant ne conserue mon nom;
Pere, qui tien sans plus des faueurs de Lucine,
Deux filles, qu'aux vertus le naturel incline,
Assez belles d'esprit, assez belles de corps,
Mon ombre sans regret passera chez les morts,
Du plustost que l'hymen assorty me les place
Quelque part en lieu propre à leur fortune basse:
Mais trêue de pensers, vn affaire important,
Plus de sejour icy ne me va permettant,
Euexippe, Theane, où estes-vous?

L'HOSPITALITE' VIOLEE.
EVEXIPE.
mon pere.
SCEDASE.
Ecoute, à ce depart, ô geniture chere,
Trois iours se passeront premier que me reuoir,
Ecoute cependant quel sera ton deuoir.
THEANE.
Instruittes commandez que de nostre puissance,
A ce commandement on rende obeissance.
SCEDASE.
L'exemple maternel qui vous luit vray fanal,
A garder du naufrage vn renom virginal,
Le sang qui la vertu pudique vous influë,
Retranche à mon discours la peine superfluë,
Qui rememoreroit ces pieges assidus,
Au plus riche thresor de la fille tendus,
Qui rememoreroit mainte ruse amoureuse,
A l'honneur englouty de celles funereuse,
Que la credulité precipite souuent,
Sous ombre d'vne foy, plus muable que vent,
Sous ombre d'accepter les loüanges friuoles,
De ceux qui vous diront leurs diuines idoles,
Qui sçauent (crocodils redoutables) plorer.
Sur le point que l'honneur ils veulent deuorer:
Peril moindre chez nous, qu'es villes opulentes,
Mais on trouue par tout des âmes fraudulentes,
En ce siecle peruers les vices déchainez,
Ne se trouuent que trop de suppostz forçenez,

G iij

Capables d'ébranler vn courage pudique,
Mes filles, mon support, mon esperance vnique,
Fuyez à cette fin toutes sortes d'appas,
Que la maison sans moy ne vous éloigne pas,
Qu'vne seule minute oysiue ne se passe,
Car chez l'oisiueté Cupidon trouue place,
Elle ostée, on le domte, on épointe ses dars!
Donc, semblables conseils preseruent des hasars
Ce bouton precieux, qui doit l'heure venuë,
Deux gendres subroger à mon âme chenuë,
Qui doüaire suffisant, oblige d'amitié,
Le plus barbare épous vers sa chaste moitié.

EVEXIPE.

Plutost mille trépas, que l'honneur m'abandonne,
Qu'aux sales voluptez prise aucune ie donne,
Qu'homme iamais sur moy se puisse préualoir,
D'acces, ny de faueurs, contre vostre vouloir.

THEANE.

Mesme chaste desir m'anime resoluë,
De tenir, de garder, cette fleur impoluë,
Et premier que iamais vn vicieux amour
La corrompe, Clothon me priuera du iour.

SCEDASE.

O propos, qui témoigne vne vertu parfaite,
O quelle nourriture heureux pere i'ay faite,
Poursuiuez, poursuiuez ce sentier, qui conduit,
Iusqu'aux astres le los de quiconque le suit,
Desormais ie vous croy soluables gardiennes,

L'HOSPILALITÉ VIOLÉE.

De ce joyau passant les perles Indiennes,
,, Si la fille ne veut soy-mesme se garder,
,, Soy-mesme aux passions brutales commander,
,, Mille Argus surueillants le chef ceint de lumieres,
,, Mille prisons d'airain, mille fortes barrieres,
,, Tel desastre honteux peuuent moins preuenir,
,, Que nous de l'Ocean la course retenir,
Reste, que moy party, chacune veille actiue
Dessur nos seruiteurs, de l'œil toujours les suiue,
Pressez en la besoigne, & tenus en deuoir,
I'oublioy qu'il faudra nos hostes receuoir,
Quelques-vns suruenans de probité connuë,
Comme si moy present, festoyez leur venuë,
Liberales adonc, gayes modestement,
De qui le bon accueil suplée au traitement.

EVEXIPE.

Hé! Cieux, vne frayeur m'apprehende subite,
Les cheueux herissez, tout le sein me palpite,
L'aueugle euenement d'vn presage mortel,
Me tiét comme l'aigneau qu'on destine à l'Autel,
Me dit que ce depart pour iamais nous separe.

THEANE.

Pareil augure à coup de mon âme s'empare,
Helas! cher geniteur de grace differez,
Ce voyage entrepris sous les Dieux colerez.

SCEDASE.

Foles, l'affection forme en l'esprit credule,

Ces superstitions de crainte ridicule ;
,, L'homme iuste chemine es pays estrangers,
,, Inuiolable, & seur, au milieu des dangers,
Soit qu'il faille franchir les coupeaux de Caucase,
Du Gange trauerser iusqu'aux riues du Phase,
Son voyage n'a point d'auspice malheureux,
Le coupable sans plus apprehende peureux,
Or l'affaire entrepris, veu l'extrême importance,
Ne souffre aucun delay qu'auecque repentance,
Entre consolez-vous sur mon proche retour,
Les Dieux en sa faueur inuoquez tour à tour.

SCENE II.

CHARILAS, EVRIBIADE, IPHICRATE, EVEXIPE, & THEANE.

CHARILAS.

Adorons apperçeu le temple venerable,
Qui tient de ces beautez le pair incomparable,
Et dont le simple aspect m'allege les espris,
Ainsy que le fievreux d'ardente soif épris,
Bien que l'eau luy demeure interdite d'vsage,
Pourtant il la regarde auec vn gay visage,
Semblable peu s'en faut, qui n'espere rien mieux,
Vn regard élancé du soleil de leurs yeux
Contente mon desir, & sert à ma pauure âme,
De nepenthe appliqué, de baume, de dictame,

L'HOSPITALITE' VIOLEE.

O seconde Idalie, ô celeste sejour,
Depuis ta veuë helas! ie n'ay point eu de iour.

EVRIBIADE.

Depuis, le souuenir de Theane diuine,
Empesche qu'au sommeil ma paupiere s'incline,
Son idole me suit, me parle, m'entretient,
Volontaire forçat, la chaîne me retient
Du fin or de sa tresse où Zephire se iouë,
Que d'amoureux souspirs molement il secouë,
Doublons, doublons le pas, voilà trop discourir,
Trop au lieu du vray corps apres l'ombre courir.

IPHICRATE.

Ainsy court à la voix de l'hyene homicide,
Le pasteur que nommé deuore la perfide,
Ainsy le chant mortel des filles d'Achelois,
Les compagnons d'Vlisse a perdus autresfois,
Ainsy la volupté (jaçoit qu'on me le nie)
Exerce sur tous deux sa libre Tyrannie,
Ce mal desesperé les remedes passant,
Cette erreur, en fureur maniaque croissant,
Que funestes effets ne peuuent plus produire :
La seule intention lasciue de seduire,
D'assouuir sans respect de l'hospitalité,
L'execrable appetit d'une brutalité,
Prit d'ombre tel voyage, or derechef i'atteste,
Ce grand Monarque assis dans le thrône celeste,
Souffrir mille trépas plutost que conniuer,
Au moindre acte honteux qui pourroit arriuer.

Tu verras parauant le feu naistre en la glace,
La terre deloger l'Olympe de sa place,
Tu verras parauant vn lyon genereux,
Fuir de crainte, chassé par le lieure peureux,
Que geste, que parole aucune scandaleuse,
Que conspiration quelconque frauduleuse,
Attaquent leur honneur, inexpugnable fort,
Roche qui romt des flots le temeraire effort :
Presume, qu'opposez à ces belles Meduses,
Toute assûrance manque à nos âmes confuses,
Outre que le respect du pere vn bon vieillart,
Du pere vertueux, graue, autant que gaillard,
Chez qui la preud'homie est la seule finesse,
Reprime ces boüillons que vomit la ieunesse,
Reprime ces chaleurs qui passent en discours.
Or ayons desormais à la preuue recours,
Voicy le lieu, voicy sur le sueïl de la porte,
Ce miracle besson qui les âmes transporte,
Qui honteux n'oseroit au front nous regarder,
Ains de ses beaux soleils vn rayon hazarder ;
Belles Nimphes, le Ciel qui ne peut dauantage,
Vous conserue ces dons obtenus en partage,
De grace, où maintenant est vostre geniteur,
Que venons saliier comme hoste, & biē-faicteur.

EVEXIPPE.

Graces aux immortels, assez sain selon l'âge,
Vn affaire pressé l'absente du vilage,

HOSPITALITÉ VIOLÉE.

Qui le sçachant, sera tres-mary, de n'auoir,
En personne l'honneur de vous mieux receuoir :
Ses filles neantmoins grossieres, inciuiles,
Suppleront le defaut, mais non pas côme es villes,
A la rustique, ainsy que le lieu le permet,
Ainsy qu'où le logis en vos mains se remet.

CHARILAS.

O fauorable accüeil, plus qu'humain, tu merites,
Iupiter trop content que deux telles Carites,
Vinssent le mesme hommage offrir à sa grandeur,
Auec pareille grace, & pareille candeur ;
Puis m'allez comparer la faconde affetée,
Puis m'allez comparer l'impudence affetée,
De celles, que nourrit oisiues la Cité,
Rares en bonnes mœurs, & en pudicité :
Tu peux à iuste droit ô Scedase, te dire,
Plus heureux, que seigneur absolu d'vn Empire,
Pour auoir mis au iour ce chef-d'œuure parfaict,
Pour ce double Phœnix qu'au lieu d'vn, tu as fait.

THEANE.

Voila pécher en l'air, peindre dessur les ondes,
Où remplir de bon grain leurs plaines infecondes,
Que louër vn sujet incapable de los,
Simples qu'vne bourgade en son petit enclos,
Parmy des paysans éleue mal apprises,
Qui n'auons que les bois, & les prez, de hantises,
N'esperez repartie aucune à vos discours,
Tel honneur ne s'addresse à des esprits si lourds.

EVRIBIADE.

L'essay, le foible essay qu'Oracle tout celeste,
Donne en ce peu de mots vne grace modeste,
Prouue visiblement qu'où la vertu se plaist,
De merueille nos yeux charmez elle repaist,
„ Prouue visiblement, qu'vne bonne nature,
„ N'a besoin qu'on se pene apres la nourriture,
Comparable au terroir de soy mesme fecond,
Que le coutre iamais ne sillonne profond;
Comparable au Soleil, qui depart sa lumiere,
Sans emprunter d'ailleurs vne clarté premiere;
Où plustost vous semblez la naissance imiter,
De celle que parfaite enfanta Iupiter;
Encore la fierté que son visage porte,
A vos perfections le cede en quelque sorte,
Qui n'estes que douceur, que miel delicieux,
Que l'amour de la terre, & la gloire des Cieux.

EVEXIPPE.

Veu qu'à Sparte s'obserue vn austere silence,
Vertu qui son renom iusqu'aux astres élance,
Ie m'étonne d'ouïr ses propres nourriçons,
Pratiquer enuers nous de contraires leçons,
S'étendre superflus dessur vne matiere,
Qu'on diroit à l'honneur tendre quelque pantiere
Nous n'eusmes onc beauté, ne desirons auoir,
Qui merite loüange aucune receuoir.

IPHICRATE.

Vertueuse response, oüy vertueuse, & sage,

L'HOSPITALITÉ VIOLÉE.

On doit aux voluptez clorre ainsy le passage,
La fille qui se plaist à tels allechemens,
Ains qui preste l'aureille à tels enchantemens,
Suspecte de l'honneur luy fera banqueroute,
Sa pudicité branle, & va fuir en déroute.

CHARILAS.

Ton âge, qu'vn hyuer accable de langueurs,
Conseille maintenant ces brutales rigueurs,
Ennemy des plaisirs, que la mere nature,
T'interdit, à demy dedans la sepulture ;
Si ne pourrois-tu pas, non l'vniuers jalous,
Non Iupiter tout prest de lancer son courrous,
Faire que de nos cœurs la verité ne sorte,
Leurs diuines beautez exaltant de la sorte.

THEANE.

Fatiguez du chemin, ie tien plus à propos,
Que l'on face au trauail succeder le repos ;
Que l'vne vous conduise en la chambre ordinaire,
Et l'autre du souper entreprenne l'affaire.

EVEXIPE.

Tu as raison ma sœur, vaque au preparatif
Tel que permet le lieu, mais d'vn courage actif,
Tandis Seigneurs, tenez Euexipe excusée,
Qui va deuant ouurir la porte mal aisée.

EVRIBIADE.

O Sybile cent fois agreable, tu viens,
Tes hostes introduire es champs Elisiens.

ACTE III.

CHARILAS, EVRIBIADE, IPHICRATE, EVEXIPE, & THEANE.

CHARILAS.

SEcours, helas! secours fidelle Euribiade,
Medecin remedie à mon âme malade,
Non plus du simple accès d'vne fievre d'amour,
Les rages de l'enfer font chez elle sejour,
Vn souphre épris à coup boüillonne dans mes vei-
 nes,
Nul des damnez là bas n'approche de mes peines,
Maniaque, perdu, qu'abandonne l'espoir,
A qui ce mesme bras ouurira l'Orque noir,
Si ta pitié n'inuente vn moyen salutaire,
Qui m'arrache des ceps de ce Tyran Corsaire.

EVRIBIADE.

Esclaue sous son joug, réduit au mesme sort,
D'vn trépas auancé tu m'obligerois fort,
Mal sain d'esprit, perclus de raison, de prudence,
Sur le point de lâcher la bride à l'impudence,
Theane conjurée (infléchible beauté,)
De terminer mes iours auec sa cruauté,
Timides qu'auons-nous auant l'épreuue à crain-
 dre,

L'HOSPITALITÉ VIOLÉE.

Leur vouloir incertain, l'apparence de plaindre?
„ La victoire ne doit le combat preceder,
„ Au labeur courageux tout contraint de ceder,
Chacun donc s'éuertuë, & ne laisse derriere,
Sumission, present, promesse, ny priere,
Qui puissent amolir vn courage d'acier ;
L'animal à la fin s'appriuoise plus fier,
Et ce sexe inconstant, que gouuerne la Lune,
N'a pas de ces desirs la face long-temps vne,
Girouëtte d'humeur, il change plus souuent,
Que sur les flots marins ne se change le vent.

CHARILAS.

Tu flates inexpert nos bleceures mortelles,
Qui ne guariront pas pour ne les croire telles,
Tu iuges nostre nef faire vn facile abord,
Où mille escüeils semez n'ont ne casle, ne bord,
Nouice en cas d'amour, s'il faut que ta pensée,
Presume l'auenir de la chose passée,
Ressouuiens-toy, qu'apres, & durant le souper,
Hier on ne laissa d'occurence échaper,
Qui pûst mettre la sonde aux courages rebelles,
Aux courages en vain retentez de ces belles :
Les soupirs, les regars, fixes, & langoureux,
Ne pûrent s'obtenir que signes rigoureux,
Vne honte dépite enflammoit leur visage,
Du refus à venir infaillible presage,
Ioint que ce naturel rustique, defiant,
Les appas du discours dédaigne moins friant.

SCEDASE, OU

EURIBIADE.

Une virginité qui honteuse soupçonne,
N'admet en tels secrets de troisiéme personne.

CHARILAS.

Toujours quelque souris, quelque mot échapé,
Montreroit leur courage aucunement frapé.

EURIBIADE.

Fortune, comme femme, aux amans fauorise,
Qui poursuiuent hardis une haute entreprise.

CHARILAS.

Oüy, lors que leurs objets capables de raison,
Auec les nôtres n'ont nulle comparaison.

EURIBIADE.

L'eau creuse peu à peu, la sourcilleuse teste
Des rocs Cahoniens, que Iupiter tempeste.

CHARILAS.

Tu t'imagines donc un siecle de loisir,
Qui fis à son vray point l'occasion choisir.

EURIBIADE.

Nullement, celle-cy ne retourne lâchée,
On ne la treuue plus une autrefois cerchée.

CHARILAS.

Le precipice affreux qui nous tient suspendus,
Priue de iugement les esprits éperdus.

EURIBIADE.

Un voile specieux du futur hymenée,
Porte coup bien souuent chez la plus ostinée.

CHARILAS

CHARILAS.

Au vouloir paternel déplorable remis,
Que crois-tu qui nous soit d'auantage permis?

EVRIBIADE.

Rien plus, qui se tiendra comme troncs immobi-
les,
Qui ne voudra venir aux prises trop faciles,
Ores que seuls à seuls nous n'auons là dedans,
D'obstacles opposez ce dessein retardans.

CHARILAS.

Et ce vieil spectre Argus, qui veille inseparable,
Permettroit volontiers quelque effet memorable?

EVRIBIADE.

Vne feinte le peut à Sparte renuoyer.

CHARILAS.

Pourueu que ton esprit se voulût employer.

EVRIBIADE.

Faisons, qu'vne douleur secrette suruenuë,
Nous contraigne du pere attendre la venuë,
Outre certain affaire à luy communiquer,
Ce Mome cauteleux n'ayant qué repliquer,
Afin de ne tenir sur la longue demeure,
Les nôtres incertains congedié dez l'heure,
Libres pensons apres que la timidité,
Vient rarement à bout d'vne pudicité.

CHARILAS.

O celeste conseil, que Pallas te suggere,
Conseil, en qui mes feux sentent du refrigere,

H

Toutefois cher amy me pouuoir insolent,
Rendre vers la beauté que j'ayme violent!
Ah! detourne le Ciel semblable sacrilege,
,, La malice toujours s'attrape dans son piege,
Vn baiser volontaire, & pris auec douceur.
Vaut mieux que de joüir inique rauisseur.

EVRIBIADE.

Presuppose vne force insensible glissée,
De qui la souffriroit secondant la pensée,
Voire où l'extremité ne permet autrement,
Passer sur vn scrupule ocieux librement.

CHARILAS.

Telle audace me plaist, qui repousse ma crainte,
Ce Dieu n'exploite rien sans vn peu de contrainte,
Et temeraire enfant, nous dispense d'oser,
Lors que trop de rigueurs viennent à s'opposer,
Liberez, n'ayons plus qui retarde l'affaire;
Voicy l'homme à propos dont il se faut deffaire;
Iphicrate le mal suruenu casuel,
Qui ce corps opprimé debilite cruel,
Qui m'accroist ses douleurs chaque minutte
    d'heure,
Plus qu'icy ie ne veux prolonger ma demeure,
Ioint que l'hoste attendu, pour certaine raison,
M'oblige à ne partir si tost de la maison;
Or prudent cognois-tu qu'elle solicitude,
Agite nos parens dessur l'incertitude,
Pren la peine d'aller Mercure officieux,
De tel doute éclaircir leurs esprits soucieux,

L'HOSPITALITE' VIOLEE.

Oculaire témoin, dy n'estre en ma puissance,
De retourner auant quelque conualescence,
Suffit, qu'Euribiade accepte retenu,
Le soin de me traitter, malade detenu.

IPHICRATE.

Plusieurs infirmitez jusqu'à la sepulture,
Nous trauaillent vaisseaux de fragile nature,
L'vn des deux n'a cessé de plaindre toute nuit,
Et sans la peur de faire importun trop de bruit,
Le logis alarmé que gardent ces pucelles,
Timides à l'égal de simples colombelles,
I'aloy quelque lumiere en leur chambre querir,
Instrument necessaire à voir, & secourir,
Ne dissimulons point, amour cause possible,
Vne douleur qui sent ma presence nuisible,
Mais pensez que là haut regne dedans les Cieux,
Qui voit, & qui punit les actes vicieux,
,, Tost où tard le peruers sa justice n'éuade,
Quoy qu'admettant vn crime il se le persuade.

CHARILAS.

Ta deffiance naist de pure affection,
Qui nous veux plus parfaicts que la perfection,
Ieunes, ne croy pourtant que la fureur de l'âge,
A quelque mauuais acte emportât le courage,
Sparte ne nous a veus, ne verra desormais,
Rien indigne attenter de sa gloire iamais.

IPHICRATE.

Adieu, puisse l'effet ces paroles ensuiure,

„ *Qui a bien commencé doit encor mieux pour-*
suiure.

EVRIBIADE.

Fuy, fuy, prophane, à toy n'appartient d'aßister
Le sacrifice, auquel tu voulus resister,
Fuy, fuy prophane, exclus par les ans, du mystere,
Qu'a la Diue on prepare adorée en Cythere,
L'impuissance te fait deffendre injurieux,
Vn plaisir qui iadis t'a rendu furieux ;
Courage nous voila maistres, n'aguere esclaues,
Nos amoureux desseins libres n'ont plus d'entra-
ues,
Tout succede, tout rit fauorable à nos vœux,
L'occasion se laisse empoigner aux cheueux,
Epars qui çà qui là chacun des domestiques,
Absent de la maison vaque aux œuures rustiques,
Seuls allons affronter ces farouches beautez,
Non pour en recüeillir de froides priuautez,
Passons au dernier point, la chose resoluë,
Et s'il faut le rauir d'vne force absoluë,
S'il faut que l'amitié se termine en rancœur
Irreconciliable, emprainte dans le cœur,
Le pire sera lors d'attendre l'infamie,
Que nous procureroit la vindicte ennemie,
La rage des serpens, des tygres, & des ours,
Plus calme, quelquefois ne dure pas toujours,
Où l'ame feminine, éprise de vengeance,
Que son objet perdu ne reçoit d'allegeance,

L'HOSPITALITE' VIOLEE.

Entends-tu comme veut vne necessité,
Ne craindre apres le rapt de leur pudicité.
CHARILAS.
A telle violence adiouster l'homicide,
C'est estre ensemble ingrat, & cruel, & perfide.
EVRIBIADE.
,, Parauant que le charme ait gaigné tãt soit-peu,
,, Sa guarison demande, où le fer, où le feu.
CHARILAS.
Vne rage d'amour la force legitime,
Le meurtre, abominable & volontaire crime.
EVRIBIADE.
Suruiuantes tu as d'ennemy dangereux,
Le pere, qui te file vn cordeau funereux.
CHARILAS.
Nous dans Sparte premiers, d'illustre parentage,
Craindre ce paysan ?
EVRIBIADE.
     nul semblable au antage
Ne relâche des loix l'âpre seuerité,
Nos Roys mesme punis, quand ils l'ont merité.
CHARILAS.
Pauure, vn peu d'or suffit à rompre sa poursuite,
Vers ceux que quelque tems absentera la fuite.
EVRIBIADE.
Plus sensible à l'honneur que ne porte son sort,
Vn sceptre offert ne peut luy reparer ce tort.

SCEDASE, OV

CHARILAS.
Mais coupables aussy de telle forfaiture,
Nous aurons ennemis le Ciel, & la nature.

EVRIBIADE.
,, Le remors ne se prent qu'aux naturels peureux.

CHARILAS.
,, La cruauté ne loge au sein des amoureux.

EVRIBIADE.
Non, lors que le peril ne surpasse la joye,
Qui se goûte à rauir vne pudique proye.

CHARILAS.
Si l'ardente priere émeut leurs volontez?

EVRIBIADE.
Les sables du riuage alors seront contez.

CHARILAS.
,, Vn principe mauuais a souuent bonne issuë.

EVRIBIADE.
,, La trame finist mal, que l'on a mal tissuë.

CHARILAS.
Tu ne conseillerois faire de prime abord,
A leur foible innocence vn sanguinaire effort.

EVRIBIADE.
Non certes, mais plutost que de premieres armes,
On prenne les sanglots, les promesses, les larmes.

CHARILAS.
Prudence nompareille.

EVRIBIADE.
& où trop de mépris

L'HOSPITALITÉ VIOLÉE,

Feroit desesperer du labeur entrepris.

CHARILAS.

Dessous termes obscurs inserer la menace.

EVRIBIADE.

Fort bien, tant qu'à l'effet des paroles on passe.

CHARILAS.

Capitaine rusé, marche premier, apres,
Ne doute, que soldat ie ne suiue de pres.

EVRIBIADE.

Au contraire, tu as le plus d'experience,
Qui sçauras temperer ma chaude impatience ;
Or sus, la main à l'œuure, il se faut dépecher,
Les voicy, ne faisons perte d'vn tems si cher.

EVEXIPE.

L'ennuy vous entretient sans doute, déplorables,
Pour n'estre icy repûs de discours honorables,
N'estre de compagnie assortis, & n'auoir,
En ce triste sejour qui merite le voir ;
L'absence de mon pere au malheur adjoutée,
Absence à ce sujet, de nous deux regretée.

CHARILAS.

Ne dites pas cela, belles, chez qui l'amour,
Comme en vn Ciel de gloire, orgueilleux tient sa Cour,
Comme Temple, où il veut que l'vniuers l'adore,
Comme où sa Deité chacun de nous implore,
A ce qu'elle flechisse, & oste la rigueur,
De qui nous fait captifs remourir en langueur,

H iiij

SCEDASE, OU

Pourquoy plus feindre helas! à son heure suprê[me]
La chose paroist trop, ains parle d'elle mesme,
Vous estes nostre orage, & son calme adoucy ;
Vous estes nostre mal, & son remede aussy,
En faueur d'vn acord mutuel d'hymenée,
Nous heureux, rendez-vous chacune fortunée.

EVEXIPE.

O frauduleux appas, ô celestes puissans,
Quel prodige entendu m'épouuente les sens?

EVRIBIADE.

Ma Theane, mon heur, ma Reine, ma lumiere,
Accepte mon amour sous la torche nociere,
Phisionome expert, ie iuge qu'en douceur,
I'ose dire en beauté, tu surpasses ta sœur.

THEANE.

Moindre quant à ce point, & plus deffectueuse,
Son imitation me suffit vertueuse.

CHARILAS.

Ne pren garde ma sainte, au blaspheme impieux
D'vn, à qui la raison manque, ainsy que les yeux
Le myrthe t'appartient des beautez, & des grace[s]
En tes perfections l'infinité tu passes ;
Mais libere mon âme, allege luy ses fers,
Ne dédaigne mes vœux sincerement offerts,
Ne meurtry plus long tems qui fidele respire,
De souuerain bon-heur les loix de ton Empire.

EVEXIPPE.

Sourde, & par consequent mūette, à repliquer,

L'HOSPITALITÉ VIOLÉE.

Ne vous vueillez de moy d'auantage moquer.
EVRIBIADE.
Nymphe, mon cher soucy, mon desir, ma pensée,
Fuy l'exemple odieux d'vne roche glacée ;
Sans courtoisie, on tient la plus rare beauté,
Dire que ces dragons repeus de cruauté,
Souffre au moins qu'vn baiser cüeilly dessur ta bouche,
Me fraye le chemin de la nociere couche.
THEANE.
Etrange procedure ? he ! qui iamais oüit,
Que d'aucunes faueurs semblables on joüit,
Premier que les parens auertis y consentent ?
Ces propos indiscrets rien de bon ne me sentent.
CHARILAS.
Sinistre impression, que ne deussiez auoir,
L'oracle paternel nous venons receuoir,
Sans vantise chacun acceptable de gendre,
Autre dessein ne fit ce voyage entreprendre,
Bien seurs que son refus ne nous éconduira ;
Que l'alliance vn fruit desiré produira,
Mais nostre amour, tonnerre enclos dedans la nuë,
S'éclate desormais attendant sa venuë,
Vn clein d'œil diferé, nous donne le trepas,
Cruel assasinat que ne commettrez pas.
EVEXIPE.
Obscurs de plus en plus, mon esprit imbécile,
Ne sçauroit que répondre à requeste inciuile,

EVRIBIADE.

Belles, le voile bas, faites élection,
De mettre l'hymenée à sa perfection,
Sous l'immuable foy respectiue promise,
Sans aucun contredit, excuse, ny remise,
Où de souffrir soudain le naufrage honteux,
Qu'vne beauté merite, au courage impiteux.

THEANE.

O terre, englouty-moy dans ta poitrine dure,
Englouty moy plutost que ma pudeur endure.

EVEXIPE.

Hé! mon pere, où es-tu? vien ton los secourir,
Que ces hostes brigands veulent faire mourir.

CHARILAS.

Moins farouche, préuien les effets de ta crainte,
L'amour que ie te porte abhorre la contrainte,
Et ne s'en veut seruir fors à l'extremité,
Quand de te plus fléchir l'espoir l'aura quitté.

EVEXIPE.

Monstre luxurieux, ne croy que la menace,
Attire mon honneur dans ta mortelle nasse,
L'image de cent morts, ne me feroit lâcher,
Vn bien, que ie conserue au monde le plus cher.

EVRIBIADE.

Plus ieune, montre-toy plus sage, ma Carite,
La patience tourne en fureur, qu'on irrite,
Et apren, que ton mieux sera de consentir,
Ains que la rigueur cause vn tardi f repentir.

L'HOSPITALITE' VIOLEE.

THEANE.

Cruel, si bon te semble arrache-moy la vie,
Sa fin precedera ma chasteté rauie.

CHARILAS.

Vien mauuaise, ie veux (gouuernée à l'écart,)
D'vn important secret ores te faire part,
Tu retiues en vain, ma douce violence,
Sous l'enseigne d'amour vaincra ta resistance.

EVEXIPE.

A la force, au secours, à l'ayde mes amis.

EVRIBIADE.

Tu vois que cela m'est par exemple permis,
Que demeurer oisif reprocheroit ma flâme
D'excessiue froideur.

THEANE.

     ô Dieux! ie vous reclame,
Dieux qui iustes voyez telle brutalité,
Enfreindre en nous le droit de l'hospitalité.

EVRIBIADE.

Maintefois Iupiter, coupable de ce crime,
Aux amans du depuis l'a rendu legitime,
Tes imprecations ne t'empescheront pas,
Qu'ainsy comme ta sœur tu ne passes le pas.

THEANE.

Du moins, asseure-toy, qu'auparauant barbare,
Et d'ongles, & de dents, Theane se prepare,
A la force voisins, he! de grace acourez,
Et contre ces brigands nostre honneur secourez.

CHARILAS.

Mienne, tu ne peux plus t'en dédire ma belle,
Ne sois donc à l'amour ce puissant Dieu rebelle,
Cesse de guerroyer l'or de tes blonds cheueux,
Appaise ta rancœur dessur moy, si tu veux,
J'empêcheray tes mains (que ma bouche idolâtre,)
De ne plus attenter sur ce beau sein d'albâtre,
Ah! tu negliges trop ma facile bonté,
Voire, & me contraindras de paroître effronté.

EVEXIPE.

Infame rauisseur, execrable corsaire,
Mon honneur butiné, que sçaurois-tu pis faire?
Acheue malheureux, acheue ton forfait,
Me souffrant plus au iour, ne le laisse imparfait,
Traitre, le desespoir armera mon courage,
Contraint de là vomir le reste de ta rage,
Où tu m'égorgeras, où ie vay t'étoufer,
Inuoquant de renfort les dires de l'enfer.

EVRIBIADE.

Soupire desormais, forcene, desespere,
Mon amour furieux a perdu sa colere,
Ma fievre soulagée a perdu son ardeur,
Mon amour a cüeilly ce bouton de pudeur,
Qui vers luy te rendit n'agueres insolente,
Et ne m'impute point la force violente,
Tu le voulus ainsy, ton superbe mépris,
M'absoût de ce larcin, familier à Cypris.

THEANE.

Tygre, presumes-tu que telle felonie,

L'HOSPITALITÉ VIOLÉE.

Sous silence passât de la sorte impunie?
Qu'un sacrilege rapt ne se vende bien cher,
Aux autheurs qu'on ira dãs leurs villes cercher!
Que nostre pere, & nous, poursuiurons en iustice,
Plutost que d'y manquer, l'Erebe m'engloutisse;
Tandis ma chere sœur, d'vne commune voix,
Faisons le voisinage a courir

EVRIBIADE.

       tu deuois
Retenir l'aiguillon dt ta langue vipere,
Sus, franchissons la peur d'vn futur vitupere,
Sans pitié, sans demeure,

THEANE.

    Inhumain, que fais-tu?

EVRIBIADE.

Poursuy, courage, vn chef de l'hydre est abbatu.

CHARILAS.

Pardonne à ce destin miserable victime.

EVEXIPE.

Toy plutost, l'innocence épargne magnanime,
Au meurtre, on m'assasine, ô Dieux! ne permettez
Passer impunément de telles cruautez,

EVRIBIADE.

Reste, que l'entreprise à bonne fin conduite,
On haste meurement dessur l'heure sa fuite,
Le vissage rassis, composé de façon,
Qu'vne gaye asseurance efface tout soupçon,
En cas que rencontrez au sortir d'auenture,

Car le pere cherchant l'humide sepulture
Où sa race repose, auant que la trouuer,
Ne donnera que trop loisir de se sauuer,
Sauuez, apres, il n'a témoignage qui puisse,
Nous conuaincre du fait, que sur vn foible indice.

CHARILAS.

Fuyons, hé! Dieu, fuyons, jaçoit que desormais,
Nul azile assez seur ie n'espere iamais,

ACTE IV.

SCEDASE, EVANDRE, PHORBANTE,
PONOCRATE.

SCEDASE.

Qv'ay-je commis vers vous, debonnaires Celestes,
Capable d'attirer ces presages funestes,
Presages, coup sur coup à foule suruenus,
Présages autrefois sans présage tenus,
Mais ores ma constance à leur nombre succombe,
Voisin d'vn grand méchef qui precede la tombe.
Hier comme au logis s'appreste mon retour,
Vn hibou m'apparut deuers l'aube du iour,
Me poursuiuit lon-tems auec sa voix plaintiue,
A ce signe mauuais vn pire encore arriue,
La rencontre, que fit non gueres loin de là,

HOSPITALITÉ VIOLÉE.

Mon pié d'un gros serpent, qui le sang me gela,
Peu apres de prodige à m'aigrir cette playe,
Vn lieure, où ie passay m'entrecoupe la haye,
Triste, lâche, & qui pis, desastreux animal,
Qui de peu de frayeur, presuppose vn grand mal,
Mon esprit, là dessus forge mille chymeres,
Que le charmeur des soins, & des peines ameres,
Ne pût euaporer, où la nuit m'arresta,
Où nouuelles frayeurs Morphée m'apresta;
Car enuiron ce point, que l'aurore vermeille,
Vient r'allumer le iour au monde qui sommeille,
Ma maison desolée il me sembloit reuoir,
Et dans vn precipice auec mes filles choir.
Apres les vains efforts, que pere deplorable,
Eust mis à les sauuer ma dextre secourable:
Si que la vision me réueille à l'instant,
Tout mouillé de sueur, le poumon haletant,
Plus viste que le pas, m'acheminant dez l'heure,
Comme l'aigle à son nid quand le nüage pleure,
Qu'vn tourbillon venteux menace trebucher,
Ses petits suspendus au feste d'vn rocher.
Penates reuerez, protecteurs domestiques,
Trompez heureusement ces sombres pronostiques,
Faites que mon retour treuue en prosperité,
Dequoy vous rendre apres vn honneur merité,
A bonne heure, la porte est à l'acoutumée,
Et selon mon vouloir exactement fermée?
Filles, venez m'ouurir, quoy? dort-on là dedans?

Quelques gestes tousiours se passent imprudens,
Se seront-elles point l'vne & l'autre absentées,
Mes preceptes enfrains? coureuses, effrontées,
S'il faut que le courrous me surmonte vne fois.
La maison seule, vn siecle en vain tu heurterois,
Informons les voisins; Euandre, ie te prie,
Purge-moy le cerueau troublé de fâcherie.

EVANDRE.

Commande librement, vse de ton pouuoir,
Sur qui ne manquera fidelle à son deuoir.

SCEDASE.

Sçaurois-tu m'enseigner où ces écerueIées,
Mes filles, seroient bien par le village allées?
Las! reuenu des chams, qui presque n'en puis plus,
Leur indiscretion dehors me tient exclus.

EVANDRE.

Depuis vostre depart, ces vierges, trop austeres,
Loin du titre volage attribué n'agueres,
N'ont (que ie croy) sorty le sueil de la maison,
Sans qu'aucun en ait peu deuiner la raison;
Hormis que l'autre soir, deux hostes arriuerent,
Qu'elles, selon le grade, humaines conuierent,
Phorbante (qui vous vient saluer apperçeu,)
D'auantage que moy possible en aura sçeu.

SCEDASE.

Me pourrois-tu donner de mes filles nouuelle?

PHORBANTE.

Nulle, vos seruiteurs là dessus en ceruelle,

Incertains

L'HOSPILALITE VIOLEE.

Incertains, eperdus, diuersement épars,
Depuis hier matin, cherchent de toutes parts.

SCEDASE.
Ha! l'extrême douleur, me coupe la parole,
Mon page decrepit n'a plus qui le console.

EVANDRE.
Plus constant, ne croyez le faux bruit qui n'est rien,
Qu'aprehenderoit-on, pour des filles de bien?

SCEDASE.
Le vice insidieux attrape l'innocence,
En ce siecle de fer, lors que moins elle y pense.

PHORBANTE.
Seules dedans le bois, iournalier accident,
Les loups ont pû meurtrir ce beau couple imprudent.

SCEDASE.
Pourueu que leur trépas s'exemte d'infamie
I'estimeray la Parque assez douce ennemie.

EVANDRE.
Nous preseruent les dieux, de semblable méchef.

SCEDASE.
Où le vueillent plutost répandre sur mon chef.

PHORBANTE.
Possible aussy quelqu'vn les auroit detenuës,
Que visiter parent elles seront venuës.

SCEDASE.
Pauure attente, le mors du vouloir paternel,

I

Mes filles préſupoſe au ſilence eternel.
EVANDRE.
L'exceſſiue amitié rent la peur exceſſiue,
Mais qui nous reſoudra deſſur ce doute, arriue
Ponocrate, celuy que la fidelité,
Aymable recommande, outre ſa qualité.
SCEDASE.
Prononce viſtement ſoit la mort, ſoit la vie,
Sur ma race qu'on tient où eteinte, où rauie,
Quelle cauſe l'abſente ores de la maiſon,
Parle? vne fourbe n'eſt rien moins que de ſaiſon.
PONOCRATE.
Qui s'émanciperoit parmy l'incertitude,
A dire le ſuiet de telle ſolitude?
Hier matin chacun ſortit à ſon labeur,
Qui ne ſoupçonnoit rien de ſemblable malheur,
On les laiſſe au logis ſeule auec trois hoſtes.
SCEDASE.
Quels? connus par leurs noms, vne eſpine tu m'ô-
 ſtes.
PONOCRATE.
Lacedemoniens, aymez de pere en fils,
Ie ne ſçauroy les noms dire en termes prefix.
SCEDASE.
Ieunes non pas?
PONOCRATE.
 Deux beaux, gaillards, & en fleur d'âge
Le tiers vn bon vieillart vous retrait de viſage.

L'HOSPITALITÉ VIOLÉE.

SCEDASE.
Ce noble pair, modeste autant que valeureux,
Rasseure aucunement mon courage peureux.

PONOCRATE.
Vos filles neantmoins parûrent offencées,
De quelques actions indiscrettes passées.

SCEDASE.
La conuersation libre es grandes Citez,
Du tout incompatible à leurs simplicitez,
Causoit à mon auis telle plainte d'enfance,
Car ce qui sied bien là, icy nous est offense.

EVANDRE.
Puis nature s'émeut, les obiets si presens,
Fussions-nous plus qu'un tronc, ou un marbre pesans.

PONOCRATE.
Le plus ieune (attendez) s'appelle Euribiade,
L'autre, le lendemain fut quelque peu malade,
Sujet qui les retint encores ce iour là,
Mais le vieillart deuant messager s'en alla.

SCEDASE.
De sorte qu'au retour ne trouuâtes personne.

PONOCRATE.
Et que sous nostre voix tout le logis resonne,
Que chacun du depuis n'a cessé de chercher,
Inutile trauail, qui commence à fâcher.

SCEDASE.
Oncques le labyrinthe, ouurage Dedalique,

N'eut une obscurité de détours plus oblique,
Contraires arguments me divisent l'esprit,
Ma douleur tout d'un tems se relâche & s'âprit,
Soupçonne la vertu sous chez hôtes logée.
Craindre par leur moyen ma famille outragée?
Irremissible crime, apparoist d'une part,
Qui coupable d'ailleurs ne croira ce depart?
Eclipsant avec soy ma tendre geniture!
Sus, fay-nous vistement des portes ouverture.
Revisitons les lieux, ce sexe quelquefois,
Souffre des pâmoisons, un, deux iours, voire trois;
Qui dās les prez voisins, sçait si leur pourmenade,
D'Euridice auroit point rencontré l'embuscade?
Euexippe, Theaze? où estes vous mon heur?
Proferez quelque accent, qui finisse ma peur,
O Cieux! nouuel effroy m'occupe la pensée,
L'illusion revient que i'eus la nuit passée,
Vous ne reverrez plus qu'ombres vaines là bas,
Un pere qui suiura la trace de vos pas.

PHORBANTE.

Nullement, à dessein d'accroistre l'épouuente,
Comme l'onde qui fuit, attire la suiuante,
Une chose me fait de l'autre souuenir,
Des clameurs qu'on oüit de ceans prouenir,
Clameurs, qui parmy l'air soudaines se perdirent,
Environ sur le point que ces hostes partirent!
A l'heure mes cheueux herisserent pressez,
Mes pas presque à sçauoir que c'estoit auancez.

L'HOSPITALITÉ VIOLÉE.

Toutefois le Soleil ià haut dedans le pole,
Me fit iuger alors toute crainte friuole.

EVANDRE.

La mesme intention sur le mesme sujet
Ainsy que nos maisons ont fort peu de trajet,
Attentif, élancé iusques hors de la porte,
Tandis vne roideur ces estrangers emporte
Au sortir de chez vous, incroyable en effet,
Telle qu'à qui viendroit de commettre vn forfait.

PONOCRATE.

Les treuuant au puits.

O spectacle piteux, ô rencontre funeste,
O perte irreparable, ô cruauté celeste,
Cessez de plus chercher, helas! helas! voicy,
Leur beau couple innocent que la mort a transy!
A qui ce puis fatal sert de tombe inhumaine,
Et à qui desormais toute assistance est vaine.

SCEDASE.

Ha! presage trop vray, ha! regret violent,
Sous qui ce foible corps succombe chancelant.

EVANDRE.

Soustenons-le, voisin, toy, iette sur sa face,
De l'eau, qui reuenir de pasmoison le face.

PHORBANTE.

Pauure pere orphelin, combien l'inique sort,
Qui n'en veut rien qu'aux bôs, te persecute à tort.

PONOCRATE.

Que ne puis-ie victime ô vierges desastreuses.

I iij

SCEDASE, OV

Ramener de là bas vos ombres bien-heureuses?
L'implacable Clothon ne rauit au tombeau,
Que ce qu'a l'vniuers de parfait, & de beau.

EVANDRE.

O grande barbarie, ô insigne dommage,
Sacrilege commis par vn lâche courage.

PHOBRANTE.

Scedase cher amy, releue ta vertu?
Sous les piez du malheur ne demeure abbatu,
Sans doute, on ne sçauroit le souffrir plus extrême,
Mais oppose à ses traits la constance de mesme,
Vn merueilleux soulas que ton âme ressent,
Est, de ne meriter ce desastre innocent.

SCEDASE.

Le peruers au contraire, aprés que sa malice
A long tems éludé l'vne, & l'autre iustice,
Apres le fruit cueilly de ses méchancetez,
Se console es tourmens qu'il a trop meritez:
Où l'homme droiturier qui n'outrage personne,
Qui presume en chacun la conscience bonne,
Maudit son indulgence, excessiue à nourrir,
Des viperes ingrats qui le feront mourir;
Or, voyons plus à plain ces corps veufs de leurs
     âmes,
Qu'on les tire de l'eau pour les donner aux flâ-
     es,
Pour les effusions de paternelles pleurs,
Pour engloutir mon âme auecques ces douleurs.

L'HOSPITALITE' VIOLEE.

PONOCRATE.
Tirant les corps du puits.

Mes bras manquent de force à ce lugubre office,
Aussy, qu'elle sert moins icy que l'artifice,
Aydez à soutenir ce fardeau, tour à tour,
Des vertus autrefois l'agreable sejour.

SCEDASE.

Ie ne demande plus (filles infortunées)
Quel sujet abregea vos courtes destinées,
Deux tigres, qui d'humain que la forme n'ont rien,
Infracteurs des saints droicts de Iupin Xenien,
Enflâmez d'un desir de luxure brutale,
Et mieux venus chez moy qu'é leur Sparte natale,
Comme seigneurs plutôt, que côme hostes traitez,
N'ont exercé sur vous de simples cruautez !
Ils rauissent ensemble, & l'honneur, & la vie :
Vne mechanceté, d'une pire suiuie,
Que faisoit lors oisif, ton foudre Olympien ?
Tel acte en ta presence impuny, montre bien,
Que l'vniuers n'a point de chef qui le regisse,
Que tout roule au hazart, sans ordre, & sans iu-
stice,
Que les plus vertueux, sont les plus outragez :
Homicides, ingrats, traitres, loups enragez.
Helas ! helas ! au moins, si de faueur supreme,
Auec elle, on m'eût meurtry sur l'heure mesme ?
Sans me faire languir, malheureux suruiuant,
Et cent mille trépas au lieu d'vn receuant.

I iiij

SCEDASE, OV

EVANDRE.

Onc l'enfer n'auorta de monstres si coupables,
Et ses peines ne sont de leurs crimes capables,
Aiouter l'homicide à ce rapt odieux!
C'est bien, certes, ne craindre, où ne croire aucuns
    Dieux,
C'est bien auoir succé le lait d'vne Megere,
O rigoureux destins, ô ciel, ô terre mere;
Mortes, on voit encor vn lustre de beauté,
Qui forceroit aux pleurs la mesme cruauté,
Qui semble requerir vengeance à la nature,
Des auteurs assasins de telle forfaiture?

SCEDASE.

Puis faites iugement des hommes, par le front,
Puis vous laissez seduire à ce masque qu'ils ont,
Puis croyez que la bouche exprime le courage;
Deux cōformes de mœurs, ains conformes de rage,
Spartiates, nourris en la simplicité,
En la crainte des loix de leur fortecité,
A qui, graues de port, de discours, d'apparence,
I'eusse voulu fier ma race en asseurance,
Ne laissent pour complaire à leur brutalité,
Au mépris du respect de l'hospitalité,
Ne laissent de meurtrir, épiant mon absence,
(Son honneur butiné,) cette foible innocence,
Ce debile soulas de mes caduques iours,
Impolu quant au los, qui fleurira toujours!

PHORBANTE.

L'HOSPITALITÉ VIOLEE.

Tandis que le Soleil, compasseur des années,
Dedans quatre saisons les reglera bornées ;
Tandis que la verdure aymera le printems,
Que Thetis roulera ses grans flots inconstans,
Ces vierges reviuront, immortelles de gloire,
Leurs noms écrits au front du temple de memoire ;
Mais, si ne doit-on pas ocieux negliger,
Poursuite, ne moyens propres à se venger.

SCEDASE.

Là mon suprême espoir d'allegeance repose,
Là ma derniere ioye au monde ie propose,
Là vous viendrez amis, témoins ratifier
Ma delation faite, & la verifier.
Nos rauisseurs auront, l'appuy du parentage,
Mais vne iuste plainte emporte l'auantage ;
Ioint que les immortels, qui tiennent en leurs mains,
Fléchibles possedez les courages humains,
Sparte disposeront à me rendre iustice,
Tel forfait expié d'exemplaire suplice !
Et ces vœux accomplis (cheres ombres) aprés,
Vostre vieil geniteur vous rejoindra de prés.
Allons ! la pieté vers les deffunts, commande
Que chacun de bon cœur souscriue à ma demande,
Que chacun m'assistant, s'asseure à l'auenir,
Contre pareils excez qui peuuent reuenir,
Si l'on laissoit passer cetui-cy sous silence,
Qui fait au plus saint droit du monde violence.

Ces corps desanimez en sepulture mis,
Vse de nous, ainsy que de parfaits amis.

ACTE V.

Agesilas, Androclide, Leoni-de, Xantippe, Scedase, Phor-bante, Evandre, Choevr de Levctriens.

Agesilas.

Ton équitable plainte, a beaucoup d'apparence,
Themis aux yeux bandez, n'admet la preference
Que l'on obserue ailleurs, tenant auec les loix,
Sur toutes qualitez toujours vn mesme poids;
Fusses-tu de fortune encore plus infime,
Cela n'amoindrit pas l'atrocité du crime;
Tant plus l'extraction releue ses auteurs,
Moins doit-on moderer le supplice, fauteurs;
La vertu suit le sang, quiconque dégenere,
Qui noble du seul titre, a l'âme roturiere,
Merite double peine; exemple à l'auenir,
De qui ne se sçait pas en son sort maintenir.
Condamner toutefois les absens, sur l'indice,
Ne se pratique point, où regne la Iustice,

L'HOSPITALITÉ VIOLÉE.

On donne aux accusez loisir d'ester à droit,
L'innocence autrement (surprise) se plaindroit,
Surprise dans les lacs que tend la calomnie,
Aduersaire traitresse en fraudes infinie :
Fay! que ceux que tu dis coupables de l'excés,
Conuaincus deuant nous, terminent ce procés.

SCEDASE.

Roy, qu'entre ses vertus renomme la iustice,
Vous Ephores, commis à ce qu'elle fleurisse,
Pitoyables, veüillez supléer au defaut,
Onques apprehendez esperer ne les faut,
Si la rigueur des loix contr'eux ne se déploye,
Si les saisir ensemble en main-forte on n'enuoye :
Pauure, simple, étranger, sans credit, sans moyens :
Où les prendre, cachez parmy leurs citoyens ?
Ma perquisition resteroit inutile,
Ma poursuite friuole, & ma peine infertile ?
Au lieu que (souuerains) vostre oracle entendu,
Sera dez l'heure mesme à son effet rendu,
Foudre, qui sçait partout atteindre, inéuitable,
Que i'implore à genous, contre vn rapt detestable,
Contre l'infraction de l'hospitalité,
Contre l'assassinat d'vne brutalité,
Qui ma race trebuche en la nuit eternelle :
Dieux! chose ne fut onc à l'égal criminelle.

ANDROCLIDE.

Découure, qui chez soy receleur les detient,
Alors on te rendra le droit qui t'appartient.

SCEDASE.
Au bruit de ma venüe ils auront pris la fuite.
LEONIDE.
Fugitifs, l'impoßible empesche ta poursuite.
SCEDASE.
Pourquoy? si deputez vos officiers apres,
Auec commandement, auec pouuoir expres
D'amener vif, où mort, ce couple d'homicides?
Ceux tenus au public rebelles, & perfides,
Qui leur voudront prester assistance, ou confort,
Adonc de les auoir dans peu ie me fay fort.
XANTIPPE.
L'excessiue douleur t'offusque la prudence,
Tu rens ta passion trop claire d'euidence,
Passion, qui sans plus regarde à se venger
Et non pas qu'inconnu, que suspect estranger,
Sur la dilation du meurtre de tes filles,
Nous ne deuons flétrir l'honneur de deux familles,
Premier que d'estre oüis, ne citez seulement,
Qu'on procedât contr'eux si criminellement?
Ne t'imagine pas telle chose faisable,
Dont l'erreur dessur nous resulte inexcusable.
SCEDASE.
Les reçoiue qui veut en sa protection,
Ma teste plegera vraye l'obiection,
Ma teste plegera, que ces âmes cruelles
Ont massacré deux sœurs, aussy chastes, que belles

HOSPITALITE' VIOLEE.

Voicy de bons témoins à cette fin produits
Témoins que l'or ne m'a fauorables séduits,
La seule pauureté les rendroit reprochables,
Au reste gens de bien, & plus que receuables,
Que l'on puise chez eux la pure verité,
Pour châtier apres qui l'aura merité.

AGESILAS.

Or sus, examinons de point en point la chose,
Lequel ce meurtre veu precisément dépose?
Lequel fut spectateur, & ne l'empescha pas,
De celles qu'engloutit vn violent trepas?
Parlez? mais à tel si, que la moindre imposture
Promet à son auteur vne horrible torture;
Le mensonge chez nous importe capital,
A qui l'a proferé, le suplice fatal.

EVANDRE.

N'ayant oncques menty de certaine science,
Trois mots déchargeront icy ma conscience,
Que le vieil pere absent, deux hostes suruenus,
Lacedemoniens, familiers reconnus,
Et seuls, depuis ont pû perpetrer l'homicide,
Induits d'vne fureur de la beauté cupide,
L'apparence nous donne à le conjecturer;
Voilà ce que ie puis, & rien plus assurer!

ANDROCLIDE.

Toy poursuy delateur, si tu sçais dauantage:

PHORBANTE.

Vn mur auec le sien conjoint mon heritage,

Or le iour déja grand, i'entendy certains cris
Comme à diuerses fois, pitoyables repris,
Sortir de sa maison, que presque dessur l'heure,
Quitterent éperdus ces iouuenceaux ; ie meure,
Reputez neaumoins hostes, & bons amis,
Qui de les arrêter en deuoir se fut mis ?
Nul certes, leur aspect éuapora ma crainte,
De l'hospitalité si lâchement enfrainte :
Plus outre m'informer ne profiteroit rien,
Mais ce peu dit, vous vaut le trepié Delphien.

LEONIDE.

Ta preuue tant y a, gist en leur coniecture,
Sujette aux accidens de mainte autre auanture,
Veu qu'aucun ne s'affirme oculaire témoin,
Chose dont elle auroit dessur toutes besoin ;
Car tes hostes partis, vne troupe brigande,
Possible aura commis cette cruauté grande,
Tes propres seruiteurs, où tu as plus de foy,
Ne sont pas sans soupçon.

SCEDASE.

O magnanime Roy,
Permets à la douleur paternelle, de dire,
Qu'vn acte si maudit nuls témoins nedesire,
Que nos présomptions fortes entierement,
Dessur la verité, prises sincerement,
Meritent qu'à l'arrest définitif on passe :
Ne croire que ses yeux, quel desordre sera-ce ?
La plus-part impunie, à des pires forfaits,

L'HOSPITALITÉ VIOLÉE.

Seruira d'vne amorce à qui les aura faits.
Ne le vueille souffrir, embrassant ma deffence,
Demeure protecteur du foible qu'on offence,
Sparte dessous vn frein de iuges droituriers,
La racine ieta qui nourrit ses lauriers,
Qui luy rend auiourd'huy les peuples volontaires,
Plus que non pas le fer esclaues tributaires :
Conseruez ce beau los aquis en mon endroit,
Si qu'ores la faueur n'opprime le bon droit.

AGESILAS.

Autant que mon pouuoir le souffre, tu peux croire,
Que le crime d'autruy ne ternira ma gloire,
Que nos doutes à plein sur l'affaire éclaircis,
(Non pour autre sujet, quelque tems indecis)
Tu seras plus vengé, plus que tu ne l'esperes :
Reste, que ta douleur sensible, tu temperes
D'vn peu de patience.

SCEDASE.

O iuges immortels,
Ne laissez impunis des artifices tels,
I'appelle deuant vous de pareille remise,
Grace, à ces assacins execrables promise.

ANDROCLIDE.

On pardonne à ton âge, & à ton accident,
Ce soupçon que témoigne vn langage impudent.

SCEDASE.

Iustes, ne m'épargnez, menteur, où temeraire.

Apres ce tort receu, que me peut-on pis faire?
LEONIDE.
Huissiers! holà quelqu'vn, iettez-le moy dehors,
SCEDASE.
Quelqu'vn pousse mõ âme en la plaine des morts,
Quelqu'vn la reünisse aux ombres desolees
De mes deux filles, qu'ont vos meurtriers violées.
XANTIPPE.
Pauure homme ; tu pourrois vn siecle murmurer,
Que l'oracle receu, t'oblige à l'endurer.
SCEDASE.
Oracle, inique oracle, à tes auteurs funeste,
Si quelque arbitre sied dans le trône celeste,
Arbitre incorruptible, arbitre souuerain,
Qui mes iustes clameurs écoute plus humain,
Maxime indubitable; or vous, à qui l'outrage,
Comme amis éprouuez attendrit le courage,
Vous que mesme peril menace desormais,
Venez vn acte voir memorable à iamais,
Acte vrayment pieux, où plutost sacrifice,
A mes filles voüé pour vn dernier office.
EVANDRE.
Leur vertu n'a que soy de guerdon precieux,
Plus capable de luire en la voute des cieux,
Nouueaux astres receus, que la troupe éplorée,
Des sœurs d'vn, que tua le puissant fils de Rhée,
Boute-feu temeraire, & cocher mal expert ;
Mais allons accomplir l'anniuersaire offert.
Chœur

Chœur de Leuctriens.

Depuis que l'homme vient au monde,
Iusqu'à l'heure de son trépas,
Mille malheurs lâchent la bonde,
Inseparables de ses pas :
Il n'a felicité qui dure,
Et celuy se peut dire heureux,
A qui la fortune moins dure,
Ne montre un front trop rigoureux.

Tel semble au dessus de l'enuie,
Ne plus redouter sa rancœur,
Tel semble auoir coulé sa vie,
Sur les aduersitez vaincœur,
A qui cét aueugle infidelle,
Fera sous ces piez terracé,
Sentir une playe mortelle,
Qui rend l'usure du passé.

Mesme voit-on d'experience,
Qu'ainsy que le foudre toujours,
Brise, ialous d'impatience,
La teste des plus hautes tours,
Elle attaque plus furieuse,
Ceux où la vertu fait sejour,
Et se plaist la nuë enuieuse,
A noircir le clair de leur iour.

Elle a des pieges inuisibles,
Qui trompent les pauures humains,

K

Pieges qui tüent infenſibles,
Lors qu'on ſe croit hors de ſes mains;
La prudence plus renommée,
Oncques, ne les ſçeut préuenir,
Ne voyant qu'à porte fermée,
Les malheurs qui ſont à venir.

  O exemple autant déplorable,
Entre mille, & mille diuers,
Qu'en ſon theatre miſerable,
Puiſſe produire l'vniuers,
O cruauté plus que barbare,
O dure inſolence du ſort,
A qui nulle ne s'accompare,
Et qui nous fait pis que la mort.

  Scedaſe, que nous pouuons dire,
La palme des bons meriter,
Porte la marque de ſon ire,
Quoy qu'il ne fût pour l'irriter,
Ce vieillard à tous venerable,
Préuenu du pire méchef,
Qui puiſſe vn pere miſerable,
Accabler iamais derechef.

  Deux hoſtes, monſtres en nature,
Ont éteint le double flambeau,
De ſa pudique geniture,
Apres l'honneur mis au tombeau,
O Soleil, & comment à l'heure,
Se put paracheuer ton tour?

L'HOSPITALITÉ VIOLÉE.

Mais, ne le voicy pas qui pleure,
(Signe funeste) à son retour.

SCEDASE.

Accompagnez, amis, le miserable pere,
Qui de toute Iustice humaine desespere,
Qui va voir si là bas en l'eternelle nuit,
Sa plainte repoussée aura point plus de fruit.
Allaigres, prétez-moy cette derniere peine,
Peine de pieté, plus que de labeur pleine,
Tel voiage finy sur le proche tombeau,
Qui mes filles rauit en leur âge plus beau.

Chœur de Leuctriens.

Bons Dieux! diuertissez l'énuie,
Trop apparente à ce propos,
Qui conspire dessur sa vie,
Pour treuuer là bas du repos.

SCEDASE.

Chere tombe, qui tiens mon esperance morte,
Autres effusions que moy ie ne t'apporte,
Vous n'aurez chastes corps icy dedans reclus,
Des hosties, des vœux, des honneurs superflus,
Ie suis, helas! ie suis, la brebis qui s'immole,
Mais parauant qu'à vous descendre vaine idole,
Celestes, exaucez ma suppliante voix?
Contre ces infracteurs de vos plus sainctes loix?
Contre ces fiers tyrans, qui foulent l'innocence,
Et sur nostre ruine érigent leur puissance,

Grands Dieux! faites qu'vn iour le Leuctrique
    courrous,
Ses nourrissons venus en la presse des coups,
Iette Sparte à l'enuers, dessous le ioug reduite,
D'vn, qui de nos Thebains aura pris la conduite!
Fatale prophetie, & celebre aux neueux,
Lors qu'ils dépoüilleront la moisson de mes vœux!
Adieu trouppe innocente, Adieu ie te conjure,
D'octroyer à mes os la mesme sepulture,
Ainsy meilleur destin, t'arriue desormais,
C'en est fait à ce coup, Adieu pour tout iamais.

Chœur de Leuctriens.

Comment? immobiles permettre,
Que ce furieux inhumain,
Puisse vn homicide commettre,
Enuers soy de sa propre main?

EVANDRE.

Simples, ne présumez que ce ne fust vn crime,
De vouloir s'opposer à ce coup magnanime,
Veuf, sans aucun soulas, en l'arriere saison,
L'âme n'a que bien fait de rompre sa prison:
Depuis que le malheur étouse l'esperance,
L'homme doit courageux se tirer de souffrance,
L'homme doit courageux, malgré l'inique sort,
Ce qu'il ne peut icy, le trouuer chez la mort:
Vn calme de durée, vne heureuse franchise,
Vne belle couronne à ses vertus acquise,

L'HOSPITALITE' VIOLEE.

Vn haure sans orage, vn sejour gracieux,
Où ne penetrent point les ennuis soucieux !
Va Scedase, poursuy ta route genereuse,
Accroy les Elisez d'vne ombre bien-heureuse,
Recüeille auec ta race vn repos eternel ;
Tandis, on vous reserue à l'honneur solennel,
Qu'obtiennent les Heros, tutelaires genies,
Apres le cours fatal de leurs trames finies !
Tandis, par chaque année, vne pluye de fleurs,
Qui s'accompagnera de celle de nos pleurs,
Decore votre tombe, outre mainte genisse
Sans macule choisie, offerte en sacrifice :
Or commençons amis vn suprême deuoir,
Son corps mis au cercüeil prest de le receuoir.

FIN.

PANTHEE,
Tragedie.

PAR ALEXANDRE
Hardy, Parisien.

ARGVMENT DE CETTE TRAGEDIE.

Pres la victoire obtenuë par le grand Cyrus Roy de Perse, sur les Assyriës, Panthée, Dame aussy rare en vertu, qu'accóplie en beauté, femme d'Abradate, Prince de la Susienne, se treuue prisonniere du vaincœur, qui selon sa clemence ordinaire, la traite fort humainement, & mesme informé par la bouche de cette belle prisonniere, de la condition du mary, en fait Araspe sien Capitaine depositaire, auec exprés commandement de la traiter auec tout le respect qui se peut rendre à vne Dame d'honneur. Araspe toutefois ne peut long temps regarder ce Soleil de beauté, sans ressentir les rayons de son amour dans l'âme, & si viuement, qu'il implore sa pitié, ne laissant rien derriere, de ce qu'il s'imagine la pouuoir cóuertir. Panthée qui préfere la conseruation de sa chasteté à celle de sa vie, le refuse courageusement, & sous main fait auertir Cyrus de telle insolente procedure. Ce Prince, de qui la continence égaloit le coura-

ge, mande Araspe, luy vse d'vne âpre reprimende, & pouruoyant à la seureté de l'honneur de Panthée, luy gagne si biē le courage, qu'en reconnoissance du bien-fait, elle tire Abradate son mary au party de Cyrus, qui le fait chef d'vne partie de ses forces : là dessus vne bataille se donne, où Crœsus Roy de Lydie est deffait, & Abradate victorieux, ayant donné toutes les preuues qui se peuuent desirer de la mesme valeur, demeure toutesfois en la mélée. Cyrus l'honore d'vne pompe funebre digne de son courage, y assistant en personne, où Panthée sous ombre de faire les effusions sur le corps trépassé de son cher Abradate, se tuë de sa propre main, affin d'immortaliser son amour en sa mort. L'histoire est amplement décrite par Xenophon, & par Philostrate apres luy.

ACTEVRS.

CIRVS.
ARASPE.
PANTHEE.
NOVRICE.
HERAVT.
ABRADATE.
MESSAGER.

PANTHEE, TRAGEDIE.

ACTE I.

CIRVS, ARASPE, PANTHEE.

CIRVS.

EL astre de nos iours, fauorable à ma gloire,
Contemple par merueille vne rare victoire,
Qui l'Asie auiourd'huy courbe dessous mes loix,
Qui couröne auiourd'huy mes belliqueux exploits
Qui domte l'Assyrie, & ce bras, vn tonnerre,
Oblige à subiuguer le reste de la terre,
Et montre que Cyrus doit regir l'vniuers,
Monarque necessaire à ses peuples diuers,

Afin que Iupiter dans le trône celeste,
Du costé des mortels, n'ait plus qui le moleste,
Afin de retrancher en chaque nation,
Cét hydre qui pulule auec l'ambition,
Qui de plusieurs tyrans exerce la manie,
Et sous moy, leur Alcide, éteint la tyrannie.
 En ce braue dessein, vous genereux guerriers,
Pour qui le monde n'a de capables lauriers,
Faites, faites estat, que sans reprendre aleine,
Mais auec plus de lucre, & auec moins de peine,
Il faut ces Lydiens, peuples effeminez,
A leur perte fatale au combat obstinez,
Cerfs, que conduit vn cerf, nourry dans les delices,
Vn voluptueux Prince, esclaue de tous vices;
Il faut, mes compagnons, par maniere d'ébat,
Qu'emportez, qu'asseruis en ce prochain combat,
Ils nous seruent de planche à d'autres entreprises,
Selon l'occasion auec le temps aprises,
Poursuiuons seulement vn chef-d'œuure auancé,
Qui ne peut mal finir, estant bien commencé.

ARASPE.

Monarque qui nous sers d'inimitable exemple,
Dessur qui les vertus erigerent leur temple,
Qui tiens dans ta fortune enchainé le bon-heur,
Qui merites plus qu'homme vn immortel honeur,
Poursuy victorieux, le notable auantage,
Qui cette part du monde adioûte à ton partage,
Desormais possesseur du sceptre Lydien,

TRAGEDIE.

Fay bruire ta valeur au riuage Indien,
Du Scythe au Garamant, élargy tes conquestes,
Le Ciel prest à tomber, n'intimide nos testes,
Sous ta sage conduite, infatigable Mars,
Nos lauriers chaque iour naissent dans les hazars,
Hasars que ta presence, ainsy qu'elle est diuine,
Dissipe plus soudain qu'vn Soleil la brüine,
Où qu'vn foudre éclaté, le chef audacieux,
Des rocs Cahoriens qui menacent les Cieux.

CIRVS.

Donc tandis qu'vne ardeur anime nos gend'armes,
Que l'ennemy vaincu tremble au bruit de leurs armes:
Passons aux Lydiens, peuples mal aguerris,
Peuples dans le limon des voluptez nourris,
Que Crœse effemina parmy son opulence,
Et qui de nos soldats croissent la violence,
Comme quand le lyon découure genereux,
De taureaux engraissez vn nombre malheureux,
Adonc la multitude aiguise son courage,
Et de sa faim sur eux il appaise la rage;
Ainsy nous acheuons sur ce lâche ennemy,
La curée, qui n'est parfaite qu'à demy,
Qu'haleine impatiente vne meute guerriere:
Or sans la plus tenir inutile derriere,
Découplons hardiment sur ces lieures craintifs,
Dessur ces Lydiens qui ne peuuent chetifs,

Vaincre dorenauant leur triste destinée;
Car toute nation du luxe dominée,
Court, aueugle, & peu caute, au naufrage certain
De ses prosperitez.

ARASPE.
Notre theatre humain,
Spectacle plus frequent sur soy ne represente,
La gresle est aux bourgeons de beaucoup moins
 nuisante,
La chaleur Syrienne aux mortelles langueurs,
D'vn froid aux chams fleuris les poignantes ri-
 gueurs,
Que l'oisiueté molle en vn peuple receuë,
Oisiueté, qui n'a qu'vne honteuse yssuë,
Mais qui fait d'autant plus ta prudence admirer,
Que sa peste de nous tu sçais loin retirer,
Exercez, endurcis aux trauaux de la guerre,
Que iour, & nuit, sans cesse vn corcelet enserre,
Et qui par l'habitude admettons vne loy,
De ne pouuoir sentir de repos dessous toy.

CIRVS.
L'humeur du Prince, sert aux sujets de modelle,
Il faut, bon gré, mal gré, qu'ils se forment en elle,
Coüard, ils le suiuront en sa timidité,
Vaillant, chacun s'éforce à la gloire incité:
Aussy pour mon regard, ie tien qu'vn populaire,
Peut legitimement, ains qu'il se doit distraire,
Du seruage importun d'vn indigne seigneur,

TRAGEDIE.

Qui veut de son Empire enseuelir l'honneur,
Qui ne craint d'employer l'authorité Royale,
Es plaisirs dissolus d'vne vie brutale :
Me préuienne la mort, parauant ce desir,
Premier que vos valeurs ie permette moisir,
Et premier que de vaincre auec vous ie me lasse;
Or de peur d'irriter fortune à double face,
La fortune obtenuë, il faudra moderer,
Desorte qu'elle n'ait dequoy se colerer :
Pitoyables, clemens à la tourbe captiue,
,, La clemence iamais de son fruit ne nous priue,
,, Elle attire les cœurs par vn celeste aimant,
,, Et va des plus felons la rancune charmant;
Ie la veux déployer premiere en cette Dame,
Que d'vn Grand du païs on m'a dit estre femme,
Absent de la bataille, & s'il m'en ressouuient,
Qui lieu d'Ambassadeur vers les Bactres obtient;
Faites-la-moy venir, possible que soustraite,
A la lubricité du soldat indiscrette,
Que pudique renduë es bras de son épous,
Il se reuengera du bien-fait enuers nous!
,, Vne grace suit l'autre, & leurs mains enlacées,
,, Signifient vn fruit des faueurs auancées!
Dieux! la voicy, son œil me transit de pitié,
Et sa rare beauté m'oblige d'amitié;
Ne crains belle, vn danger horrible d'apparence,
Ma parole te donne vne entiere asseurance,
Tu n'as point rencontré des farouches lyons,

Qui surchargent le faix de tes afflictions;
Qui foulent inhumains ceux que fortune opprime;
Et la fureur de Mars ayant pris sa decime,
L'orage est accoisé, ceux qui l'ont suruécu,
Diront qu'en ma bonté par deux fois i'ay vaincu.

PANTHEE.

Grand Roy, ie ne requiers de toy faueur plus grande;
Que faire de mon corps vne pieuse offrande
Au sac de ma patrie, & qu'il n'en reste rien,
Apres l'honneur détruit du sceptre Assyrien,
,, La plus cruelle mort, vaut mieux que le seruage
,, Quelque benin qu'il soit, à l'homme de courage.

CIRVS.

Tout courage qui cede à vne aduersité,
Retient ie ne sçay quoy de la timidité,
,, La mort est le recours des âmes miserables,
Non de celles qui sont aux malheurs indomtables.

PANTHEE.

,, Depuis que nos malheurs touchent l'extremité,
,, Qu'vn espoir de changer en mieux les a quités
,, C'est à faire au craintif de desirer la vie,
,, Des ennuis mille fois au lieu d'vne rauie.

CIRVS.

Sur quel indice as-tu conceu ce desespoir?

PANTHEE.

Sur notre liberté, reduite à ton pouuoir.

CIRVS.

Comparant

TRAGEDIE.

Comparans au rebours l'antique seruitude,
Vous treuuerez la mienne vne beatitude.

PANTHEE.

„ La domination du Prince naturel,
„ Fait treuuer aux siens doux ce qu'il a de cruel.

CIRVS.

Oüy, selon que l'erreur du commun le présume,
Pendant que le rancœur en cét hydre s'alume:
Mais à soy reuenu, comme le patient,
Dont le membre pourry par force on va sciant,
Il confesse sa faute, & benit la iournée,
De sa franchise échuë, à telle destinée,
Vous en serez ainsy, moyennant que constans,
Apres ce gros orage attendiez le printems.

PANTHEE.

Ma principale attente est en la sepulture,
C'est mon confort suprême, & ma suprême cure.

CIRVS.

I'ay sçeu que ton époux, au combat n'estant pas,
L'Ambassade, des fers l'exemte, où du trépas.

PANTHEE.

L'Ambassade commis t'apporte la victoire,
Où plus de sang au moins t'en coûteroit la gloire,
Mon Abradate armé pour notre liberté,
Eust la presse des tiens combatant écarté,
Ny plus ny moins que l'aigle en fondant de la nuë,
Ecarte de pigeons vne troupe menuë,
Sa presence fatale eust instué le cœur,

L

A ces chetifs, desquels tu triomphes vaincœur,
Où mort, ie luy serois en l'Erebe compagne,
Tous deux francs de misere en la triste campagne.
CIRVS.
Voilà certes amis, un patron de beauté,
De vertu feminine, & chaste loyauté,
Indigne de son sexe, indigne d'estre mise,
En ce rang méprisé, que la crainte maistrise:
Nature s'oublia, ne te formant un bras,
Au courage pareil, qu'inuincible tu as;
Et croy que ta réponse a gagné, genereuse,
Plus de pouuoir sur moy qu'autre amorce amou-
    reuse,
Araspe, ie te donne en depost ce tresor,
Tu le conserueras plus cherement que l'or,
Plus que tu ne ferois la lumiere celeste;
Si quelqu'un tant osé l'offençoit, ie proteste,
L'outrage reputer en mon endroit commis,
Et ne le distinguer des pires ennemis.
PANTHEE.
O Dieux! qui flechissez les mortelles pensées,
Mes prieres encor vous auez exaucées,
Soulagé ma tristesse, un Monarque inspirant,
De sauuer mon honneur du naufrage apparent.
CIRVS.
Iamais plutôt laurier ma teste n'enuironne,
Et plutôt un vain cœur m'arrache la couronne,
Que l'azile sacré de ma protection,

TRAGEDIE.

Soit en toy violé, où que l'affection,
Inique me dispense à te vouloir contraindre,
De soüiller l'hymenée, & ses statuts enfraindre,
Jaçoit que tes regars puissent contagieux,
Couler un doux poison dans l'âme par les yeux,
Ma raison le repousse, & croit victorieuse,
Meriter un rameau de palme glorieuse.

PANTHEE.

N'en doute point, Cirus, domter ses passions,
,, Vaut plus, que debeller cent mille nations:
,, Celuy triomphe plus, qui triomphe du vice,
,, Sous son autorité n'admettant l'iniustice,
,, Que si de l'uniuers il manioit le frein:
Et tant que tu suiuras ce genereux dessein,
Les Dieux te donneront à regir la fortune,
Heureux en tes exploits tu l'auras toujours une,
La victoire suiura tes exploits, de ton los,
Tu rempliras le Ciel, & la terre, & les flots.
Pour confirmation de ta promesse sainte,
I'embrasse ces genoux, seureté de ma crainte.

CIRVS.

Araspe, derechef ie te commande icy,
Luy faire un traitement digne de mon soucy,
Ne souffrir qu'on luy tienne un propos deshon-
neste,
Ie veux, que cela soit, au peril de la teste.

ARASPE.

Sire, puis qu'il te plaist la commettre à ma foy,

L ij

Ie la conserueray plus cherement que moy.

CIRVS.

L'armée au demeurant de marcher preparée,
Soit de ma volonté par toy-mesme asseurée,
Sans bagage quelconque, & sans encombrement,
Qui nous puisse causer aucun retardement.

ACTE II.

ARASPE, PANTHEE, NOVRICE,

SCENE I.

ARASPE, PANTHEE.

ARASPE.

Agité du flambeau d'vne aueugle furie,
Perclus de mouuemens, ma constance perit;
Reduit à n'esperer qu'vn honteux desespoir,
Reduit à desirer ma ruyne, & la voir,
Fut-il onc vn desastre, vn malheur memorable,
A la fiere rigueur de mon sort comparable?
Araspe, pauure Araspe, helas! que n'as-tu pris,
Plutost à gouuerner le terrestre pourpris?
Que geolier estably d'vne beauté captiue,
Beauté, ie le diray, la plus belle qui viue,
Tomber en ses liens, t'enferrer de ses fers;
Quels extrêmes tourmens, n'ay-ie depuis souferts!

TRAGEDIE.

Chagrin, triste, pensif, solitaire, malade
Et de l'âme, & du corps, par sa sorciere œillade;
Oeillade qui décoche vn reste de chaleurs,
A trauers les nuaux de ses humides pleurs;
Oeillade qui sans doute embraseroit le monde,
Si son œil retenoit cette larmeuse bonde;
Oeillade qui piteuse vn rocher transiroit,
Que pour prendre les cœurs, apostée on diroit;
Oeillade qu'vn scadron d'autres beautez diuines,
Mises à nonchaloir, accompagnent voisines:
Ce poil d'or crépelu, qui sans ordre flotant,
Va sur vn col neigeux, sans ordre voletant,
Ce front ainsy vouté, qu'Iris le sien déploye,
Quand la pluye anoncer sa maistresse l'enuoye:
Vn vermillon de iouë, emperlé de ses pleurs,
De telles que l'Aurore épanche sur les fleurs,
Vne bouche de rose aux soupirs eternelle,
Qui s'ouurant, les baisers dessur ses bors appelle,
Et ce tertre iumeau, d'vn petit sein mouuant,
A l'accord des sanglots qu'elle souspire au vent.

O recit insensé, ie me la rememore,
Affin que ce vautour plus cruel me deuore,
Qu'amour plus affamé, se paisse de mon cœur,
Qu'amour de mes desirs demeure le vaincœur:
Mais vne loy du Prince expressement receuë,
De ne la poluer seulement de la veuë,
N'agrauer sa tristesse en aucune façon,
Mes adulteres feux doit reduire en glaçon!

L iij

Il se faut là resoudre, il y va de la teste,
Cirus n'ayant osé iouyr de sa conqueste,
I'entreprendrois sur luy, commettant vn forfait,
Expiable du sang de celuy qui l'a fait.
Cirus peut tout sur moy, hormis de me deffendre,
D'aimer cette étrangere, & son vouloir entendre,
Coniurer son amour, luy racontant le mien,
Consacrer ma fortune, & mon salut au sien :
Déesse de visage, elle n'aura pas l'âme,
Telle qu'vne lionne, impassible à ma flame;
Mon grade qui du Roy seconde la grandeur,
Pourra de cette glace échaufer la froideur!
L'échaufer? nullement, l'amitié conjugale,
Ne permet d'ébranler sa chasteté loyale!
Abradate éloigné, recele ses plaisirs,
Abradate est l'objet de ses chastes desirs,
Abradate reuient en sa bouche à toute heure,
Abradate immuable en ses graces demeure;
Que ne suis-ie Abradate? heureux qui que tu sois,
Les faueurs d'vn grand Dieu, voire plus tu reçois,
La voicy, quand Cirus du feu de sa colere,
Conuertiroit mon corps en cendreuse pouciere,
Ie luy vay mon tourment amoureux deceler.
Veux-tu donques en pleurs tes beautez distiler,
Sacrilege, offençant le Ciel, & la nature,
En ce chef-d'œuure saint, que le dueil défigure,
Chaque chose a son terme, & les maux auenus,
Ne nous doiuent causer des regrets continus.

TRAGEDIE.
PANTHEE.
Pour des maux infinis, ma plainte est infinie.
ARASPE.
Tes maux vont expirer en ta prison finie.
PANTHEE.
Pleust au Ciel rigoureux, que ma captiuité,
Retirast le pays de sa calamité.
ARASPE.
Paisible desormais sous des loix equitables,
Il pourra réparer ses pertes lamentables.
PANTHEE.
Comment les reparer, veufue de sa liberté?
Couuert du sang des siens, & presque deserté?
Ioint qu'vn autre sujet adioûte à ma misere,
De ne voir la personne au monde la plus chere,
Ne la voir, & l'auoir compagne du malheur,
Dont elle partiroit à moitié la douleur ;
Tel desastre auec luy deuiendroit insensible,
Qu'autrement suporter, il ne m'est pas possible.
ARASPE.
L'apparence y est grande, au giron d'vn épous,
Le fiel de tes ennuis se treuueroit plus dous;
Mais prudente, suplée à telle solitude,
Décharge-toy sur moy de telle seruitude,
Vse de ton pouuoir sur vn esclaue aquis,
Tu obtiens tout sur moy, par auant que requis.
PANTHEE.
Le but de ma requeste est facile à permettre,

L iiij

Qu'aucun de mes regrets ne vienne s'entremettre.
ARASPE.
Ie souffre en ta souffrance, & la puis alleger,
Si de l'humanité tu ne veux t'étranger.
PANTHEE.
Et que fait le vouloir d'vne pauure captiue?
En quoy te puis-ie aider, à l'extrême chétiue?
ARASPE.
D'vn celeste secours, qui ranime les morts,
Et que ie nommerois sans vn petit remors.
PANTHEE.
Le remors, est l'éclair auant-coureur du vice.
ARASPE.
Vice, selon l'erreur qu'vn scrupule nous glisse,
Vice, que la nature, introduit vertueux.
Sçache que mon amour n'est point voluptueux,
I'adore tes vertus en la rare constance,
Qui fait à des malheurs si braue resistance;
Ta pieté me plaist en l'amour coniugal,
Preferable vraiment, & à l'autre inégal!
Mais ainsy qu'au defaut de Phœbus, qui se cache,
Sa sœur du pelerin paracheue la tâche,
Luy prête les rayons de sa brune clarté,
Et souuent au chemin le remet écarté,
A quelle occasion, n'oserois-tu, discrette,
Me preter la faueur d'vne amitié secrette?
PANTHEE.
Araspe, garde-toy, d'entamer suborneur,

TRAGEDIE.

Vn propos plus auant, contraire à mon honneur.

ARASPE.

Qu'appelles-tu l'honneur, vn songe ridicule,
Qui du bien souuerain des plaisirs nous recule,
Qui laisse éuanoüir le plus beau de nos iours,
En vne peur d'enfant, & qui n'a point de cours,
Sinon depuis que l'homme, atteint de ialousie,
Ombrage du pouuoir des loix, sa frenaisie.

PANTHEE.

Las! donne-moy la mort, plutôt que ce propos,
Persiste de troubler mon pudique repos.

ARASPE.

Ie m'en desisteray, si tu me rens la vie,
Que ta douce beauté m'a n'aguere rauie.

PANTHEE.

Ne te souuient-il plus du mandement expres,
De ton Roy là dessus, qui te touche si pres?

ARASPE.

Vn Dieu plus fort que luy, me tient sous sa puissance,
Qui m'absoût du peché de desobeïssance.

PANTHEE.

Tu referes vn crime à l'equité des Dieux,
Vn crime, qui leur est entre tous odieux?

ARASPE.

Oüy, comme si Iupin, chez la troupe celeste,
Se soucioit beaucoup d'adultere, où d'inceste?

PANTHEE.

,, L'humaine impieté ne craint de blasphemer,
,, Pour se licencier au vice, & l'animer;

ARASPE.

L'amitié qui prouient d'vne si belle idée,
Ne peut qu'elle ne soit de la vertu guidée,
Son principe fondé sur ta perfection,
Ne montre qu'vne noble, & sainte affection.

PANTHEE.

Deux contraires, à toy directement s'opposent,
Ma tristesse, & les loix, qui sous l'hymen reposent.

ARASPE.

O iour pernicieux, mariage inuenté,
D'vn Phalare, par qui l'innocent tourmenté,
Supporte d'ordinaire vne fin precipite,
Les peines d'Ixion ta cruauté merite.

PANTHEE.

La volupté, tousjours nous laisse vn repentir,
Lors que sans fruit, contrainte elle vient à sortir,
Comme l'humeur malin d'vne fievre a sa crise,
Sans vlcerer la peau ne lâchera sa prise.

ARASPE.

Pense auant le refus, ce que pour toy ie puis,
Qui le mesme Cirus, en son absence suis.

PANTHEE.

Eusses-tu sur le chef cette triple couronne,
Qui les fils de Saturne en trois lieux environne,
Ma chasteté ressemble vn rocher dans les flots,
Qui ne fait de leurs coups que s'acroistre de los,

TRAGEDIE. 171

Triomphe autant de fois, qu'écumeux de colere,
Ils crèuent l'abordant, & rebrouſſent arriere.

ARASPE.
L'orgueil de ce mépris contrarie à ton ſort.

PANTHEE.
Qu'ay-ie affaire de toy, qui deſire la mort?

ARASPE.
Ne la deſire point, poſſible que honteuſe,
Elle te preuiendra, farouche, dédaigneuſe.

SCENE II.
PANTHEE, NOVRICE, PANTHEE.

O Pitoyables Dieux, mon ſuprême refuge,
Qui pouuez de ces maux arreſter le deluge,
Qui voyez mon honneur à vn brigand commis,
Qui ma pauure patrie au ſepulchre auez mis;
Helas! faites du moins que ce bien me demeure,
Qu'auec ma chaſteté trop contente ie meure:
Vne apprehenſion des malheurs à venir,
Des perilleux aſſauts qu'elle doit ſoutenir,
Me glace tous les ſens, hé! Cieux ie ſuis perduë.

NOVRICE.
Qui vous a ma chere âme à ces plaintes renduë?
Pour quel nouueau ſujet, vos ſens ainſi troublez,

S'exhalent dites-moy, ces sanglots redoublez?
Seroit-ce vn souuenir des liesses passées,
Où la peur du futur empreinte en vos pensées?
PANTHEE.
Mes malheurs du passé, me sont vn heur, au pris,
De l'encombre cruel qui trouble mes esprits.
NOVRICE.
Hé! Dieux! que sçauroit-on s'imaginer de pire?
PANTHEE.
La perte du bien seul, qu'ores mien ie puis dire.
NOVRICE.
Vous me tuez, voilant ce sinistre accident.
PANTHEE.
Veux-tu que ie refere vn discours impudent?
Discours, qui me rougit le visage de honte,
Lors que m'en souuenant à moy ie le raconte.
NOVRICE.
Au contraire, vn honneur vous vient de racōter,
L'infortune honteux que voulez éuiter.
PANTHEE.
Araspe transporté d'vne fureur brutale,
Foule aux piez infracteur l'ordonance Royale,
Tente ma chasteté, me presse, me poursuit,
Pour complaire à l'ardeur lubrique qui le suit,
Resolu, ce qu'il n'a sçeu faire de priere,
Par force l'obtenir.
NOVRICE.
Opposons de barriere,

TRAGEDIE.

A sa temerité, la clemence du Roy,
Cirus ne permettra qu'on viole sa foy,
Elle porte un destin d'arrest irreuocable.

PANTHEE.

L'enorme pesanteur du soucy qui l'acâble,
Tant d'affaires presents, l'empescheront d'ouïr
Nostre iuste complainte, on ne peut pas iouïr,
De l'oreille des Roys, comme d'un populaire.
Considere d'ailleurs quel est nostre aduersaire;
Son tout, son cōpagnon d'Empire (peu s'en faut,)
Qui méprise l'effort de ce leger assaut,
Qui luy suadera d'un mot de flatterie,
La verité plus claire estre une menterie.
Helas! nous balançons en semblable danger,
Implorant son secours, comme à le negliger.

NOVRICE.

Non, non, vous vous trōpez, un Prince magna-
N'endure sa faueur authoriser un crime; (nime,
Ce qu'il ne s'est permis, il ne permettra pas,
Aux vices d'un suiet qui marche sur ses pas,
Laissez-luy-moy sans plus presenter la requeste,
Que ie pleige acordée au peril de la teste.

PANTHEE.

Va donc, ô mon soulas, abondante de pleurs,
Le coniurer au nom de mes cuisans malheurs,
Par la creance mise en sa promesse sainte,
Qu'il luy plaise empescher qu'elle ne soit enfrainte,
Offre pour la rançon de ma pudicité,

Mon sang, & tout tel pris qu'il aura limité,
Qu'il m'arrache des dents de ce loup infidelle,
Et que chaste on m'expose à la mort plus cruelle.
Haste-toy lentement, & discrette fay tant,
De ne fier qu'à luy ce secret important,
De peur que du serpent on n'enfielast la haine,
Si mon malheur rendoit ton entrrprise vaine.

NOVRICE.

N'êayez point de peur, les Dieux serõt pour vous,
Car sur un chef toujours ne flambe leur courons.

ACTE III.

CIRVS, ARASPE, NOVRICE, PANTHEE, HERAVT.

CIRVS.

Dieux! que l'infirmité des mortels miserables,
Commet iournellement d'erreurs irreparables,
Que le plus vertueux est sujet à broncher
Dans ce gouffre allechant des plaisirs de sa chair.
Araspe irreprochable au reste de sa vie,
Duquel on eust ailleurs la prudence suiuie,
Contre mon mandement qui porte son destin,
A gauchy du deuoir, s'est rebellé mutin!

TRAGEDIE. 175

Ma parole immuable accuse de pariure,
Offence surpassant toute espece d'iniure;
Vne faute commise en mon particulier,
Remissible aisément ie voudrois oublier,
Mais où vole en public l'éclat d'vne iniustice,
Où mon autorité sert de voile à son vice,
Où ma gloire pâtit pour ses cupiditez,
Ie doute quels tourmens il n'a point meritez,
Ie doute s'il y a fidelité, seruice,
Qui tombe en cõtre-poids de l'horreur de son vice,
Si ie me dois montrer moins iuste, que clement,
A ne le chastier qu'en discours seulement.

NOVRICE.
Sire, il s'est contenté d'vne amoureuse amorce,
Et n'vsant point d'effort, n'a merité de force.

CIRVS.
Sa volonté mauuaise est autant que l'effet.

NOVRICE.
Le supplice assorty respond à ce forfait,
Elle hors du peril de sa crainte deliure.

CIRVS.
Ie veux que cela soit, & qu'il aprenne à viure,
Soldats, quelqu'vn de vous Araspe mande icy,
Et que sa prisonniere il nous ameine aussy.

NOVRICE.
Monarque, qui n'eus onc de pareil que toy-même,
Suprême de bonté, de vaillance suprême,
Tempere ton courous, vn crime à perpetrer,

Quasy sans demander doit sa grace impetrer,
Lors principalement que l'auteur le merite:
Me confonde le Ciel plutôt que ie t'irrite,
Contre un hôme épreuué, que tu treuues n'auoir,
Transgressé qu'en cecy les bornes du deuoir:
Ie iugerois pour moy selon l'experience,
Qu'un remors a dé-ja pressé sa conscience,
Plus cruel que tourment qu'on luy puisse inuèter,
Donques à la rigueur ne le vueille traiter.

CIRVS.

Mon conseil ne dépend de celuy d'une femme,
Et ma iuste censure és actes de diffame,
Marche d'ordre reiglé comme l'astre du iour,
Le voicy, palissant où de crainte, où d'amour.

 Araspe, l'attentat de ta lubrique audace,
Ton prier dissolu conioint à la menace,
Au dépens de l'honneur de moy ton souuerain,
Confesse, qu'il n'y a de supplice inhumain
De tortures au monde égales à l'offence,
Quoy que la volupté t'annulle ma deffence?
Que l'exemple donné, l'exemple de tenir,
Sa chasteté captiue, & de m'en abstenir,
N'ait refrené l'ardeur de ta flâme insolente?
Si iamais telle faute à moy se represente,
Tu me reconnoitras ennemy capital,
Et tardif maudiras ton apétit brutal.
 Ne croy belle au surplus, que ma colere feinte,
Par maniere d'aquit satisface à ta plainte,

TRAGEDIE.

L'effet sera témoin de quel pié i'ay marché,
Combien à contre-cœur me reuient son peché,
Libre dorenauant dessur ta foy remise,
Ie te laisse garder ta chasteté commise;
Aucun n'entreprendra de te violenter,
Qui ne vueille au suplice éminent se ieter,
Tant que de ton époux la prochaine venuë,
Dessous mon sauf-conduit n'agueres obtenuë,
Aporte la rançon de ta captiuité,
Ainsy que vous prescrit des armes l'équité.

PANTHEE.

Face le Ciel plus dous, que mon cher Abradate,
Et moy, ne te payons d'vne esperance ingratte,
Que ce commun bien-fait produise referé,
Le fruit à ta grandeur d'vn heur inesperé,
Que si le mauuais sort deceuoit mon attente,
Que ie ne vinsse à bout du dessein que ie tente,
Dieux remunerateurs d'vn acte de vertu,
Pourueu que mon païs se releue abatu,
Donnez à ce Heros, à ce pieux Alcide,
Que l'Vniuers domté ne reçoiue autre bride,
Que sa gloire s'accroisse autant comme ses iours,
Et qu'en tous ses exploits il prospere touiours.

CIRVS.

Depuis que la vaillance au mal se licencie,
Elle change de nom, sa loüange obscurcie;
Ce n'est qu'vne fureur, où les feres des bois,
Ont sur nous l'auātage, & nous passent cent fois:

,, *Il faut que la raison nos actions tempere,*
,, *Leur seruant d'vn flambeau d'eternelle lumiere,*
,, *D'elle l'humanité s'engendre aux braues cœurs,*
,, *Ostant la cruauté de leurs gestes vaincœurs,*
Cruauté, proprement mere de coüardise,
Mais d'où nous peut venir ce heraut que i'auise?

HERAVT.

D'Abradate transmis deuers ta Maiesté,
Dessous ton asseurance il arriue apresté,
Suiuant le sacré droit qui s'obserue à la guerre,
D'affranchir sa moitié que captiue on enserre,
Composer de rançon telle qu'il te plaira,
Car faute de moyens, plutost il te lairra
Son cœur, son sang, sa vie, & sa foy pour ostage,
Qu'en des fers vergogneux elle soit dauantage.

PANTHEE.

Ces fers, mon grand amy, dessous vn tel seigneur,
Sont vne liberté magnifique d'honneur,
Les fauoris des Dieux tombent en mon desastre,
Pareils captifs ne sont nez que sous vn bon astre.

HERAVT.

Madame, excusez-moy l'ardente affection,
Vous voyant, m'aueugloit en ma legation,
I'ay dit de mot, à mot, ce que ma charge porte,
Vn fidelle heraut en vse de la sorte.

CIRVS.

Va toy-mesme auec luy ta rançon composer,
Va ses erreurs finis, ton Vlysse baiser.

TRAGEDIE.

Voudroy-ie de rançon que votre bien-veillance
Ta grande chasteté, le bruit de sa vaillance,
Meritent par dessus un auare proufit,
Et en toy l'obliger à ma gloire suffit.

PANTHEE.

Grand Roy, ie m'emploiray de ma force, à te faire,
Vn fidelle sujet d'vn mortel aduersaire,
Mes prieres n'auront vers luy plus de pouuoir,
Si tes commandemens il ne vient receuoir.

CIRVS.

En ce cas, ie rendroy sa fortune aussy belle,
Qu'autre qui se rencontre en la troupe mortelle,
Oüy tu l'asseureras hardiment de ma part,
Qu'onques il ne courra de plus heureux hazart.

SCENE II.
ABRADATE, PANTHEE,

ABRADATE.

Il n'y a point de maux, que l'hōme de constance
Ne puisse surmonter auec sa resistance,
Alors que du naufrage il recourt son honneur,
Le joug imperieux d'vn barbare Seigneur,
La perte de grandeurs, de biens, d'amis, de freres,
De fortune, ne sont que sagettes legeres,
Voire la mort qu'on tient plus affreuse de tous,
En vne iuste cause est vn breuuage dous!
Hé! quelle m'eust esté beaucoup moīs douloureuse,
Que le ver qui se paist de mon âme peureuse,

M ij

Bourelle ialousie, où me transportes tu?
Panthée, vn parangon de pudique vertu,
Son corps abandoner de crainte à l'adultere?
Mais quelle chose au pris de viure nous est chere?
Ainsy ie reprendrois compagne de mon lit,
Vn reste d'ennemis appreuuant son delit?
Ainsy ie baiserois vne bouche poliie,
D'adulteres baisers, & d'ardeur dissoliie?
Non, cela ne se peut, Panthée fust depuis,
De regret deualée aux Auernales nuits,
Dans son sang genereux eust l'offense lauée,
Puis l'amour des grands Roys vainemet captiuée,
Paroist incontinent, étincelle par tout :
Mais la voicy, le sang d'affection me bout,
A peine que mes yeux de larmes ie tempere.

Donques ie te reuoy mon Euridice chere?
Vn enfer t'a permis reuenir à mes yeux?
S'éclatent desormais en ruine les Cieux,
Que l'Vniuers retombe en sa masse confuse,
I'expireray cõtent, mes vœux n'ont plus d'excuse.

PANTHEE.
Mon cœur, i'en suis ainsy, te touchant, te voyant,
Ie doute de mon heur, ie ne le vay croyant,
La ioye me transit, & m'oste la parole,
Arreste d'vn baiser mon âme qui s'enuole.

ABRADATE,
Comment t'es-tu portée en ta captiuité?

PANTHEE,

TRAGEDIE.

Comme vne tendre fleur, que Phœbus a quité,
Comme vn poisson priué de sa demeure humide,
Comme vn esprit errant au port Acherontide,
Comme vne tourterelle, apres que l'oiseleur,
A rauy sa moitié, mais heureuse en malheur,
Heureuse de tomber en la main d'vn Monarque,
Digne de n'encourir les rigueurs de la parque,
Inuincible aux humains, & à ses passions,
Pere des affligez en leurs oppressions,
Bref, l'auregé parfait des vertus de ce monde,
A qui ie dois l'honneur, & la vie seconde.

ABRADATE,

Vrayment à ton raport vn miracle pareil,
Ne se pourroit treuuer sous le tour du Soleil,
Mesme en ce siecle dur, où le vice foisonne,
Et les cerueaux plus sains de sa peste empoisonne,
Vn vaincueur de ce grade, en l'auril de ses ans,
Pres de toy ne sentir les aiguillons cuisans,
Qui rebellent la chair de notre obeïssance?
Cela me sentiroit son siecle d'innocence.

PANTHEE.

Sente ce qu'il voudra, ie n'ay receu de luy,
Que toute courtoisie en ce lugubre ennuy,
Non content de vouloir sa volupté restraindre,
Mais de qui mon honneur auoit bien plus à crain-
  dre.

ABRADATE,

Qu'il n'a point de propos tâché de t'ébranler?

M iij

PANTHEE.
Onc ie ne l'entendis que chastement parler.
ABRADATE,
Ny des flateurs commis la ruse maquerelle?
PANTHEE,
Contre eux pour ce suiet il a pris ma querelle.
ABRADATE,
O grande continence, ô magnanime cœur,
Encores sommes-nous heureux de ce vaincœur.
PANTHEE.
Il n'est moins liberal, que continent, & sage.
ABRADATE,
De qui ie te supplie as-tu ce témoignage?
PANTHEE,
Ma rançon qu'il dédaigne, en fait assez de foy.
ABRADATE,
Que sans rançon delivre il te renuoye à moy?
PANTHEE,
Délivre sans rançon, & pudique renduë,
(I'en atteste des Cieux la lampe suspenduë)
Il t'offre à son seruice vn honorable rang.
ABRADATE,
Certes ie luy voudroy, (l'honneur du pays franc,)
Humble sacrifier ma vie, en recompense,
Du signalé bien-fait que sa grace m'auance.
PANTHEE.
On doit, ie le confesse, au païs vn amour,
Charitable, & pieux, iusques au dernier iour,

TRAGEDIE.

Son salut preferable oblige nos courages,
De mourir genereux en vengeant ses outrages;
Il nous preste la vie, & en la luy rendant,
Nous n'aquitons qu'vn prest à la gloire tendant.
,, Aucun n'est toutefois tenu de l'impossible,
,, Ny luiter du destin la puissance inuincible,
,, La volonté suffit es affaires ardus,
,, Et par trop s'obstiner plusieurs se sont perdus.
A quoy profitera desormais ie vous prie,
Ceste inclination deuote à la patrie?
Dénuez du pouuoir de luy donner secours,
Les empires mortels ont vn certain decours,
Changent de l'vn, à l'autre, & la cause ignorée,
Est au sacré vouloir du destin referée,
Gardons d'y resister, son courrous irrité,
Foudroye tost où tard vne temerité.

ABRADATE.

L'affection t'inspire vn conseil, ma Panthée,
Propre à se releuer, son infamie ostée!
Il est selon le temps, non selon la raison.
Cuiderois-tu Cirus aymer la trahison?
N'estoit pour establir sa neuue tyrannie?
Sa generosité ce pouuoir luy dénie,
Aux traitres on promet, mais que doit-on tenir,
,, A ceux, desquels ont craint autant à l'auenir?
A ces roseaux pliez à tous vents d'esperance,
,, L'asseurance vers eux, est n'auoir d'asseurance.

PANTHEE.

M iiij

Apelles-tu trahir vn état accablé
Sous le faix des malheurs ! vn ocean troublé
D'orages aſsidus, où iamais la bonace,
N'aplanira des flots la colereuſe face ?
Si c'eſtoit trahiſon, du moins tu ne trahis,
Qu'apres les Cieux cruels ton deſolé païs :
Premiers ils ont quité ſon antique tutelle,
Ils l'ont laiſſé tomber d'vne chute mortelle,
Que vaillance, deuoir, courage, pieté,
Ne ſçauroit releuer ayant iadis eſté.

ABRADATE.

Le reflus coutumier des fortunes mondaines,
Ebloüit nos eſprits en ſes courſes ſoudaines,
Où la proſperité maintenant floriſſoit,
L'aduerſité ſa place à meſme heure reçoit,
,, Vn vent plus incertain ſur l'onde ne ſe jouë,
,, Que fortune mouuant ſon inconſtante rouë.
Cirus nous a vaincus, peut-eſtre que tantoſt,
Il ne reſtera rien deuant nous de ſon oſt,
,, Le ſort, autant que Mars aux batailles preſide,
,, Et le pouuons loyal épréuuer de perfide.

PANTHEE.

Qui ſe verroit encor des bataillons ſur piez,
Toucheroit vn ſecours de puiſſance aliez,
Reprendroit abatu le courage d'Anthée ?
Tu n'aurois de ſujet de croire ta Panthée,
D'admetre ſon auis funeſte à tes lauriers,
Mais la terre engloutit la fleur de nos guerriers

TRAGEDIE. 185

Aucun n'est demeuré capable de deffence,
Il ne reste à nos yeux qu'une orpheline enfance,
Qu'un nombre langoureux de vieillars décrepits,
Nos voisins sont de crainte en leur borne tapis,
Qui tâchent d'écarter ce tenebreux nuage,
Plutost que l'atirer chacun dessus sa plage.

ABRADATE.
„ L'extremité produit de merueilleux effets.

PANTHEE.
Non pas chez des captifs entierement deffaits,
Abandonnez du Ciel, & du secours des hommes,
Totalement perdus, ainsy comme nous sommes.

ABRADATE.
Au pis, nous auons plus d'honneur à nous ranger
En la sujetion du plus vil étranger,
Seruir la cruauté des peuples de Borée,
Celle des Nasamons en l'Afrique alterée,
Que de preter le col, au felon rauisseur
De notre liberté.

PANTHEE.
C'est pourtant le plus seur,
Tu appelles felon qui hait la felonnie,
Qui n'a de cruauté sa victoire ternie,
Qui combat pour la gloire, & non pour le butin,
Mõ heur, par le saint nœu qui ioint notre destin,
Par la premiere ardeur de nos iugales flames,
Par l'immuable amour qui vit dedans nos âmes,
Par la compassion des trauaux endurez,

Par ma iuste priere, & ces yeux éplorez,
Laisse-toy, laisse-toy fléchir à ma poursuite,
Embrasse vne fortune égale à ton merite,
C'est elle qui te prie, elle qui te semond,
Qui te veut établir d'vn grand Roy le second,
Ce faisant mon espoir tu gaignes en ta perte,
Notre prosperité au triple recouuerte,
Tu nous mets à l'abry de l'orage grondant,
Et ne peus encourir blâme que de prudent.

ABRADATE.
I'apréhende des Dieux la colere future.

PANTHEE.
Vne irresolution t'imprime cét augure,
Imaginant de crime où il n'y en a point,
Pourueu que tu me sois exorable en ce point,
Sans crainte dessur moy ie chargeray leur haine,
Permets que vers le Roy de ce pas ie te meine,
Plus ioyeux de t'auoir à son seruice aquis,
Que qui luy donneroit le tresor plus exquis.

ABRADATE.
Ha! que de ton pouuoir enuers moy tu abuses,
On m'a beau pallier ce changement d'excuses,
De moy, ie ne croy point qu'il puisse prosperer,
Où sa prosperité ne doit long tems durer.

ACTE IV.

PANTHEE, NOVRICE, MESSAGER, CIRVS.

SCENE I.

PANTHEE, NOVRICE.
PANTHEE.

TRemblotante d'effroy nourice, ie trépasse,
Mes membres dénoüez me deuiennent de glace,
Mes poumons haletans me refusent la vois,
Ie suis comme vne fueille en la cime d'vn bois,
Sujette à tous les vents, qui de fortes aleines,
Enterrent sa verdure en leurs ombreuses plaines;
Pour neant ie m'essaye à rompre ce soupçon,
Il me reuient suiuy d'vne horrible frisson,
Comme qui du Soleil couperoit la lumiere,
Apres l'ombre écartée elle retourne entiere,
Helas! pauure Abradate, il y va de ta mort,
Ma peur est le vouloir prophetique du sort.
NOVRICE.
Notre felicité ressemble insatiable,
Vn gouffre qui deuore en son creux effroyable,
Tout indifferament, & ne peut inhumain,

Etancher acoisé son implacable faim,
Nous la mepriserons au comble paruenüe,
Voilà pourquoy plusieurs ne l'ont guere tenüe,
Ingrats enuers les Dieux, qui ne sceurent vser,
De leurs dons, comme il faut, & sans en abuser:
Dites-moy desormais le sujet de vos plaintes,
Dessur quoy vous fondez ces volōtaires craintes,
En liberté remise, Abradate auiourd'huy,
A peine reconnoist Cirus plus grand que luy,
Chef d'vne belle armée il commande, il dispose
De tout ce qu'il luy plaist, sans qu'aucū s'y oppose:
Nous n'atendons que l'heure à le voir retourner
Vainceur des Lydiens, à le voir couronner!
Admiré, caressé plus qu'il ne l'est encore,
D'vn Monarque étranger, qui sa valeur adore,
Sont-ce là des sujets de nouuelles douleurs?

PANTHEE.

,, L'épine suit l'odeur des plus aymables fleurs,
,, L'apparence du bien d'ordinaire nous trompe,
Ce superbe appareil d'vne guerriere pompe,
Les faueurs de Cirus ne l'empécheront pas,
(Si Cloton le vouloit) de courir au trépas!
Si Cloton le vouloit? hà! nourice, ie pâme,
Pour l'aprehension que i'en ay dedans l'âme.

NOVRICE.

Quel presage auriez vous qu'vne extrême amitié?
Qu'vn desir de courir apres vôtre moitié?
Ne bouger de ses bras, de son sein, de sa bouche,

TRAGEDIE.

Mais l'hôneur le defend, & de plus pres luy touche.
PANTHEE.
Mon presage consiste en divers incidens,
Qui nous vont un malheur notable precedens,
La propre nuit qui fut derniere à mes delices,
Jaçoit que diverty d'amoureuses blandices,
Il emplissoit le lit de sanglots continus,
Ignorant le motif dont ils estoient venus;
Maintefois i'informay leur source douloureuse,
M'attachay supliante à sa lèvre amoureuse,
Il ne sçeut que resoudre autre chose, sinon,
L'envie qu'à son heur portoit quelque demon,
Et ce peu de remors qui restoit en son âme,
D'aquerir des grandeurs reprochables de blâme;
Consolant au moins mal sa tristesse, un sommeil,
L'un à l'autre enlacez nous enveloppa l'œil,
Quasy iusques au point que l'aube retournée,
Laisse de son Tithon la couche infortunée,
Que l'oiseau vigilant nous ameine le iour,
Que Morphée chez nous fait un nouueau seiour,
Et qu'il ouure la porte aux songes prophetiques,
Aux songes, predisans les malheurs domestiques!
Lors une gresle voix telle que des esprits,
Sa clameur en ces mots à peu pres a compris:
Soûle-toy de plaisirs, desastreuse Panthée,
Tandis que tu en as la moisson souhaitée,
Caresse ton époux pour la derniere fois,
Vaincœur sa braue mort couronne ses exploits,

Tu ne le reuerras qu'aux plaines Elisées,
Où se reüniront vos âmes diuisées,
Les vierges de l'Erebe ont decreté sa mort,
Il faut que les mortels fléchissent à leur sort:
Pren son dernier Adieu, represse-luy la léure;
A ces mots éueillée en vne ardente fiévre,
Peureuse i'obeïs à son commandement,
De mes pleurs arousant Abradate dormant.

NOVRICE.

Vne conception de crainte en la pensée,
Vous a cette figure au sommeil retracée,
Rien n'est de plus frequent, ny moins à redouter,
Et n'auez en cela dequoy vous atrister.

PANTHEE.

Aussy n'ay-ie reçeu d'vne ombre deceuante,
L'augure infortuné qui le plus m'épouuante,
Maint prodige d'ailleurs conforme à ce malheur,
Augmente y repensant ma craintiue douleur!
Ie sentis à l'adieu sa bouche estre de glace,
Vne froide sueur luy couloit par la face,
Les cheueux herissez luy demeurerent drois,
Et aux extrémitez ses membres furent frois.
Reuenu de ce spasme il me dit à l'oreille,
Quelque accident nouueau le Ciel nous apareille,
Ie n'espere iamais, mon âme te reuoir,
Adonc il fuit mes yeux disposez à pluuoir,
Me contristay-ie à tort, rapportant ce presage,
Capable d'ébranler le plus ferme courage?

TRAGEDIE.
NOVRICE.

,, Notre caduque vie a son cours ordoné,
,, Les Parques ont pouuoir sur tout ce qui est né,
,, Se moquent de nos soins, & de nos deffiances,
,, Trompent quand il leur plaist nos foles pré-
nouyances,
Atrapent de leurs dars notre terme expiré,
Si qu'ayant là dessus vn siecle soupiré,
Vous ne reuoquerez leur sentence fatale,
Fussiez-vous cent fois plus qu'vne Alceste loyale?
Monseigneur est mortel, tributaire à Charon,
Qui dedans mesme nef, & d'vn mesme auiron,
Trauerse les pasteurs, & les Roys de la terre,
Faites donc que ce düeil importun se resserre,
Atendez constamment ce qui doit auenir,
Et que l'on ne sçauroit nullement preuenir.

PANTHEE.

Oüy, oüy ie l'atendray, ie proteste d'atendre
Le succes de ton sort, Abradate, & le prendre,
Toy viuant ie viuray, où, butin du trepas,
L'vniuers de mourir ne m'empécheroit pas,
Tes beaux iours moissonez d'vne lame sanglante,
I'armeray contre moy cette main violente,
Afin que notre vie impassible au discord,
Le tombeau nous conserue vn mutuel accord.

SCENE II.
MESSAGER, CIRVS,
MESSAGER.

O Funebre accident, ô funeste victoire,
O que l'homme poussé d'un aiguillon de gloire,
Souuent se précipite, & s'accable souuent,
Sous le faix, des honneurs qu'il aloit poursuiuāt:
Abradate apres mille en sert de témoignage,
Car fortune n'en veut qu'aux hōmes de courage.

CIRVS, ET SA SVITE,
CIRVS.

Qve dit ce messager éperdu de douleur?
Il nous sera sans doute arriué du malheur,
Déclare librement le sujet qui t'ameine.
MESSAGER,
De ioye, & de tristesse, vne nouuelle pleine,
CIRVS.
Comment se fait cela?
MESSAGER,
Les Lydiens batus,
Nous coûtent vn Heros immortel en vertus.
CIRVS.

Abradate

TRAGEDIE.

Abradate est donc mort?
MESSAGER.
Sa vaillance excessiue,
De la belle clarté de notre iour le priue.
CIRVS.
O chetif Abradate? helas! que ie te plains,
Que d'vn profond regret mon âme tu atteins,
Toy, ne laisse de faire vn discours qui déduise,
Le succez plus au long de toute l'entreprise.
MESSAGER.
Deux iours s'estoient passez que l'ennemy plus fort,
En nombre de soldats campoit à l'autre bord,
Resolus d'empécher à viue force d'armes,
Le passage du Tage à nos braues gendarmes:
Tandis, on reconnut les plus gueables lieux,
Vn lieu propre sondé se découure à nos yeux,
Où du fleuue élargy, la course diminuë
Les riuages d'autour sur l'areine menuë:
Abradate, à ce coup encourage ses gens,
Dés le premier signal à marcher diligens,
L'ordre en estoit ainsy, au front de la bataille,
Afin qu'à fendre l'eau le picton ne trauaille,
On met les chariots coste à coste enchainez,
De coursiers genereux facilement trainez,
Par le flanc, soutenus de la caualerie,
Vne clameur soudaine excite la furie,
Que l'ennemy renuoye, effroyé neantmoins,

N

D'auoir de notre ardeur de si presens témoins.
Ainsy qu'à l'autre bord notre troupe s'aproche,
Vne gresle de dars l'aduersaire décoche,
Sifflans de sons aigus dans le vuide de l'air,
La nuit semble en plein iour sur nos yeux deualer,
Surmontant toutesfois le peril & l'encombre,
Animez nous marchons sous leurs flèches à l'ombre,
Nous heurtons l'ennemy qui la riue bordoit,
Et de coups, & de cris son abord deffendoit,
L'vn tombe renuersé dans l'onde ensanglantée,
L'autre prend terre, aydé d'vne force indomtée,
La mort court par les rangs que son dard éclaircit,
A l'vn & l'autre camp le courage grossit,
Et comme deux forts vents combattent sur les Ondes,
A qui sera vaincueur de leurs vagues profondes,
Ainsy fut la victoire égale, iusqu'à tant
Qu'Abradate, en son charvail lamment cōbatant,
Encourage ses gens, d'effet & de langage,
Faut-il (voicy ces mots) demeurer dauantage,
Inuincibles guerriers, à vaincre l'ennemy,
Dés-ja de votre los vaincu plus qu'à demy?
Ces Lydiens, ne sont que des femmes armées
De desespoir, & non de fureur animées,
Mourons donc mes amis plutost que rebrousser,
Et plutost qu'à ce coup leurs scadrons n'enfoncer.
L'effet suit la parole, il pousse à toute bride,

TRAGEDIE.

Son char dedans leur gros, qui luy cede timide,
Et reculant, fait place au foudre de ses coups,
Emeuz d'un saint deuoir nous le suiuismes tous,
Tous, flanc à flanc rangez en ordre de bataille,
Luy poussé de furie, incessamment chamaille,
Amasse sous son fer de grands piles de corps,
Comme au mois de Iuillet nous remarquons, alors
Que sous le fer tranchant de sa faux acérée,
Le païsan détruit les honneurs d'une prée,
Les amasse en sillons, au labeur endurcy :
Abradate fauchoit les Lydiens ainsy,
En fin honteux qu'un homme aportât cet es-
    clandre,
Ils font ferme, & dés-ja resolus de l'attendre,
L'enuironnent, qu'il n'a qu'à sa vertu recours,
Qu'en l'effort de son bras n'implore de secours!
Par dessus le pouuoir d'une humaine puissance!
De pareille façon qu'un sanglier qu'on relance,
Prest à l'extremité de rendre les abois,
Il deuore les chiens, les veneurs & les bois!
Ce magnanime chef, coup dessur coup moissonne,
Tout autant d'ennemis que le hazard luy donne,
Mais trop à son malheur, car de leur quantité,
Le char embarassé n'a plus d'agilité;
Luy demeure immobile, & l'écuyer adextre,
Ne le peut plus tourner à dextre n'a senestre.
CIRVS.
Ô funeste auanture, ô que l'homme vaillant,

A de peine à tenir vn courage boüillant,
Du frein de la prudence, & differer sa perte,
De l'appas de la gloire en vn peril offerte.
MESSAGER.
Voila, qu'enuironné d'vne gresle de dards,
Le bruit de son danger court entre nos soldars,
Qui marchent, inspirez d'vne indicible enuie,
De mourir tous ensemble, ou racheter sa vie,
Fondans sur l'ennemy, en fuite il se remet;
Mais d'arriuer à temps l'heure ne nous permet,
Outreperçé de coups il auoit rendu l'âme,
Dessous le chariot qui son maitre reclame,
Escuyer, & cheuaux ensemble trébuchez,
Et sur la terre morts hideusement couchez,
Aucuns priuez de chef, eussent perdu courage,
Où sa perte nous poind d'vne fureur de rage,
Quelle langue d'airain suffiroit d'exprimer,
Le carnage ennemy ? l'épouuantable mer
De son sang épanché, qui la campagne noye,
La faim du loup a plus de pitié de sa proye,
Que nous des Lydiens, & n'ût esté la nuit,
Iusques à vn, leur camp étoit à plat détruit.
CIRVS.
Ha! que nous obtenons vne chere victoire,
Le dommage souffert, en surpasse la gloire,
Les vaincus, ont sur nous dequoy se préualoir,
Helas! ils n'ont pas tant de sujet de douloir,
Amoindris du renfort d'vne vile canaille,

TRAGEDIE.

Nous, d'un chef excellent veufs en ceste bataille,
D'un, helas! qui pouuoit soulager à son tour,
Ce fardeau, qui le chef me presse nuit & iour:
Abradate, Abradate, vne ardeur de bien faire,
Couronne tes lauriers d'vn cyprés bustuaire,
Tu m'as voulu preuuer ce, dont ie ne doutois,
Pour vn honneur aquis tu te precipitois,
O traitres Lydiens, ma vengeance imparfaite,
Ne se contentera d'vne simple deffaite,
En personne, i'iray ses manes appaiser,
I'iray votre païs auec vous embraser,
Aucun ne restera qui ne traine vne vie,
Pire que mille morts la prouince asseruie,
 N'auez-vous pas le corps enleué de leur champ?

MESSAGER.

Son corps dedans vn char, à l'œil de tout le camp,
Se reconduit icy, entouré de trophées,
D'armes de l'ennemy richement étoffées,
Afin que sa valeur participe au butin,
Que sa vertu merite en dépit du destin.

CIRVS.

O iniuste destin, ta colere traitresse,
Ne deust, que les couards opprimer vengeresse,
Ne deust, que repurger d'opprobre l'Vniuers,
La valeur du sepulcre affranchir, & des vers:
Malgré ta cruauté par ce sceptre, ie iure
Conferer tant d'honneurs à ceste sepulture,
Que maints desireront sa vaillance imiter,

Nul ta desloyauté felonne redouter.

Tien l'accident secret, attendant que sa femme,
Ie puisse consoler, ô pauure, ô pauure Dame,
L'objet de tes tourmens à ce triste rapport,
Me fait plaindre deux fois le desastre du mort.

ACTE V.

PANTHEE, NOVRICE, CIRVS, ARASPE.

SCENE I.

PANTHEE, NOVRICE, PANTHEE.

Resoluë à la mort Abradate, n'espere
Que mes yeux sur ton corps versent vne riuiere,
Aux communes douleurs des larmes on répand,
Ce deuoir d'amitié vulgaire n'est pas grand,
Il n'approche celuy que la tienne merite,
Ains, mon trépas i'estime vne amende petite,
Comparant le forfait qu'horrible i'ay commis,
Moy, moy, qui te rendis les destins ennemis,
Moy, qui te fis pariure enuers notre patrie,
Qui troublay ton bon-heur, infernale furie,

TRAGEDIE.

Corrompis, de ta foy la pure chasteté,
Qui te portay coupable à cette impieté,
Pardonne-moy ma vie, helas! helas! pardonne,
Au mal-heureux effet d'vne volonté bonne,
Les animaux souuent étouffent leurs petis,
Qu'encor à peine au iour ils ne sont pas sortis,
Pour les idolatrer, & trop fort les étreindre,
Lors, vn pipeur espoir me deffendoit de craindre,
Lors, i'estois obligée à Cirus de l'honneur,
Chez qui tu n'as manqué, mourant, que de bon-
   heur,
Sa liberalité ne cause ta ruine,
C'est vne cruauté de la rancœur diuine,
Tes iours estoient bornez dans les chams Lydiens,
Comme sur ton sepulcre on a borné les miens;
Il est vray, que ma vie au prix est peu de chose,
Mais ce que i'ay plus cher ores ie te l'expose,
Ie t'accomplis le vœu que ie fis au depart,
De courre ta fortune & d'en tirer ma part,
Si mon sang n'est receu de placable victime,
Et que deuant Minos tu repetes mon crime,
Preparée aux tourmens plus affreux de l'enfer,
Aux foüets ensanglantez, aux flames, & au fer,
Il ne m'en chaut, pourueu que ie te satisface,
Pourueu, qu'ayant souffert ie regangne ta grace,
Pourueu, qu'apres ensemble à iamais reunis,
Nous puissions triompher de nos trauaux finis.
              NOVRICE,

Accordez quelque trefue à l'ennuy qui vous mi-
  ne,
Son sujet, perceroit vne roche aimantine,
Et la resolution du cœur plus asseuré,
Tels assauts sans gemir n'auroit onc enduré,
L'humanité, succombe à ces douleurs extrêmes,
Et doute, si les Dieux n'en feroient pas de mêmes!
Mais de perseuerer en regrets continus,
Ne se resoudre en fin des malheurs auenus,
Ressent son desespoir, montre vn lâche courage,
Voire, semble quasy meriter son dommage.

PANTHEE.

Mes regrets, tariront auant qu'il soit long tems,
Tu diras ma constance égale aux plus constans,
Iaçoit, que veu le mal sa plainte moderée,
Ressemble à vne mer nagueres colerée,
Qui petit à petit rasserene ses flots,
Mon dueil ainsy termine en de foibles sanglots,
Et dans peu, receura sa medecine entiere,
Puis que les pleurs aux morts ne rendent la lu-
  miere.

NOVRICE.

O genereux propos des bons Dieux inspiré,
,, Sauf vn meilleur aduis, i'eusse mieux desiré,
Votre absence du corps pendant les funerailles,
Qu'vn nouueau desespoir ne coule en vos entrail-
  les,
L'objet de la douleur en r'alume les pleurs,

TRAGEDIE.

Qu'on luy rende sans vous ses suprêmes honneurs.
PANTHEE.
Ce conseil impieux merite, de supplice
Autant, que qui seroit de ma perte complice,
Que crainte de laisser les pleurs accoutumez,
Ie trahisse l'honneur de ces manes aimez :
Que ma foy luy manquast & iustement à l'heure,
Qu'elle sent de la touche vne atteinte plus seure:
Va, ne m'en parle plus, infidele à mon los?
Par le milieu des dards, des flames, & des flots,
Abradate, i'iray trouuer ta sepulture,
La glace rebaiser de ta morte figure,
Te composer les yeux, mes soleils de iadis,
Qui luysent maintenant chez l'implacable dis!
Beaux yeux, ie vous supply ne leuer votre aurore,
Que ie ne sois là bas, afin que ie l'adore,
Ie ne reconnoy point de clarté que de vous,
L'autre soleil depuis ie ne voy qu'en courous.
NOVRICE.
Madame, on s'achemine à la pompe funebre,
D'autant plus que le Roy l'accompagne celebre,
Il vous signe de l'œil, triste de votre ennuy,
Allons le saluer & au deuant de luy.

SCENE II.

CIRVS, PANTHEE, ARASPE, LA SVITE.

CIRVS.

SI nos douleurs, qu'on plaint d'vne bouche commune,
Adouciſſent beaucoup le fiel de l'infortune,
La tienne maintenant, vertueuſe beauté,
Te doit diminuer de ſa grand' cruauté,
Que tu vois affliger vne puiſſante armée,
Qu'au creux de l'eſtomac ie porte renfermée,
Atteint d'vn tel regret, que i'atteſte les Cieux,
En auoir épanché des larmes de ſes yeux!
Tu y perds d'vn époux la moitié deſirable,
Moy, d'vn chef ſignalé la valleur memorable!
Ton dommage hormis le lien coniugal,
En ſon vaillant trépas au mien n'eſt pas égal!
O! qu'à ma volonté mille tinſſent ſa place,
Mais que ſeruent les vœux, il faut que cela paſſe,
,, Dés le premier rayon du ſoleil qui nous luit,
,, Nous courons au trépas, & la parque nous ſuit,
,, Mille & mille chemins en l'acheron nous rendent,
,, Et malgré leur vouloir tous les hõmes y tendẽt,

Au moins, en ton desastre auras-tu ce bon-heur,
Que ton vaillant époux, est mort au lit d'honeur,
Que veufue, un grand Monarque embrasse ta tutelle,
Appuy, plus asseuré qu'époux ou parentelle.
PANTHEE.
Ta magnanimité liberale suffit,
De l'effet ie ne veux en tirer de proufit,
Ie ne veux, & ne puis, & ne le dois pas faire,
Pour le peu que i'en ay dorenauant affaire.
CIRVS.
Le tems, ce desespoir violent lâchera,
PANTHEE.
Le tems, de mes desseins le cours n'empéchera.
CIRVS.
Quels desseins?
PANTHEE.
De ceder, à ma langueur maitresse.
CIRVS.
Ton cœur masle sera vaincœur de ma tristesse,
PANTHEE.
Ma pensée a franchy le plus perilleux saut,
Et plus des accidens du sort il ne luy chaut,
Mon vaisseau sans timon, sans antenne, sans proüe,
Ne sert plus que de proye à l'ennuy qui s'en ioüe!
CIRVS.
O Abradate, heureux d'une telle moitié,

Les siecles, n'ont point veu de si forte amitié.
PANTHEE.
Ie tiens, les amitiez legeres, & friuoles,
Qui ne donnent témoins plus forts que les paro-
les !
CIRVS.
L'heure du conuoy presse, allons donc acheuer.
PANTHEE.
De mon dernier soulas ne me veillez priuer.
CIRVS.
Que requiers-tu de nous ?
PANTHEE,
    Le loisir de me plaindre,
De froids embrassements ce pauure corps étraindre,
Pleurer dessus sa face & luy dire vn adieu,
Auparauant qu'il soit la victime du feu.
CIRVS.
Va, selon ton desir luy faire cet office.
ARASPE.
Sire, il y a danger que la fureur, ne glisse
Quelque sanglant complot, en ce cerueau mal sein,
Et que contre elle mesme elle n'arme sa main.
CIRVS.
Au contraire, les pleurs creueront ce nuage,
Rien tant vne douleur profonde ne soulage,
En ces debiles cœurs coustumiers de plorer,
Et l'extreme secours de leurs yeux implorer.
ARASPE.

TRAGEDIE. 205.

O Cieux quelle pitié, la voila contre terre,
Qui ce corps trépassé de ses deux bras enserre,
De douleur immobile, elle tâche à parler,
Sans pouuoir vn sanglot par la voix exhaler.

PANTHEE.

Relique de mon-heur, qui preste de décendre,
Au sepulchre, serez vne muette cendre,
Beau Soleil des vertus, que mon crime imprudent,
Pour iamais, fait plonger dedans son occident!
Apres, vn repentir qui m'a deuoré l'âme,
Apres, que de mon sang i'auray laué ce blâme,
Apres, l'effusion de mes larmes, apres
Mille, & mille, baisers finissant mes regrets:
Derechef, à genoux humble ie vous supplie,
Que ma peine future à la pitié vous plie,
Qu'il vous plaise, à ma mort votre haine borner,
Et qu'en grace auec vous ie puisse retourner,
Vaine ombre deuallée aux campagnes d'Elise,
Où la votre a trouué son heureuse franchise,
En doutay-ie craintiue? Abradate viuant
Alloit sa volonté par la mienne mouuant,
En deux corps nous n'estions qu'vne âme, vne pensée,
Il perdra le regret de sa vie laissée,
Pourueu que ie luy sois compagne en ces bas lieux:
Adieu, clairté du iour ennuieuse à mes yeux,
Adieu, plaisirs amers que le monde nous donne,
Adieu, fresles grandeurs ombres d'vne couronne,

Adieu, menteur espoir, espoir que nous seduis,
Afin de demeurer le butin des ennuis!
Ie trouue mon repos en l'éternel silence,
I'éprouue de ma mort douce la violence,
Pour vn si bon sujet, sus fidele poignard,
Tire moy de tourmens, de crainte, & de hazard.

NOVRICE.

Amis empechez-là, l'impiteuse se tuë,
Sa vieille trahison contr'-elle s'effectuë,
Aucun ne court helas! de merueille surpris,
Il semble qu'vn sommeil ensemble nous ait pris,
Mon soucy, mon espoir, mon nourrisson, ma vie,
Desistez d'accomplir ceste homicide enuie?
O tardiue priere il n'est plus tems; le sang
De sa playe desbonde, ainsi que d'vn estang,
Son âme, va sortir par ce large passage,
Vne pâleur mortelle a terny son visage,
Elle n'a plus de voix, elle n'a plus de pous,
O Cieux, assouuissez votre lâche courrous,
Sur ma teste chenuë, hé: que feray-ie au monde,
Mon espoir trébuché dedans la nuit profonde?

CIRVS.

O prodige execrable, Araspe ie deuois,
Croire plus préuoyant l'oracle de ta vois,
Que tu as mieux que moy fondé ta coniecture,
Mieux que moy, reconnu sa farouche nature,
Farouche? ha la vertu qui sa trame filla,
Tous ces gestes passez couronne en cestuy-là:

TRAGEDIE.

Miroir de chasteté, d'amour, & de constance,
Pour elle, l'vniuers n'a point de recompense?
La contraindre de viure estoit la torturer
Plus, qu'vn constant trépas qu'elle vient d'endurer,
Vne heure luy duroit vn siecle en ce martyre,
Aux abois de la mort plus contente, elle tire
Que le forçat lassé, découurant en la mer,
Vn port, qui luy promet iamais plus ne ramer.
Allez, vous reünir ensemble belles ombres,
Loin de soucis mortels, de miseres, d'encombres,
Sous les myrtbes sacrez, aux manes biē-heureux,
Recompensez, vos maux de baisers amoureux,
Que vostre faim toujours s'appaise d'ambrosie,
Et sans fin le nectar votre soif rassasie,
Que le peuple leger des esprits fortunez,
Vous adore, de fleurs richement couronnez,
Moy, qui vous ay perdus en l'auril de vos âges,
Enueloppé parmy les martiaux orages,
L'airain de mon regret des monumens si grands,
Que vous triompherez de l'iniure des ans?
Vn blanc marbre erigé, portera vos figures,
Inscrits de leurs beaux noms auec vos auantures,
Et d'encens châque année on les parfumera,
Cependant que Phœbus nos iours allumera?
Vous, faites dans demain que l'obseque on prepare,
Redoublé d'appareil, qui n'ait rien que de rare,
Qui réponde, superbe au merite passé,
Merite plus qu'humain de ce pair trépassé.

MELEAGRE,
Tragedie.

PAR ALEXANDRE
Hardy, Parisien.

ARGVMENT
de ceste Tragedie.

Diane offensée du mépris qu'Oenée, pere de Meleagre & Roy de Calydon, auoit fait de sa Deïté, enuoye vn sanglier de monstrueuse grandeur, qui rauage tout le païs. Meleagre donc, ne pouuant, nē par vœux enuers les immortels, ne par aucune humaine industrie, chasser ce fleau de son pays, a recours aux Argonautes ses anciens compagnons d'armes, qui sous la conduite de Thesée, se resoluent à la conqueste du sanglier. Atalante cependant vierge des plus belles, & endurcie au trauail de la chasse, se trouue à l'assemblée, auec resolution de participer à la gloire de tel exploit, ils vont de compagnie forcer la beste iusqu'en son repaire, laquelle apres vne merueilleuse resistance, meurtre d'hommes, & de chiens, est atteinte du dard d'Atalante en la hure; Meleagre la seconde, donnant le coup mortel au sanglier. La chasse faite, le pris de vaillance d'vne commune voix s'adiuge, & se porte à la belle Atalante, ce qui conçoit vne telle jalousie d'honneur aux oncles du Roy, qu'ils le luy vont arracher de viue force. La Vierge en fait sa plainte au Roy, qui sur le refus d'vne promte restitution tuë ses oncles, épousant Atalante. Ce meurtre offense tellement Altée mere du Roy, qu'elle conspire la mort de son fils, & par le moyen du tison fatal, auquel estoit attaché le destin de la vie de Meleagre, effectuë sa mauuaise volonté, ce qui finit la Tragedie.

LES ACTEVRS.

MELEAGRE.
ARISTANDRE.
CHOEVR DE PEVPLE.
TROVPE DE PAYSANS.
I. VENEVR.
II. VENEVR.
ATALANTE.
CHOEVR DE FILLES.
THESE'E.
PIRITHOIS.
LYNCE'E.
PLEXIPPE.
TOXE'E.
IDMON.
ALTE'E.
NOVRICE.
CHOEVR.
MESSAGER.

MELEAGRE, TRAGEDIE.

ACTE I.

MELEAGRE, ARISTANDRE, CHOEVR DE PEVPLE, TROVPE DE PAYSANS, I. Veneur.

MELEAGRE.

ILLE de Iupiter, Déeſſe trois
  fois grande,
Au Ciel, dans les foreſts, & où
  Pluton commande,
Diane, deſormais fléchible, pren
  pitié,
D'vn peuple, pour ſon Roy trop long tems châtié.

O iij

Benigne fay cesser ta vengeance effroyable,
Qu'exerce dessur nous ce monstre impitoyable,
Ce sanglier qui remplit la prouince d'horreur,
Qui d'un monde englouty ne borne sa fureur.
   Helas! l'impieté du mépris de mon pere,
Tes honneurs oubliez alluma ta colere,
Les siens, & luy, punis de l'offence à bon droit,
Car qui plus autrement des mortels te craindroit?
Poursuiure toutefois ne conuient pas à celle,
Qu'oblige à la clemence un titre de pucelle,
Saturne des humains dissipe la rancœur,
Te peut la tienne donc demeurer sur le cœur?
Mesme apres ne sçauoir offrande, ny victime,
Qui puisse plus lauer l'enormité du crime,
Apres mainte hecatombe, outre le sang humain,
Qu'épanche l'animal implacable de faim,
O Vierge Latoïde, ô puissance premiere,
A qui nous deuons tous la celeste lumiere,
Retire ce fleau, qui tache funereux,
D'un diffame éternel mon regne malheureux!
Où mon peuple affranchy, détourne sur ma teste,
Les suprêmes efforts de l'outrageuse beste,
Repete sur moy seul, comme plus criminel,
Qui me voüe au païs le delit paternel.

ARISTANDRE.

Plus le pilote expert voit s'accroître l'orage,
D'autant sçait-il mesler l'industrie au courage,
Sa constance redouble, ainsy que le danger,

TRAGEDIE.

Et ne sçauroit la peur où chez luy se ranger!
Imitez-le grand Roy vostre vertu montrée,
En chose digne d'elle à propos rencontrée,
Sans doute qu'on deuoit selon l'ordre tenu,
Tel malheur du courroux celeste prouenu,
N'épargner aucuns vœux, sacrifice, priere,
Capable d'amolir la Diue forestiere,
Remedes appliquez en leur propre saison,
Mais il faut que l'effet succede à l'oraison;
Quiconque attend oisif l'assistance diuine,
Ne la merite pas, amy de sa ruine,
Sire, il faut employer l'artifice, & l'effort,
Qui desire exaucé, mettre le monstre à mort.

MELEAGRE.

Las! où la Deïté nos malheurs fauorise,
Toujours trop d'aliment nourit leur flâme éprise,
On a beau se deffendre, on a beau rechercher,
Dequoy pouuoir le flus d'vn torrent empescher,
Qui dissipe, qui pert, qui se trouue passage,
Parmy la préuoyance aueugle du plus sage!
Ainsy froisse les dards, les veneurs, & les rets,
Ce sanglier qui n'a plus son repaire aux forests,
Qui s'ose impunément iusqu'aux portes des villes,
Exiger vn tribut sur leurs troupes seruiles;
L'ineuitable parque accompagne ses pas,
Mon Empire, & ma gloire enuoyez au trépas,
Hé! qui iamais eust creu les natures celestes,
Nourir si longuement des rancœurs si funestes?

O iiij

O déplorable Prince, ô trop inique sort,
Vn peuple aporte icy ses plaintes de renfort.

CHOEVR DE PEVPLE.

Pere comun des tiens, Monarque magnanime,
Vueille faire cesser le mal qui les opprime,
Ce mal qui vagabond assiege nos citez,
Priue les habitans de leurs necessitez,
Interdit le commerce, épouuentez de sorte,
Qu'il n'y a contre luy forteresse assez forte,
Que l'horreur de ce monstre empreinte au sou-
　uenir,
La prouince vn desert rendroit à l'auenir,
Chacun qui çà, qui là, minutant sa retraite,
Où il la iuge en lieu de sauueté distraite,
Or dois-tu vray pasteur, ton troupeau secourir,
A l'extrême réduit, sur le point de mourir.

MELEAGRE.

Chetifs ! l'affliction vous ôte la prudence,
Telle plainte vers moy coupable d'imprudence,
Qui l'Empire attaqué de voisins ennemis,
Où le iuste combat d'homme, à homme, permis,
Dés long tems, dés long tems, ma vie abandonée,
Eusse au bien du païs salutaire donée,
Mon desir brûle apres ce dessein vertueux,
Que le cruel destin me rend infructueux :
Toutefois chers amis, la bonne conscience,

TRAGEDIE. 217

M'asseure que dans peu (munis de patience)
Vn secours employé qui surpasse l'humain,
Ioyeux vous brisera ce seruage inhumain,
Et possible premier que le flambeau celeste,
Mais? quel spectacle encor nous arriue moleste,
D'vne troupe champestre effroyable de pleurs?
Indice plus que vray témoignant ses malheurs.

TROVPE DE PAYSANS.

Plaise à ta Majesté, ne souffrir dauantage,
Qu'vn fier hôte infernal gâte son heritage,
Plusieurs sans resistance, épars diuersement,
Et de qui le trauail est le seul pensement,
Desesperez d'auoir toujours perte sur perte,
Sont contraints de quitter la prouince deserte,
Prouince que viendra la famine engloutir,
Où nul n'ose l'enclos de ses Lares sortir,
Lares impunément violez à toute heure,
Du monstre carnacier qui fait que chacun pleure,
Qui vient les nouriçons aux meres arracher,
Mortes de ses regards lancez à l'aprocher.
Quiconque d'entre nous ose prendre les armes,
Ne faisant rien qu'acroistre & la perte, & les lar-
   mes,
Si qu'au lieu de l'espoir de la blonde Ceres,
Les steriles chardons herissent nos guerets,
Bacchus sur les cotaux languit la teste basse,

Sans qu'aucun le seruice acoutumé luy face;
Helas! qui le pourroit? l'image du trépas,
Presente, inseparable, vnie à chaque pas.
 Ren nous donc, ô grand Roy, la franchise premiere,
Où te cherche qui plus habite vn cœmetiere,
Pareille extrémité dispense du deuoir,
Au cas que ton secours n'auise d'y pouruoir.

MELEAGRE.

Releuez-vous enfans, d'espoir, & de courage,
Vn beau soleil plus gay, va luire apres l'orage,
Qui ce foudre pouuoit décoché retenir:
Qui des mortels parer aux coups de l'auenir?
Nul certes, le destin maitre absolu, dispose,
,, De l'Empire des Roys, qu'il couronne, & dépose.
Sa iustice expiant le crime paternel,
Ne reserue vn courrous de rancœur éternel;
Desormais elle a pris excessiue l'vsure,
Ce feu meurt à present, faute de nouriture,
Autre dificulté plus grande ne me tient,
,, A qui du monstre occis la victoire apartient,
Sinon ioints d'arrester sa fuite vagabonde,
Chacun donc vigilant à l'enuy me seconde,
Chacun des mariniers le bel ordre suiuant,
Patron me reconnoisse à ce grand coup de vent,
Sans murmure obeisse, & sans plus entreprendre,
Que ne veut notre oracle, à peine de méprendre.

CHOEVR DE PEVPLE.

Quiconque à ce deuoir impieux contredit,
Soit du moteur suprême, & des hommes maudit,
Quiconque, épargnera sa fortune, où sa vie,
Puisse, l'âme aux enfers criminelle rauie,
De memoire execrable à la posterité,
Receuoir vn supplice éternel merité.

TROVPE DE PAYSANS.

Bien que notre industrie à cultiuer la terre,
L'vsage n'ait apris des outils de la guerre,
Propres à conquerir ce brutal ennemy,
Nul pourtant ne voudroit paroitre homme à demy,
Nul, où la Majesté du Prince se hazarde,
Montrer d'aucune peur l'aparence coüarde,
Plus digne ocasion ne se peut onc offrir,
Plus digne, où le trépas, volontaire souffrir.

MELEAGRE.

Telle émulation de vertu me contente:
Or preparez ensemble à vne brêue atente,
Chacun paisiblement se retire chez soy,
Nos veneurs de retour à propos i'apperçoy,
Qui possible auront mieux la beste reconnuë,
Comme tout au labeur cede à la continuë,
Et bien? quelle nouuelle? auons-nous découuert,

Vn chemin deſormais à la victoire ouuert?
I. VENEVR.
L'animal effroyable en ſon eſpece enorme,
Surpaſſe des ſangliers la nature, & la forme,
Qui ne ſçauroit de l'œil eſtre aſſez admiré,
Haut, quartanier, & plus, oüy bien plus que miré,
Sa hure vne foreſt ombrageuſe reſſemble,
N'eſtant à ſon mouuoir ſi braue qui ne tremble,
Deſſous chaque paupiere vn tiſon furieux,
Toujours étincelant luy compoſe les yeux,
Quelque cheſne vieillard qu'imprime ſa deffence,
S'enſuit comme du foudre vne mortelle offence,
Vous-mêmes l'ayons veu par maniere d'ébat,
Déchirer vn lion aggreſſeur du combat,
Son ſoufle, bruit plus fort qu'vne forte tourmente,
Et jadis le pareil es foreſts d'Erymanthe,
Sous Alcide broncha, ce demy-Dieu vaincœur,
Que le Tonant fournit de forces, & de cœur.
MELEAGRE.
Préoccupez d'effroy, ce rapport peu fidelle,
Ne touche au principal du ſoin qui me martelle,
Sur les bauges inſtruit, où ſur l'endroit celant,
(Repaire accoutumé) l'animal violent,
Nul n'ignore que là giſt le nœu de l'affaire,
Qu'il faut voir l'ennemy, premier que le défaire.
II. VENEVR.
Hors du cours naturel, conçeu prodigieux,
Chaque action chez luy nous éblouït les yeux,

TRAGÉDIE.

Aucuns secrets appris du métier de la chasse,
Non quand vn Orion tiendroit la même place,
Ne le reconnoitroit qui vague sans égard,
Et giste, où sa fureur s'adonne de hazard.

MELEAGRE.

L'œuure laborieux ma presence demande,
Bel œuure qu'à vn Roy la pieté commande,
Oeuure dont i'ayme mieux la gloire disperser,
Que de ne rien étraindre à force d'embrasser :
Aristandre, va donc exercer ta faconde,
Chez la fleur des vaillants qui decore le monde,
De ces preux Myniens, qui la riche toison,
Conquirent auec moy au Thessale Iason :
Accepte Ambassadeur vn offre magnanime,
D'affranchir le païs du fleau qui l'oprime,
Accepte necessaire vn secours étranger,
A qui ma main premiere écarte le danger,
A qui l'extrémité communique ma gloire,
Honteux qu'vne si basse, & brutale victoire,
Profane la valeur des fils de Iupiter,
Mais le destin nous veut iusques-là mal-traiter.

ARISTANDRE.

Vn Prince vertueux n'obscurcit sa loüange,
Où la necessité à ce party le range,
D'employer les amis capables reconnus,
Et ne luy en sont pas ses peuples moins tenus,
Qui moissonnent le fruit d'vne volonté bonne,
Qui le voyent premier aux effets en personne;

Ainsy le bon pasteur contraint reclamera,
La troupe des voisins qui promte s'armera,
Et du loup combatu la gloire luy demeure,
Bien qu'accablé parmy la multitude il meure:
Sire, pareil honneur ce bel exploit attend,
Or vay-ie du deuoir enchargé m'aquitant.

MELEAGRE.

Afin que l'entreprise heureuse nous succede,
I'entens qu'vn sacrifice à Diane précede,
Seule propiciable entre les immortels,
Que mainte pure hostie arrouse ses autels:
Sans desister, auant qu'és entrailles on lise,
Vn signe fauorable à la chasse entreprise:
Vous autres derechef, & promts, & vigilans,
Ce foudre découuert à ses pas violens,
Toute difficulté, toute demeure ôtée,
Ne faudrez de donner l'adresse souhaitée,
Quiconque plus expert fera mieux son deuoir,
Vn salaire Royal certain de receuoir.

TRAGEDIE.

ACTE II.

ATALANTE, CHOEUR DE FILLES, THESEE, MELEAGRE, PIRITHOIS, LINCE'E, PLEXIPE, TOXE'E.

SCENE I.

ATALANTE, CHOEUR DE FILLES.

ATALANTE.

Compagnes, n'estimez qu'où la gloire con-
uie,
Ie refuse iamais de prodiguer ma vie,
Atalante chez elle a pris son élément,
Si bien qu'on ne l'en peut separer nullement,
L'aiguille, & le fuseau, feminins exercices,
Où comme d'autres font courtiser les delices,
Non, certes, notre humeur n'y sçauroit consentir,
Oisiue ne sçauroit ces Sereines sentir,
Sous ne sçay quel aspect genereusement née,
Depuis l'âge plus tendre à la chasse adonée,
Que Diane endurcit aux robustes ébats,
Qui par fois les lions affrontez mettent bas,

MELEAGRE,

Qui m'obtiennent apres la Déesse vn Empire,
Des hostes bocagers, seul bon-heur où i'aspire.
Quelle apparence donc, vn braue los aquis,
De ne prétendre pas à ce laurier exquis ?
Laurier que ne dispute vne ignoble commune,
Mais la fleur des guerriers, qui fut malgré Neptu-
   ne,
Iusqu'aux bords Phasiens conquerir la toison:
Resoluë, ma gloire est ma seule raison,
Qui ne treuueroit onc objet plus digne d'elle,
Qui vous veut consacrer vn vertueux modelle,
Où succombant au faix, n'importe, mon trépas
Sans honneurs immortels ne demeurera pas.

CHOEVR DE FILLES.

Merueille de nos iours, que l'vniuers adore,
Phœnix que la vertu ne sçauroit plus éclore,
Réprime ce desir tes forces excédant,
N'obscurcy la clairté du renom précédent.
Temeraire tenter l'impossible, n'apporte,
Qu'vn honteux repentir au dessein qui auorte,
Consulte ta prudence, ô Vierge derechef,
Premier que d'encourir le suprême méchef,
Ce monstre qui les cœurs plus genereux effroye,
A qui tout vn païs tantost demeure en proye,
T'engloutiroit, ainsy que le lion cruel,
Quelque biche legere opposée en duel.

                       ATALAN-

TRAGÉDIE.
ATALANTE.

La grandeur du peril m'augmente le courage,
Qui souuent les sangliers à l'écumeuse rage,
Transperce roides morts sur l'herbage étendus,
Peu, où point, de mes dars inutiles perdus,
Vn populaire bruit le figure indomtable,
Sujet qui me le rend beaucoup moins redoutable,
Car ce fangeux amas s'épouuente d'vn rien,
De ma part incredule à l'épreuue ie vien.

CHOEVR.

Helas! mille ont passé l'irrepassable fleuue,
Qui trop auantureux firent la même épreuue,
Qui vous seruent d'exemple, & deussent empé-
  cher,
De perdre ce qu'on tient au monde le plus cher.

ATALANTE.

,, Cloton mire plutost la personne coüarde,
,, Que celle qui sans crainte au peril se hazarde.

CHOEVR.

Au soldat furieux conuiennent ces propos,
Vne Vierge ne doit cherir que le repos.

ATALANTE.

,, La vertu paroist mieux en vne âme debile,
,, Quand elle vient à bout d'vn exploit difficile.

CHOEVR

,, La vertu paroist mieux quand sage on se contient,
,, Et que dessous son joug la nature nous tient,

P

ATALANTE.
Erreur de l'estimer maratre, qui deffende,
A nous autres l'effet d'vne entreprise grande.
CHOEVR.
Qui croira que iamais l'amoureuse Cypris,
Ait le métier de Mars homicide entrepris?
ATALANTE.
Qu'aux simples animaux ma guerre ne s'adresse,
Où peu d'autres possible égalent mon adresse.
CHOEVR.
Mais icy le danger surmonte le plaisir,
Que legitime on doit à la chasse choisir.
ATALANTE.
Ce bras l'écartera, Diane reclamée,
Propice Deité qui m'a toujours aymée,
Qui me ramenera le front ceint de laurier,
Adieu, l'heure m'apelle à cet ébat guerrier.
CHOEVR.
O vaine ambition, pernicieuse audace,
Qui herisse mon chef, & les veines me glace,
En la perdant, mes sœurs, notre chaste troupeau,
Pert ce qu'il eut jadis d'admirable, & de beau,
Pareilles desormais au rosier qu'on méprise,
Sa plus vermeille fleur du Scyrien surprise.
Demeure opiniâtre, & ne te vueille pas,
De loüange affamée apporter le trépas:
Sourde, un tan genereux la semble forcenée,
Pousser bon-gré, mal-gré, deuers sa destinée,

Si que ne pouuant plus autre chose de mieux,
Que le zele dans l'âme, & les larmes aux yeux,
Implorer ta grandeur, ô claire Cinthienne,
Qu'ores de son salut quelque soucy te tienne,
Conserue-là, Déesse, & franche de méchef,
Nos saints vœux exaucez, luy couronne le chef.

SCENE II.

THESE'E, MELEAGRE, PIRITHOIS, LINCE'E, PLE-XIPE, TOXE'E, ATALANTE, VENEVR.

THESE'E.

Venus à ton secours, iuge si telle bande,
Peut le monstre deffait accomplir ta demande,
Iuge si chez Neptune, où chez le Roy des morts,
Aucun se treueroit digne de ses efforts,
L'vniuers me connoist leur fleau redoutable,
Pourquoy donc employer que ma dextre indomtable?
Thesée combatant, reposez-vous amis,
Fussent les infernaux, & les Cieux ennemis,
Ma dextre se promet vne victoire entiere,
Où ie perdray vaincu l'honneur, & la lumiere,

Les perdre en un exploit qui peu laborieux,
Semble notre pouuoir bleçer iniurieux.

MELEAGRE.

A mon grand deshoneur la rancune celeste,
Paroist en ce seul point plus inique, & moleste,
M'afflige malheureux dauantage, reduit,
A me tenir vaincu de l'ennemy qui fuit,
M'implorer du secours sans moyen, sans espace,
D'opposer son courage à ce foudre qui passe:
Autrement Iupiter, tu me seras témoin,
Que ià vaincœur où mort les armes dans le poin,
La pointe du peril emporteroit éleuë,
Ma premiere loüange aux neueux impoluë:
,, Quiconque à ce sujet refuse le trépas,
,, Trahit le nom de Roy qu'il ne merite pas.

PIRITHOIS.

Monarque Ætolien ta valeur indomtée,
Au suprême degré de la gloire montée,
Ne se peut reuoquer en doute nullement,
Chez ceux que même aspect influë egalement,
Chez ceux que tu as eus compagnons de fortune,
Quand la premiere nef triompha de Neptune;
Nous sçauons que la peur de ta presence fuit,
Qu'un brutal aduersaire en trahison te nuit;
Or me feray-ie fort sa retraite conneuë,
De luy clôre les yeux d'une éternelle nuë,
Ton labeur épargné, braue Cecropien,
Le chef-d'œuure second du pere Olimpien,

TRAGEDIE.

LINCE'E.

Pourueu que seurement conduit dessur ses erres,
L'épaisseur des forests, ne distance de terres,
Ne ruse, que sçauroit l'animal employer,
Mon œil qui perce tout ne sçauroit fouruoyer.
Découuert vne fois, au peril de la teste,
Lincée ose pléger certaine sa conqueste,
Du plutost que miré, que receu pour objet,
Diane l'abandone à la parque sujet.

PLEXIPE.

Entre ces clairs soleils de vaillance guerriere,
L'honneur ne nous permet de demeurer derriere,
Vnis à la couronne, à qui le même sang,
Peut selon l'ordre vn iour donner le même rang:
Mon frere, que chacun destine là sa vie,
D'vne gloire en la mort immortelle suiuie.

TOXE'E.

Le cheual genereux en la plaine piquer,
Est sa peine, dit-on, superfluë apliquer,
Ainsy, n'ay-ie besoin, qu'exemple, où que langage,
Autre que le deuoir à ce combat m'engage;
Heureux si le païs épreuue mon amour,
Que qui me le donna me répete le iour.

THESEE.

Telle émulation de bien faire, m'asseure,
Comme aquise dé-ja nôtre victoire seure,
Que n'executeroit en sa guerriere ardeur,
Vne troupe qui n'est que gloire, & que candeur?

P iij

Reste à ne la laisser oisiue dauantage,
„ Sçauoir vser du tems est vn grand auantage.

MELEAGRE.

Les veneurs atendus, qui sur certain raport,
Découurent du sanglier le plus facile abord,
Qui guident l'assemblée aux bauges reconnuës,
Les relais disposez dessur les auenuës,
Chacun auisera de se mettre en deuoir;
Mais, quelle Deité maintenant nous vient voir,
La trousse sur le flanc, à Diane pareille?
Ce poil d'or crépelu, cette face vermeille,
Figurent Atalante, hé! qui t'amene icy,
Beauté l'honeur du monde, & des Cieux le soucy?

ATALANTE.

Sur ce qui se passoit nagueres auertie,
Vn desir glorieux me fait de la partie,
Preste à montrer que m'a l'experience apris,
Et que Vierge, parmy tant d'hommes de grād prix,
Atalante, chez eux merite quelque place,
Qui d'vn sexe craintif l'ordinaire surpasse,
Qui conioint le courage à la dexterité,
Posons que ce luy fût au pis temerité,
Sire, l'affection qui pure vous la donne,
Ne se peut, ny se doit, dédaigner de personne.

MELEAGRE.

Non, certes ton secours amene dans ces yeux,
Le vaincœur enchainé du Monarque des Cieux,
Amene de renfort les amours, & les graces,

TRAGEDIE.

Auec leur moindre effort le monstre tu terraces,
Tu charmes sa manie, & ne faut autre dard,
Autre chasse, autre rets, qu'vn amoureux regard.

ATALANTE.
Ce bras décochera, non l'œil, chose solide,
Capable d'arrester sa fureur homicide.

THESEE.
Tu me presteras donc asseuré le couuert,
En cas que le peril menace trop ouuert.

ATALANTE.
,, Les plus petits buissons par fois portent om-
brage,
Tel se moque, qui peut s'aider de mon courage.

PIRITHOIS.
Vaincre les cœurs humains suffit à ta beauté,
Ailleurs à mon auis nouuelle en cruauté.

ATALANTE.
Vne chaste Déesse imitable modelle,
M'aprent la cruauté, ie ne la tiens que d'elle.

LINCEE.
Poursuiure le cheureüil, où la biche, où le daim,
Sont ébats familiers que demande ta main,
Non l'extrême peril de la chasse presente,
Où la dextre plus forte à peine est suffisante.

ATALANTE.
Ma foiblesse, par fois ne laisse sans secours,
D'abatre à coups de traits les lions, & les ours,
Plus ostinée alors, plus ardente de gloire,

P iiij

MELEAGRE.

Où l'énorme danger balance la victoire.

MELEAGRE.

Ne vous émerueillez, son courage dément
Ce beau teint delicat, doux, & fatal aymant,
Incapable de crainte, à la chasse nourrie,
Elle s'est iusques-là genereuse aguerrie,
Qu'autre Veneur iamais n'a plus de gloire aquis,
N'a plus dans les forests de dépoüilles conquis.

THESEE.

Vien donc à la bonne heure Amazone accomplie,
Et ne t'éloigne pas de moy ie te supplie,
Qui seray ton bouclier, ton appuy, ton rempart,
Qui fourniray la force où tu presteras l'art.

ATALANTE.

Me deuore le monstre, auant que telle honte,
A l'honneur entamé d'Atalante s'affronte,
Parauant que de crainte elle recule vn pas,
La puisse préuenir le plus âpre trépas.

MELEAGRE.

Regarde neantmoins à ne priuer nature,
Du Phœnix qui s'éteint dedans ta sepulture,
Ne laisse de beautez orphelin l'vniuers,
Amour verroit adonc son Empire à l'enuers,
Ta perte me tient lieu de la perte d'vn monde,
Fay donc que le courage à la force réponde,
Ne prodigue ta vie, où vueille desister,
I'apperçoy nos veneurs, il n'y a que douter.
Quelle nouuelle enfants ? vne derniere queste,

TRAGEDIE. 233

Nous peut-elle montrer les erres de la beste?
VENEVR.
Sire, graces aux Dieux, ma vigilance a fait,
Qu'on tire du repaire vn indice parfait,
D'embuscade caché dedans l'epais fueillage,
D'vn vieil chesne au bois même, où l'ennemy
　saccage,
Deuers le point du iour sorty pour vermeiller,
Bien deux arpens de terre on luy a veu foüiller,
De là courir brigand les campagnes voisines,
Sur hommes, & troupeaux, exercer ses rapines,
Puis le soleil jà haut, superbe reuenir,
Au creux d'vne spelonque affreuse se tenir;
Mille buissons autour en deffendent l'aproche,
Sa profondeur étrange occupe vne grand roche,
Toutefois on pourra le forcer là dedans,
A coups d'épieux, de dards, auec flambeaux ar-
　dens.
THESEE.
,, Sus amis, la vertu par tout se fait passage,
Chacun paroisse icy temerairement sage,
Se haste lentement, & ne prenne le soin,
Que de suiure conduit mon exemple au besoin.
MELEAGRE.
Conioint à ta valeur, diuine, inseparable,
Octroyez-moy, bons Dieux, ce destin fauorable,
Que victime receuë autre, chef que le mien,
Ne rende à ce païs le bon-heur ancien,

Faites que mon trépas luy rachete la vie,
Vne sainte iustice à cela vous conuie:
Or allons sur les lieux du combat disposer,
Et nos hommes selon l'occurrence poser.

ACTE III.

CHOEVR DE PEVPLE, MESSAGER, MELEAGRE, THESEE, PIRITHOIS, LINCEE, PLEXIPPE, TOXEE, IDMON.

SCENE I.

CHOEVR, MESSAGER, CHOEVR DE PEVPLE.

ESPANCHONS à ce coup, le sein mouillé de larmes,
Les genous contre terre, & l'âme dans les Cieux,
Vne priere, afin de reuoir nos gendarmes,
Ce fier monstre vaincu, le laurier sur les yeux.
 Car, helas! autrement sa brutale manie,
Nous chasse vagabons hors du natal seiour,
Et faut bon-gré, mal-gré, fuir telle tyrannie,
Qui se veut conseruer la lumiere du iour.
 Deux grands peuples détruits, sans ordre, sans
  conduite,

TRAGEDIE.

Iront par l'vniuers à la mercy du sort,
Epreuuer les trauaux d'vne éternelle fuite,
Et mourir mille fois en redoutant la mort.

Helas! hé! le moyen, que ces âmes chétiues?
Qu'vn peuple de vieillards, de femmes, & d'éfans,
Passassent pesle-mesle, aux étrangeres riues,
Et pour les prolonger n'acourcissent leurs ans?

Détourne ce méchef Déesse, qui présides,
Au Ciel, dans les forests, & au Royaume vain,
Termine en ton courous ces fureurs homicides,
La victoire emportée est vn coup de ta main.

Si tu le fais, ô claire, ô belle Delienne,
Vne pure Hecatombe offerte à tes autels,
Ne doute que chez nous ta Deité n'obtienne,
Vne premiere gloire entre les immortels.

De riches jeux de prix, celebrez chaque année,
Iusqu'à la fin du monde honorent ce bien-fait,
Mais quelqu'vn suruenu sçait notre destinée,
Bonne où mauuaise, ainsy que la chasse aura fait.

MESSAGER.

Citoyens, qu'on éleue vn long Io de ioye,
Le monstrueux sanglier demeure notre proye,
Vne braue pucelle, & la valeur du Roy,
Remettent l'asseurance où habitoit l'effroy.

CHOEVR.

Qu'auiourd'huy le païs affranchy du seruage,
On ne redoute plus son impiteux rauage?
Possible, flates-tu nos malheurs d'vn faux bruit,

MELEAGRE.
MESSAGER.

Oculaire témoin au spectacle introduit,
I'ay veu le porc, fournir la meute de curée,
Onc chose ne sera, ne fut plus asseurée.

CHOEVR.

O Déesse, l'honneur des nocturnes flambeaux,
Qui compasses nos mois, qui moderes les eaux,
Tu as oüy les cris d'vne troupe innocente,
Tu veux que ton secours à present elle sente,
On te doit la victoire, on te doit desormais,
Vnique tutelaire inuoquer à iamais:
Or telle histoire amy, t'oblige commencée,
Au discours poursuiuy de la chasse passée.

MESSAGER.

Le repaire du monstre horrible découuert,
Precipice semblable à quelque gouffre ouuert,
Cette fleur de guerriers demy-Dieux l'enuirone,
Et la place à chacun de combatre se done,
Puis les chiens découplez, vn bruit monte à la
    fois,
De piqueurs, de cheuaux, d'armeures, & d'abois,
Le Ciel en retentit, la terre épouuentée,
Croit Atlas succomber sous sa charge éclatée,
L'indomtable Ægeide, & notre Roy premiers,
Sur l'indice certain que donnent les limiers,
Entrent à corps perdu dans la grotte profonde,
Vne troupe de pres leur courage seconde,
A force de flambeaux on fend l'obscurité,

TRAGEDIE.

Pour tirer au combat l'animal irrité,
Qui s'élance dehors plus leger que le foudre,
Hommes, & chiens, ensemble aterre sur la poudre,
Si que les plus hardis commencent à blémir,
Qui luy voyent le feu de la gueule vômir,
Que sa peau, qui des dards ne redoute l'iniure,
Inutiles receus les émousse plus dure:
Sorty, l'enceinte acroist sa rage tellement,
Que peu l'osent en front regarder seulement,
Meleagre qu'époint cette Royale enuie,
D'affranchir ses sujets, où de perdre la vie,
Reioint le porc fumeux, s'encourage les siens,
Commande à point-nommé qu'on relaie les chiẽs,
Il encoche sur l'arc vne fléche pointuë,
Atalante d'ailleurs hâtiue s'éuertuë,
En faueur d'vn gros orme atend ferme venir
L'homicide, qui veut son garot préuenir,
Dans la hure assené, tout le test en resonne,
L'animal iusqu'alors indomtable s'étonne.

CHOEVR.

Tu t'es tantost mépris, où te méprens, ie croy,
Qui disois ce chef-d'œuure apartenir au Roy.

MESSAGER.

Patience, à l'instant luy-même vn coup desserre,
Qui l'ébranlé Colosse entraine contre terre,
Coup, que ne pouuoit mieux Apollon décocher,
La fleche dans le cœur venant droit se ficher:
La cheute fait vn bruit, comparable à la mine,

Qui l'orgueil d'vne tour précipite en ruine,
Où comme quand le foudre apaise son courous,
Sur vn haut chesne ateint, la gloire de ses coups.
  Imaginez qu'adonc la neige plus menuë,
Sur les monts Apennins ne tombe de la nuë,
Qu'vne gresle de dards l'enuelope couuert,
Mort, son gosier demeure encor de rage ouuert,
Nos chiens intimidez semblent craindre son om-
 bre,
Et n'osent l'aprocher, quoy qu'infinis de nombre,
Que tel heureux raport vous satisface amis,
Sejourner dauantage icy ne m'est permis,
Qui m'en vay faire ouurir le palais, & les temples,
Où ce iour produira témoignages plus amples,
D'vne ioye acomplie, & d'vne liberté,
Que reuoit le païs tel nuage écarté.

CHOEVR.

Suiuons, suiuons ses pas, & qu'à foules publi-
 ques,
On pousse dans le Ciel mille pieux Cantiques,
Mille actions de grace, à redire en l'honneur,
Des organes choisis qui causent ce bonheur.
  Preux Monarque, auiourd'huy la vertu te
 courone,
Sa dextre d'vn laurier tes temples enuirone,
Tu t'aquiers auiourd'huy l'empire de nos cœurs,
Et l'oubly ne peut plus sur tes gestes vaincœurs,
Ny sur les tiens aussi, belle vierge guerriere,

TRAGEDIE.

Qui de notre soleil précedes la lumiere,
Et qui meriterois sa pudique moitié,
L'étreindre sous vn nœu de iugale amitié,
Afin que quelque iour Lucine reclamée,
Perpetuast chez nous, vne suite germée
De Princes valeureux, qui de leurs deuanciers,
Fussent au sceptre autant qu'en vertus heritiers.

SCENE II.

MELEAGRE, THESE'E, PIRITHOIS, LINCE'E, PLEXIPE, TOXE'I, IDMON.

MELEAGRE.

Apres ce haut exploit, Martiale assemblée,
Qu'vn doux calme a rassis ma Prouince troublée,
Qu'au prix de vos labeurs le monstre gist éteint,
Qu'à la perfection de ses vœux on atteint,
L'allegresse à son tour veut regner successiue,
Veut que de sa moisson la vertu ne se priue,
Thesée à ce suiet, comme l'astre brillant,
Capable de guider vn troupeau si vaillant,
Ordone souuerain, disperse à la victoire,
Ce que tu sçais chacun meriter en sa gloire:
Le premier en honneur, nomme, designe apres,

Ceux que tu iugeras te suiure de plus pres;
Pareille œconomie entre tes mains remise,
Tu t'obtiens deſſur tous toute choſe permiſe,
Ma courone, mes biens, ſalaire deſtinez,
Où remunerateur tu les auras donez.

THESE'E.

Réuoquer du Soleil en doute la lumiere,
Et à qui de l'ébat la loüange premiere,
Ne ſont que choſe même, autre certes que toy,
N'emporte de vaincœur le titre, ny de Roy;
Ton courage épreuué te merite l'Empire,
Que ſi quelqu'vn de ſuite au ſecond pris aſpire,
La belle chaſſereſſe, vn prodige à mes yeux,
Eleue ſon renom plus outre que les Cieux;
Ne l'admireroit-on, d'adreſſe, & de courage?
Qui premiere au peril tant qu'à duré l'orage,
Reprima du ſanglier la brutale fureur,
Car ce coup ne ſent rien d'imprudence, où d'erreur,
Tel coup incōparable, & heureux, me fait honte,
Tel coup jaçoit que veu, ma creance ſurmonte,
Deſormais le lion craindra le cerf peureux,
Puiſqu'vne fille exploite vn fait ſi valeureux.

MELEAGRE.

Fait qui rauit mon âme en merueille profonde,
Et qui l'offenceroit d'vne gloire ſeconde,
Fait bien conſideré qui ſurpaſſe l'humain,
Non, Diane a voulu ſe ſeruir de ſa main,
Si que ne luy ceder la primauté, i'eſtime,

TRAGEDIE.

Commettre irremissible un sacrilege crime:
Mon suffrage de gré luy transporte ce droit,
Qu'aucun à son merite enuier ne voudroit,
Ioint que fort peu d'honneur couronne l'entre-
    prise,
Où il n'est question que d'vne beste prise,
Sujet indigne à ceux qui dessous le Dieu Mars,
Foulent mille lauriers plus beaux en mille parts.

PIRITHOIS.

La vertu ses effets n'exerce moins entiere,
Dessur l'vne iamais que sur l'autre matiere,
Où la difficulté se compare au danger,
Qu'vn monde ne pouuoit en armes étranger,
Où l'extrême valeur témoigne le courage,
Où d'vn énorme monstre on étoufe la rage,
Sans doute le renom s'égale glorieux,
A celuy qui d'ailleurs s'aquiert victorieux,
Ainsy l'Hydre aux marests Lerneans étoufée,
Alcide ne s'impute à vn moindre trophée,
Que le Libique Anthée, où Gerion défaits,
Ainsy tort, grand Monarque à ta gloire tu fais.

MELEAGRE.

La chose plus que moy regarde vne Atalante,
En tout ce qui se peut desirer excellente,
Sa victoire à la mienne a frayé le sentier,
Car depuis le berceau la chasse est son métier,
Aucun veneur n'eut onc pareille experience,
Vne mâle vigueur pratique sa science,

Pourquoy representer ce que chacun sçait bien,
Son coup deſſur le monſtre à meſuré le mien.
LINCEE.
Dy mieux que ſon éclair ton tonerre précede,
Ou que ta courtoiſie à ſa beauté le cede,
Ou que l'afection loin de ce prix vaincœur,
Conſacre volontiers à ſes graces ton cœur.
PLEXIPE.
Voilà ſonder le vif d'vne inuiſible playe,
Et d'vn los exceſſif l'origine trop vraye,
Quelque adreſſe coniointe à la neceſſité,
Merite qu'on la louë auec mediocrité,
Non de ſorte pourtant, que l'ignare commune,
Défere tout l'honneur à ſa bonne fortune,
Ta vaillance tenuë incapable d'auoir,
Sans vn bras feminin le monſtre en ton pouuoir.
TOXEE.
Le grand Aſtre du iour ne voit choſe plus vaine,
Que ce ſexe n'ayant nulle borne certaine,
Et plus que de raiſon la bonde luy lâcher,
Coûte à notre indulgence aucuneſois bien cher.
MELEAGRE.
Quelque hôme ambitieux qui briguaſt de ſalaire,
Sous vn mauuais deſſein la faueur populaire,
Doneroit à penſer, où elle nullement,
Qu'vn deſir de loüange anime ſeulement.
THESEE.
Otez à la vertu pareille recompenſe,

TRAGEDIE.

Vn iuste creue-cœur de seruir la dispense,
Elle ne porte plus ses agreables fruits,
Dedans le champ ingrat de l'enuie produits.

PIRITHOIS.

Adioutez, que l'exploit admirablement rare,
Obtiendroit son guerdon voire du plus barbare,
Mais icy le chemin plus facile à tenir,
Est, sauf meilleur auis, qu'on la face venir,
Celebrer à l'enuy sur la palme obtenuë,
Sa recompense preste à même heure tenuë,
En quelque priuilege, ou remarque d'honeur,
Ainsy la comblez vous de ioye, & de bon-heur.

PLEXIPE.

O! qu'elle sçaura bien sans qu'autre en ait la peine,
Sa loüange, & soudain pousser à forte aleine,
Le salaire de suite à point-nommé requis,
Que sa presomption iugera plus exquis.

MELEAGRE.

Vne pluralité de sufrages suiuie,
Contre tout ce qu'en vain repliqueroit l'enuie,
Ma gloire du combat luy transporte sa part,
L'as-tu point veuë Idmon, parauant le depart?

IDMON.

Oüy, Sire, & m'a prié de l'excuser, si lasse,
Que ces foibles genous tremblotans sur la place,
Vne sueur perleuse arrousoit le vermeil,
Du visage amoureux de ce ieune soleil!
Tu vois, (m'at-elle dit,) que l'extrême contrainte

MELEAGRE,

Me tire sans congé d'auec leur troupe sainte,
Et le rapporteras fidellement au Roy,
Si par cas d'auanture il s'informe de moy.

MELEAGRE.

Va la treuuer portant la hure couronée,
Du monstrueux sanglier à sa valeur donée,
Ces mots précederont : belle Nymphe, reçoy,
L'honorable present qui tient compris en soy,
Ta vertu, qu'une troupe immortelle préfere,
Et à qui notre Roy le triomphe défere,
Tu l'aprendras au temple, offrande si tu veux,
De la triple Déesse exorable à tes vœux,
Apres, tourne legere au palais atenduë,
Vne solennité iusqu'alors suspenduë,
Qui te comble d'honeur, & de contentement,
Or sus, voy d'aquiter ta charge promtement.

IDMON.

Sire, l'affection me donnera des ailes,
Mercure député de si bonnes nouuelles.

MELEAGRE.

Nous, l'hommage rendu que desirent les Cieux,
Du festin, passerons au repos gracieux.

ACTE IV.

PLEXIPE, TOXEE, CHOEVR DE FILLES, ATALANTE, MELEAGRE.

SCENE I.

PLEXIPE, TOXEE.

PLEXIPE.

Tel affront enduré mon frere, nous ne sommes,
Qu'el opprobre des Cieux, & la fable des hommes,
Ah! chetifs on a fait banqueroute à l'honneur,
Qui iadis nous tint lieu de souuerain bon-heur,
Cét inique tyran que l'vniuers abhorre,
Et qu'vn aueugle feu de luxure déuore,
L'arrache furieux, le volle entre les mains,
De ceux mêmes qui sont de sa mere germains,
Repoussez, dédaignez, il ose temeraire,
Vne fille honorer de ce braue salaire;
Maniaque, il offence vn monde valeureux,
Sous le pretexte pris d'vn coup auantureux,
Qu'extorqua la frayeur à sa belle effrontée,
Vnique triamphant de la fere domtée,

Q iiij

Vnique à dépoüiller la commune moisson:
Non, plutost que cela passe de la façon,
Ma vie mille fois, & mille autres perduë,
Luy coûtera du moins la dépoüille renduë,
L'infame dedans peu reparera ce tort,
Aprise à se sçauoir mesurer à son sort.
TOXÉE.
L'outrage également sensible me transporte,
Du regret incroyable à la fureur me porte,
Legitime fureur, qui ne peut s'alleger,
Parauant que l'objet coupable sacager,
„ Qui suruit à sa gloire, est indigne de vie,
„ Où qui ne pouuant mieux ne la venge rauie:
Ià le peuple idiot d'aparence deçeu,
Croit semblable secours d'elle seule receu,
Ne bruit que sa valeur, qu'Atalante n'estime,
Nous comme ombres tenus au grade plus infime,
Casaniers reputez, timides, faineants,
Plus à la volupté qu'à la gloire beants:
Mon frere, ne soffrons que l'erreur s'enracine,
Donons au mal naissant sa promte medecine,
Chacun son bien rauy par tout peut repeter,
Ainsy nous, ce beau fruit de force luy ôter.
PLEXIRE.
L'affection du Roy qui ne vit plus qu'en elle,
Sans doute épouseroit à l'heure sa querelle.
TOXÉE.
L'affection du Roy ne r'animera pas,

TRAGEDIE.

Vne ombre feminine enuoyée au trépas.
PLEXIPE.
Le suplice en cela excederoit l'offence,
A l'endroit d'vne Vierge, ains d'vne pure en-
fance.
TOXÉE.
L'aspic, où le vipere, éteints ne font plus peur,
Et sa vie autrement nous est vne vapeur.
PLEXIPE.
L'iniure ne prouient que de qui la guerdonne,
Elle n'a point failly prenant ce qu'on luy donne.
TOXÉE.
Mais ce traitre animal vne fois irrité,
Ne se rapaise plus.
PLEXIPE.
   Tu dis la verité,
Toutefois n'épreuuons que tard la violence.
TOXÉE.
L'importune douceur croitra son insolence.
PLEXIPE.
Tant mieux, la force adonc aura quelque raison,
Chaque chose donnée en sa propre saison.
TOXÉE.
Vn Roy qui l'idolatre, vn Roy qu'elle maitrise,
Plus soudain qu'auerty nous fera lâcher prise.
PLEXIPE.
Permis alors aussy de disputer son droit.
TOXÉE.

Q iiij

Qui fier au courous des amants se voudroit?
Où leur pouuoir commande absolu sur la vie,
Où le sujet aymé ils pensent qu'on enuie.
PLEXIPE.
Resoluons l'entreprise, & laisse à mon soucy,
Ce coup fait, le moyen de le rendre adoucy.
TOXÉE.
Donques s'adoucira du veneur qui le blesse,
Vn lion, qui le va démembrer en la presse,
Au surplus tel dessein s'effectuë à chercher,
Et où se treuuera le prix luy arracher.
PLEXIPE.
N'en doute pas, fût-elle au sein du temeraire,
Qui deuoit retenir ce superbe salaire,
Qui deuoit contenter son ardeur, de se voir,
Dessur la primauté nos suffrages auoir.
TOXÉE.
Semblable experience obuioit au murmure,
,, De son superieur on tolere l'iniure,
,, Du moindre, on ne la peut sensible digerer,
Mais resoute, auisons de ne plus differer.
PLEXIPE.
Suy-moy ne dépliant la force qu'à l'extrême,
Possible à la raison docile d'elle-même,
Qu'outre l'espoir conceu la chose reüssit,
Chemin qui moins fâcheux nos rigueurs acourcit.

TRAGEDIE.

SCENE II.

CHOEVR DE FILLES, ATALANTE, PLEXIPE, TOXEE.

CHOEVR DE FILLES.

Vous semez les œillets, l'amaranthe, & les roses,
Vne moisson de fleurs nouuellement écloses,
Sous ces pas, que l'on deust rebaiser adorez,
La couronne tissüe à ces cheueux dorez,
Tressant d'vne façon mignarde, & curieuse,
N'apelle que ma main, ouuriere industrieuse.
Comme principe, à l'heur du païs recouuert,
Sus, mes sœurs, que la voix, & le courage ouuert,
Proferent gayement quelque Hymne, à la loüange,
D'vne chaste Pallas, qui du monstre nous venge.

ATALANTE.

Rien moins, filles, cessez, le vouloir me sufit,
La gloire deuë au Roy du monstre déconfit:
Pareille recompense excede mon merite,
Donques en abuser insolentes, l'irrite:
„ Le sage sçait vser d'vn moderé compas,
„ Et iamais à l'enuie il ne seme d'appas,
„ Iamais la vanité ne le force importune,

MELEAGRE,

„ A prendre trop du vent de la bonne fortune,
Alons chaste troupeau, sans plus outre atenter,
Chez la source du bien ce don representer.

CHOEVR.

Inique, ne presume obtenir ta demande,
Que respect, où raison tes loüanges deffende,
Tant que du blond Phœbus les flames reluiront,
L'air, la terre, & les Cieux, dessous elles bruiront,
Nous les ferons passer iusqu'aux races dernieres,
L'vniuers éclairé de leurs belles lumieres,
Ta tombe comblera des honneurs immortels,
Elle aura ses parfums, ses Prestres, ses Autels,
Tu peux tout dessur nous, hormis ce point, de faire,
Qu'on fraude la vertu de son iuste salaire.

ATALANTE.

Ma dextre infirme, n'a qu'ébauché ce labeur,
Dont notre Roy s'aquiert le principal honneur,
Ie ne suis d'vn grand feu que la moindre étincelle,
De ce corps acomply que la moindre parcelle,
Outre que pareil coup, referable au hazart;
Mais ses oncles vers nous tirent en cette part,
Vne morne tristesse occupe leur visage,
Et ce farouche aspect rien de bon ne présage.

PLEXIPE.

Tu as mauuaise grace, ô Nymphe, à te vouloir,
Sur la gloire d'autruy iusques-là préualoir
Ce present accepté de le mettre en parade,
Quelle presomption folle te persuade,

TRAGEDIE. 251

Qu'aux dépens de l'honneur de tant de gens de bien,
Vn si riche guerdon puisse demeurer tien?
Refrene à l'auenir vne indiscrete audace,
Et fay qu'ore enuers nous sa borne elle ne passe.

ATALANTE.
Apres la volonté liberale du Roy,
Telle action demeure en immuable loy.

TOXE'E.
Tu le dis, non pas nous, à qui ce rapt inique,
Ne peut autoriser vn plaisir tyranique.

ATALANTE.
Le courage me l'a, non quelque brigue aquis,
Receu hors d'esperance, & premier que requis.

PLEXIPE.
Tu inferes de là ta valeur magnanime,
S'inuestir du present à titre legitime?

ATALANTE.
Assez témoigneront, que selon le pouuoir,
Peu d'autres peuuent mieux aquiter ce deuoir.

TOXE'E.
Volontiers, tu l'auras vaincu seule, impudente,
Ateint d'vn foible coup de ta flêche pendante?

ATALANTE.
Onc ma credulité n'admettra ce forfait,
Nul autre que le Roy tel miracle n'a fait.

PLEXIPE.
Tu veux gratifier vn qui te gratifie,

Faueur qui rien de bon pourtant ne signifie,
Ne te garantira, presume le surplus,
Si de restituer tu nous refuses plus.
ATALANTE.
Onc la peur n'extorqua chose à mon preiudice,
Et n'y a que le Roy qui reprendre le puisse.
TOXE´E.
Mon prophetique auis, dit bien que le plus seur,
N'estoit pas de tenir vn chemin de douceur.
ATALANTE.
L'innocence ne craint ces menaces friuoles.
PLEXIPE.
Sus, mon frere, passons à l'effet des paroles.
ATALANTE.
Me contraindre surprise, & me violenter,
Le courage plus mol, ne voudroit l'attenter.
TOXE´E.
Cela n'auiendra pas, moyennant qu'ostinée,
Tu ne resistes plus à vne destinée.
ATALANTE.
Puisse, puisse premier l'Erebe m'engloutir,
Que ma gloire trahïe, onques le consentir.
PLEXIPE.
Malgré-toy, nous l'aurons, & lâche soudain prise.
ATALANTE.
Au secours Citoyens, on me force surprise.
CHOEVR DE FILLES.
Accourez vîte, amis, des voleurs inhumains,

TRAGEDIE.

Dessur qui vous libere osent mettre les mains.

TOXE'E.
Implore desormais qui tu voudras, paillarde,
Et renonce à la part du present qu'on te garde.

ATALANTE.
Ah! traitres enuieux, lâches, effeminez,
Indignes du Soleil, indignes d'estre nez,
Le Roy me vengera, mon vnique deffence,
Sa grandeur plus que moy de l'iniure s'offence;
Allons, filles, venez, l'outrage témoigner,
Et vos humides pleurs au besoin n'épargner.

CHOEVR.
Helas! tu le peux croire, ateintes iusqu'en l'âme,
D'vn rebelle forfait qui merite la flâme,
A qui l'extrême peur la parole a glacé,
Qui ne dirons que trop comme tout s'est passé,
Qui débiles pour toy ne portons d'autres armes,
Que de sçauoir méler les prieres aux larmes.

ATALANTE.
Cela sufit, alons comme pleines d'effroy,
De ce pas, nous jeter ensemble aux piez du Roy.

SCENE III.

MELEAGRE, ATALANTE, CHOEVR DE FILLES, PLEXIPE, TOXEE.

MELEAGRE.

Beau pourtrait, imprimé dans mon cœur, qui respire,
Desormais s'asseruir au joug de ton Empire,
Atalante, où es-tu ? Nymphe, hâte le pas,
Vien d'vn Prince amoureux differer le trépas;
Ce même coup fatal deux victoires te done,
De Mars, & de Cypris, t'obtient double courone;
Ta celeste vertu conjointe à ta beauté,
Ne peuuent meriter moins qu'vne Royauté;
Moins que ta part du sceptre, ainsy que de ma couche,
Ah ! mon âme dé-ja vole dessur sa bouche,
S'atache à ce corail, où vn essein d'amours,
Décoche nouueaux traits, & se campe toujours;
Faueur petite, au pris de manier à l'aise,
Ces tertres, que decore vne iumelle fraise,
Ie tay le dernier point, qui du ressouuenir,
Me semble auoir dé-ja préuenu l'auenir;
Me dérobe les sens, me transporte de ioye;

TRAGEDIE.

Dans vn doux fleuue ateint de delices, me noye.
Vien Soleil amoureux, diſſiper ce ſoucy,
O! bons Dieux, toute en pleurs, & proche, la voicy
Vn augure certain me frape la penſée,
D'où l'iniure prouient qui l'auroit offenſée,
Ma guerriere, ma ſainte, hé! quel ſujet as-tu,
De ne jouïr des fruits de ta rare vertu?
Quiconque temeraire oſe à elle ſe prendre,
S'aſſeure, qu'enuers moy c'eſt lourdement mépren-
  dre,
Que ſans exception de grade, ma fureur,
Aux neueux le deſtine exemplaire terreur.

ATALANTE.

Chez votre Majeſté, azile qui me reſte,
Ie me ſauue des dents d'vn monſtre plus funeſte,
Monſtre plus redoutable, & mille, & mille fois,
Que l'autre à qui l'on a fait rendre les abois,
L'Auerne le conceut dedans la nuit profonde,
Qui ne finira point que par la fin du monde:
L'infame nom d'enuie, à ſa rage conuient,
De luy, mon deshonneur, & ma plainte prouient,
Ses miniſtres choiſis, ah! diſpenſez-moy, Sire,
Vn reſpect enuers eux, obſerue de plus dire.

MELEAGRE.

Parle chere maitreſſe, acheue hardiment,
Tu connoitras apres ſi ma parole ment.

ATALANTE.

Vos oncles, qui n'ont peu le faire par amorce,

Rauissent outrageux d'ouuerte, & viue force,
L'honorable guerdon qui me fût precieux,
Plus que de seoir au lieu de Iunon dans les Cieux!
Prieres, ne raisons, ne repliques, n'excuses,
Les larmes, ny les cris, de ces filles confuses,
N'ont pû rompre le coup à ce mauuais dessein,
N'ont adoucy le fiel qui leur couuoit au sein,
Atalante chetiue à present resoluë,
De ne suruiure plus à sa gloire poluë.

MELEAGRE.

O Ciel! as-tu pû voir vn acte si peruers,
Sans les pousser ensemble aux Tartares ouuerts,
Ces rebelles geans à l'âme déloyale,
Qui negligent, peruers, l'autorité Royale,
Qui foulent ma puissance, osent à son mépris,
Prendre où ie l'ay doné ce victorieux pris.
Osent comme ennemis de la mere nature,
Violer son chef-d'œuure en cette creature:
Barbares Lestrigons, courages de rocher,
Osez-vous sans tremeur les reliques toucher,
D'vn corps, diuin sejour des vertus, & des graces,
Capable d'alumer la flâme dans les glaces,
Osoit votre manie éprendre son courroux,
Auertis que le mien s'éclateroit sur vous.

CHOEVR DE FILLES.

Onc spectacle ne fût à l'egal pitoyable,
Oncques assacinat à l'égal effroyable,
Que votre Majesté se represente voir,

Deux

TRAGEDIE.

Deux loups vne brebis tiraſſer pour l'auoir,
Preſte chaque moment de fournir butinée,
Vn repas ſanguinaire à leur rage effrenée,
Non que la peur luy fit de viſage changer,
Nous ſeules ſans couleur tremblantes du danger.

MELEAGRE.

Idmon, tes ſoldats pris, viſte qu'on les ameine,
N'importe, vifs, où morts, mais ſans excuſe, à pei-
   ne,
Croiras-tu mon ſoucy qu'vn ſoupçon m'a prédit,
L'origine du mal auant qu'on me l'ait dit,
Memoratif qu'au point de la palme adiugée,
Leur enuie à ton los abayoit enragée,
Redone à ce beau teint vn gracieux printems,
Ta priere s'obtient plus que tu ne prétens,
Ie veux qu'à genoux bas, d'vne voix claire, &
   haute,
Ils impetrent de toy le pardon de leur faute,
Le premier qui fera quelque difficulté,
Vn ſuplice l'atend du deſtin conſulté.

ATALANTE.

Sire, que mon ſujet de rancœur ne vous done,
Contre ceux que le ſang vnit à la courone,
Las! i'ayme beaucoup mieux ne m'en point reſſen-
   tir,
Que l'ire precipite engendre vn repentir.

MELEAGRE.

Maxime, que l'eſtat préfere la tutelle,

R

De nos droits souuerains à toute parentele,
Qu'agresseurs, tu n'encours aucun blâme, ha! voi-
    cy,
Mes lions indomtez, qui froncent le sourcy;
Comment, audacieux? ma volonté connuë,
Dessur la palme qu'a sa valeur obtenuë,
Auez-vous entrepris ce vol iniurieux,
Contre vn autre Cypris, lâchement furieux,
Quélle raison solide opposée en deffence,
Peut ores palier l'irreparable offence,
Dites, qui vous a meus de rauir sans égard,
Vn droit que ma iustice à sa gloire depart?

PLEXIPE.

La cause nous absout, qui parle d'elle même,
En ce que tu luy peux doner ton Diadême,
Non pas le bien d'autruy, non pas l'honneur de
Que ton seruice n'a reconu paresseux.   (ceux,

MELEAGRE.

Mon seruice l'épreuue, ainsy que la patrie,
Vtile dessur tous qu'autre ne s'aparie.

TOXE'E.

L'aueugle passion qu'vn aueugle produit,
Nos esprits ocupez facilement seduit.

MELEAGRE.

Perfides, imposteurs, la verité palpable,
De telle passion me declare incoupable,
Vne troupe immortelle en oracle premier,
Voulut de ce beau pris sa valeur premier.

TRAGEDIE.

PLEXIPE.
Oüy plus, ainsy qu'amis, qui desirent complaire,
Que pour ne la sçauoir indigne du salaire.

MELEAGRE.
O! l'énorme malice, ô! mensonge effronté,
Sans replique trois mots disent ma volonté,
Que la hure luy soit entre les mains remise,
L'humble pardon requis de la force commise,
Faites tost, ce dessein n'admet aucun sejour.

TOXÉE.
Phœbus lors ira naitre où va mourir le iour,
La belette sera des serpents lors amie,
Que nous consentirons à pareille infamie.

MELEAGRE.
Si tel refus persiste vne seconde fois.

PLEXIPE.
Ta friuole menace aux esclaues tu dois,
Libres, & que la peur faciles n'épouuante,
N'espere que iamais superbe elle se vante.

MELEAGRE.
Rebelles, vous mourrez, voila trop de mépris,
Trop dessur vn Monarque à sa face entrepris.

PLEXIPE.
O! brutal, ô! barbare, ô! tyran parricide,
Fuy mon frere, ie tombe au gouffre Acherontide,
Ce suprême sanglot pousse l'âme dehors.

MELEAGRE.
A peine de le suiure en la plaine des morts,

R ij

Dépesche, ce refus te coûtera la vie.
TOXÉE.
Tygre, ta cruauté m'oblige poursuiuie,
Ie veux qu'un même fer, & qu'vne même main,
Rende mon sort semblable au sort de mõ germain,
Le Ciel, le iuste Ciel, quelque vengeur nous garde,
Qui sur ta teste vn iour, & dessur ta paillarde.
MELEAGRE.
Ton sang nous purgera ce blaspheme outrageux,
Mâtin, qui n'es sinon de l'aboy courageux.
ATALANTE.
Ha! Sire, refrenez, la colere l'emporte,
Et pour le retenir ie ne suis assez forte.
MELEAGRE.
Ces rauisseurs punis de leur temerité,
Possedent iustement le loyer merité,
Mon vouloir maintenant n'a plus qui le contrôle,
Tu te peux desormais fier en ma parole,
Tu pourras desormais compagne de mon lit,
Dire que ta vertu, à ce grade t'elit,
Ne le consens-tu pas, chere âme de mon âme?
Tu ne veudrois meurtrir vn Roy qui te reclame.
ATALANTE.
Iaçoit que tel honeur passe ma qualité,
Son refus sentiroit vne brutalité,
Trop heureuse, le Ciel du tout, en tout propice,
Si notre chaste hymen eut pris meilleur auspice.

TRAGEDIE.

MELEAGRE.

Vn acte de iustice à ce commencement,
Plus agreable aux Dieux qu'aucun encensement,
Presage le contraire, & que tel hymenée,
N'aura que du cercüeil sa liesse bornée,
Alons, ma Reyne, alons, hâter ce doux effet,
Qui la sainte vnion de nos moitiez parfait.

ACTE V.

ALTE'E, NOVRICE, MELEAGRE, ATALANTE, IDMON.

SCENE I.

ALTE'E, NOVRICE.

ALTE'E.

Implacables fureurs, que redoute l'Auerne,
A ma plainte quitez votre horrible cauerne,
Qu'vne trêue auiourd'huy relâche le tourment,
Aux esprits condamnez du triste Rhadamant,
Et plus qu'onques là bas en colere alumées,
De fers, & de flambeaux, mieux que deuant ar-
 mées,
Qu'ores sous ma conduite on vienne torturer,

R iij

Ce monstre scelerat qui ne peut empirer,
Ce monstre issu de moy, qu'vne impudique rage,
N'émancipe cruel à quelque simple outrage,
L'execrable a polu ses parricides mains,
Dans le sang innocent de mes propres germains,
Vn deuoir filial n'a restreint sa manie,
Quel Busire conceut pareille felonnie?
Et quelle seureté nous reste desormais?
Nulle, fay donc saigner ta vengeance à iamais,
Assez forte, d'ailleurs le secours ne mendie,
Vn moment acourcit sa trame desourdie,
Vn moment éteindra son adultere amour,
Qui vous priue à cette heure, ô mes freres, du iour.

NOVRICE.

Moderez le courous épris dedans votre âme,
Perilleux conseiller, à qui le croit, Madame,
Domestique lion ses hôtes deuorant,
Qui farouche toujours à la raison se rent,
Ie concede ce crime encore plus extrême,
Mais la mere, & le fils ne sont que chose même,
Et les brutes on voit mourir pour leurs petits,
Loin d'exercer sur eux de vengeurs appetits.

ALTEE.

Nature violée en ce meurtre, dispense
Ma vindicte, à l'effet du dessein qu'elle pense.

NOVRICE.

Enfant, & Roy, bons Dieux! perdez le souuenir,
De ce qui ne peut plus aussy bien n'auenir.

TRAGEDIE. 263
ALTÉE.
N'exiger du forfait vn suplice capable,
Sans doute me rendroit plus que l'auteur coupa-
ble.
NOVRICE.
Iupiter seul punit les offences des Roys,
Absolus sur la vie, ainsy que sur les lois.
ALTÉE.
Cela n'empêche pas mon pouuoir sur la sienne.
NOVRICE.
Que le respect d'vn peuple innocẽt vous retienne,
Ne le faites de pere en son Prince orphelin,
Acte trop impieux, trop cruel, trop malin.
ALTÉE.
Luy ôter vn tyran, m'oblige la patrie.
NOVRICE.
Quoy? le restaurateur de sa gloire flétrie?
L'Alcide, qui le monstre a nagueres occis,
Qu'vn beau los dé-ja monte entre les Dieux assis.
ALTÉE.
Sa putain du combat remporte la loüange.
NOVRICE.
Comme la passion le bon sens nous étrange,
Oncques sujet moins sale, & moins voluptueux,
Vn beau pair n'acoupla qui fut plus vertueux.
ALTÉE.
Tu leur seras en fin partisane commune,
Et fautrice du coup qui cause ma rancune.

R iiij

NOURICE.
Vos germains agresseurs précipitent leur mort,
Le Roy que d'un courous excessif n'a le tort.
ALTE'E.
D'un courous enragé, d'un courous, qui merite,
La haine dans mon âme à sa ruine écrite.
NOURICE.
Le tems apaisera ce regret fraternel.
ALTE'E.
Oüy, son corps du tombeau le depost éternel.
NOURICE.
Voulez-vous adioûter dommage, sur dommage.
ALTE'E.
Retire-toy d'icy, ie pardone à ton âge,
NOURICE.
O pitoyables Dieux, rendez-luy la raison,
Saine, & sauue, gardant la Royale maison.
ALTE'E SEULE.
Seule, libre, qui n'as d'obstacle à l'entreprise,
Immuable, poursuy ta conclusion prise,
Arrache à l'inhumain la lumiere du iour,
Et les fruits ocieux d'un idolatre amour,
Labeur facile à toy, qui possedes sa vie,
Dans le tison fatal des parques asseruie,
Dans le tison fatal à ta garde commis,
Qui termines ses iours en la flâme remis.
Sus, alons le querir; tu rétiues mon âme,
Et n'entens de l'Erebe vne voix qui reclame,

TRAGEDIE.

Cheres ombres, cessez de me plus émouuoir,
Mon amitié vers vous bien tost se fera voir,
L'homicide mourra, victime preparée;
Voicy qui maintenant vous la plege assurée,
Quoy? ma dextre tremblote, & fuit à l'aprocher,
Ce gage funereux qu'elle n'ose toucher,
Vn venin de serpent infus à son essence,
Luy done à mon auis telle oculte puissance,
Où plutost quelque instinct reprime ta fureur,
Simple, t'ébranles-tu d'vn scrupuleux erreur?
Tes freres égorgez de sa dextre assacine,
Tes freres parangons d'vne vertu diuine,
Ne l'effroyerent pas, sus, acheue, hé! bon Dieu,
Nullement, c'en est fait, la pitié n'a plus lieu,
Sacré bois, la faueur de ton secours i'implore,
Ainsy puisse perir, que le feu te deuore,
L'homicide inhumain, l'abominable chef,
Qui par sa cruauté s'attire ce méchef.

SCENE II.

MELEAGRE, ATALANTE.

MELEAGRE.

T'Amuses-tu ma vie à ruminer craintiue,
Dessur la vision d'vne ombre deceptiue,
Change, change propos, & pour te diuertir,

MELEAGRE.

Vien de nouueaux baisers mes flâmes amortir,
Recomençons du iour vne nuit amoureuse,
Que ton humeur ainsy me déplaist langoureuse,
Au cas qu'elle persiste à me plus refuser,
Ie m'en vay de mes droits absolument vser.

ATALANTE.

Ma lumiere, mon tout, mon vnique esperance,
Ce songe funereux, portera d'asseurance,
Sa dure impression semble predire exprés,
Nos Myrthes dedans peu conuertis en Cyprés.

MELEAGRE.

Bien que ce tems perdu, redy ma souueraine,
Le motif oublié de ta creance vaine.

ATALANTE.

Vne graue matrône, en équipage tel,
Que la mere on dépeint du Monarque immortel,
A pris ce me sembloit, (metamorphose énorme,)
De tygresse en vn clin l'épouuentable forme,
Son petit d'auenture au spectacle present,
Dans vne rouge flâme, & mortelle exposant,
Preste de m'engloutir, à l'heure qu'éueillée,
Palpitante de crainte, & de sueur moüillée,
Vos bras, mes doux liens, étroitement serrez,
Ont mes sens éperdus peu apres r'asseurez.

MELEAGRE.

Folâtre, ce qu'on craint, où ce que l'on desire,
D'vn faux crayon, Morphée au sommeil nous le
  tire,

TRAGEDIE.

Il en repaist l'esprit, qui ne repose point:
O Cieux! quelle douleur profõde à coup m'époint,
Vn feu de ma poitrine inuisible s'empare,
Plus chaut que ne vomit le sommet de Lipare,
Dieux! comme vn charme ardent se coule dans mes os,
Ardeur qui pourra bien s'en aler au repos.

ATALANTE.

Vne étrange pâleur vous ocupe la face,
O miserable, helas! de crainte ie trépasse.

MELEAGRE.

Ne t'aflige mon heur, tu me dones la mort,
Ha! ce mal furieux redouble son effort.

ATALANTE.

Sire, ne differez d'en chercher le remede,
Que nature vaincuë à sa force ne cede,
On ne peut préuenir trop tost les accidens.

MELEAGRE.

Tu dis vray, mon soucy, vous, sortez là dedans,
Qu'icy nos medecins plus experts on assemble,
D'autres mettent au lit ce corps foible qui trẽble,
Secourez mes amis votre Roy vistement,
Où la parque le va rauir tacitement.

ATALANTE.

Donc ie te suplie immortelle cohorte,
Que ton ire sur moy victime se transporte,
Que mon époux sauué, tu ne m'épargnes pas,
A l'effroyable horreur du plus cruel trépas.

MELEAGRE,

SCENE DERNIERE.

ALTEE, NOVRICE, IDMON.

ALTEE.

LE marchand qui malgré les orages, arriue,
Sa nef de lingots pleine à sa natale riue,
Le voyageur qui voit vn brigand assacin,
Qui nagueres luy tint le poignard sur le sein,
Ses biens restituez, d'vn bois patibulaire,
Receuoir en public le suplice exemplaire,
N'aproche comparé l'indicible soulas,
Que tu goûtes Altée, vn meurtrier en tes lacs,
Que ta haine animeuse épreuue d'allegeance,
En la proche moisson que touche ta vengeance :
Or la felicité parfaite qu'elle atteint,
Est qu'au même compas que le tison s'éteint,
Vne flâme à loisir le rongeant languissante,
L'homicide mourir de la sorte se sente,
Que la parque son fil retranche plusieurs fois,
Et qu'vn long desespoir l'entretienne aux abois,
O ! l'heur incomparable, ô ! la claire iournée,
Vien Nourice, vien voir ma tristesse bornée,
Ne sçay quelle faueur speciale du Ciel,
L'amer de mon courous me conuertit en miel,

TRAGEDIE.
NOVRICE.

Miraculeux effet que la grace diuine,
Ait si tost à vos maux doné la medecine,
Qu'en cette passion violente qui fuit,
Elle vous ait au joug de la raison réduit.

ALTEE.

La cause va cesser qui causoit ma rancune.

NOVRICE.

Perdez entierement sa memoire importune,
„ Onc vaincœur genereux ne pardone à demy,
„ Et apres le pardon ne hait son ennemy.

ALTEE.

Tu dis vray, le cercüeil deuore toute haine,
Haïr, seroit apres vne torture vaine.

NOVRICE.

L'ambage de ces mots remplis d'obscurité,
Me fâche, dites-moy la pure verité.

ALTEE.

Elle te paroitra l'heure proche venuë.

NOVRICE.

Tant y a, vers le Roy placable deuenuë,
Que l'on ne parle plus de se vouloir venger.

ALTEE.

Non, car le sort jeté d'auis me fait changer.

NOVRICE.

Dieux! combien ce discours oblique me martelle.

IDMON.

O perte à la patrie effroyable, & mortelle,

MELEAGRE,
Pauure Monarque éteint en la fleur de tes ans,
Que la rigueur du sort inique tu ressens.
ALTÉE.
O heureuse nouuelle, ô plus qu'heureuse Altée,
Reçoy de ton exploit la coûrone aportée,
A nous, Idmon, à nous, ne murmures-tu pas,
D'vn inique tyran l'expiable trépas.
NOVRICE.
Madame, parlez mieux, quelle rage incensée,
Poursuit à vous troubler la brutale pensée?
IDMON.
Ha! la voix me defaut, sinistre Messager,
Du plus triste malheur qui vous puisse afliger.
ALTÉE.
Tu t'abuses, croyant ma débile constance,
Au desastre préueu manquer de resistance,
Meleagre a suiuy ses oncles immolez,
Est-ce là tant dequoy nous rendre desolez?
IDMON.
Tant que l'Empire meurt en ce Roy magnanime,
Pert auec luy son heur, & sa gloire sublime,
Pert vn sage patron, déplorable vaisseau,
Dont l'orage se ioue à la mercy de l'eau.
ALTÉE.
Le tems te purgera pareille erreur conçeuë,
Fay sans plus le discours de sa tragique issuë.
IDMON.
La force, à ce recit lugubre me defaut,

TRAGEDIE.

Toute l'âme d'horreur palpitante tressaut,
Le pauvre Prince, helas! plutost mort, que malade,
D'vn charme, où d'vn poison, a trouué l'embuscade,
Surpris d'vn mal à coup, qui peu à peu coulant,
De minute en minute, a cru plus violent,
Comme vn cierge s'éteint la cire consomée,
La parque au sein l'a pris de son épouse aymée,
Qui Niobe soudain conuertie en rocher,
Ne sçauroit iamais plus de larmes étancher.

ALTÉE.

Va, poursuy ton chemin, i'ay ce que ie demande,
O fauorable Ciel, que ta iustice est grande,
Que tu as adressé ce beau coup de ma main,
Coup, vers vn parricide encore trop humain,
Coup, qui de l'vniuers merite des loüanges,
Et de renom voler aux terres plus étranges,
Afin de retenir sous le frein du deuoir,
Quiconque le permet pardessus son pouuoir,
Quiconque ne sçait pas comme vn sceptre on manie,
Sur ces propres parents paissant sa tyrannie.

Or la victime offerte à vos manes heureux,
Reposez sous le frais des Myrthes odoreux,
Receuez-la propice, ô venerables ombres,
Compagne, m'atendant dans les campagnes sombres,
Où dans peu, votre dueil precipite mes pas,
Car de viure sans vous, m'est pis que le trépas.

PROCRIS, OV LA IALOVSIE INFORTVNE'E.
Tragi-comedie.

PAR ALEXANDRE
Hardy, Parisien.

ARGVMENT DE LA Tragecomedie.

CEPHALE gendre d'Arictée, Roy d'Athenes, & mary de Procris, chasseur perpetuel, est aymé de l'Aurore: Et sollicité par sa Déesse d'vne reciproque amitié, luy qui d'abord perseuere obstinément en la premiere fidelité iurée à sa Procris, se laisse toutefois aller à la paction proposée par l'Aurore, qu'au cas que déguisé en habit de marchant étranger, il puisse auec vn apas de presents corrompre la chaste volonté de sa femme deceuë, il contentera la passion de sa corriuale : venant donc à l'épreuue, Procris qui commençoit à chanceler sous le faix des presents est releuée par la reprehension du mary qui découure la fourbe : elle à même tems implore & impetre la grace d'vn adultere commis en la volonté. Cephale tient sa promesse à l'Aurore, se voüant du tout à son seruice : or pendant la iouyssance de leurs amours, vn paysan les surprend d'auenture sur le fait, auertit Procris de ce qui se passe à son desauantage, & l'emplit d'vne rage de jalousie iusques à vouloir en personne reconnoistre la verité de l'affaire sur les lieux. Si bien qu'embusquée dans vn buisson, Cephale qui la iuge au mouuoir du fueillage, quelque beste sauuage l'ateint mortellement d'vn dard fatal qu'il lance à l'auanture: catastrophe, qui finit la Tragedie par les regrets du miserable, sur le corps mourant de sa chere moitié & les consolations de l'Aurore qui se trouue à point nommé pour le diuertir du meurtre de soy-mê-me qu'il alloit executer en expiation de l'imprudence commise.

LES ACTEVRS.

L'AVRORE.
CEPHALE.
PROCRIS.
POLIDAME.
THITON.
PRITANNE.

PROCRIS, OV LA IALOVSIE INFORTVNE'E Tragi-comedie.

ACTE I.

L'AVRORE, CEPHALE, L'AVRORE.

ORTELS, *ambitieux d'vn celeste destin,*
Qui dites votre vie vn renaissant butin,
Des malheurs obstinez, & peruers au courage,
Murmurez contre luy d'vn inique seruage.

S iij

Prophanes, deſormais plus ſages, deſiſtez,
D'enuier le malheur de nos felicitez,
Que l'immortalité, les vœux, & l'ambroſie,
N'impriment cét erreur en votre fantaiſie,
Vn tyran nous maitriſe, vn enfant factieux,
Succeſſeur des Titans s'eſt emparé des Cieux:
Iupiter arraché de ſon troſne à toute heure,
De vos filles reſſent l'amoureuſe bleçeure,
Quite ſa Majeſté, ſon foudre, & ſon pouuoir,
Afin de les aler eſclaue deceuoir:
Mais jette ſon écu, ſes batailles oublie,
Aux pieds de ce garçon ſuperbe s'humilie,
Neptune le redoute au profond de la mer,
Et Pluton n'oſeroit encontre luy s'armer,
Nous de ce nombre ſaint Déeſſes reconuës,
Nous d'vn peuple groſſier impaſſibles tenuës,
Tour à tour n'attendons que ſon trait aſſacin;
Hé! quoy ſi l'impiteux a traverſé le ſein,
Qui mêmes l'alaicta: s'il n'épargne ſa mere,
Quelle grace de luy faudrat-il qu'on eſpere?
Iadis le deloyal alumant mon deſir,
Vn mal ſortable époux me força de choiſir,
Pour éuiter le bruit d'amante forcenée,
Ie coloray mes feux d'vn furtis hymenée,
L'alliance impetrant de mon pere fâché,
(Car ſon nom venerable en demeuroit tâché)
Luy qui ſeul ſe reſſemble, & qui porte le foudre,
Vouloit comme Semele, en cendre le reſoudre,

TRAGEDIE.

Ma priere abatit son courous, & depuis,
Cuidant me garantir du desastre où ie suis,
Prosternée aux genous des trois Vierges fatales,
Leur serment i'engagay des ondes stigiales,
Témoignage sacré d'vne vraye amitié,
Qu'elles me trancheroient le fil de ma moitié,
Mais non pas que le cours des glissantes années,
Ne vint enueloper mes liesses bornées.
Il ombrage ma couche ainsy que les ormeaux,
Qui sans fruit au passant abondent en rameaux,
Encore la fraicheur de sa soif diminuë,
Où pres de luy la mienne augmente, continuë,
Où sa glace m'échauffe, & vuide de douceur,
L'Idée me remet de ce ieune chasseur.
Beau chasseur qui mon nom innocëment reclame
Laissant au soir les bois possesseurs de son âme:
C'est luy, c'est ce Cephale, à qui dorennauant,
De ma couche ie vay les faueurs reseruant,
Luy qui de mon vieillard suppléra la foiblesse,
C'est de son trait vaincœur que Cupidon me blesse,
La loy de l'équité me permet de l'aymer,
Et l'on ne m'en doit pas moins pudique estimer,
Attendu qu'vn époux à l'âge decrepite,
En ce forcenement mon âme précipite,
Que de son impuissance il cause le forfait,
Et que sa volonté n'a plus aucun effet.
    Allons donc l'épier en la forest épaisse,
Allons donc luy offrir l'amour d'une Déesse,

L'heure nous y semond ; ie pense oüir sa voix,
Dé-ja de mon retour importuner les bois.
CEPHALE.
Princesse de clartez où es-tu belle Aurore ?
Faut-il qu'vn vieil ialoux t'areste au lit encore ?
Trouues-tu tant de goust en ces embrassemens ?
Tant d'appas en vn corps perclus de mouuemens ?
Que le monde orphelin de sa douce lumiere,
Ne te puisse auiourd'huy mouuoir par sa priere,
Le laboureur t'atent à fendre tes guerets,
Moy plein d'impatience à brosser les forests,
A relancer vn cerf, que tu sçais inhumaine,
Hier auoir frustré les plaisirs de ma peine,
Vien donc ie te suplie, ô fourriere du iour,
Mais Dieux ! quelle clarté s'épand icy autour,
Quel visage diuin sous ce fueillage sombre,
Dissipe m'abordant l'obscurité de l'ombre.
L'AVRORE.
Cephale ne crain point, le charme de tes yeux,
M'a fait décendre icy de la voûte des Cieux ;
Ie suis celle qui viens ta priere écoutée
Redonner aux humains la clarté souhaitée,
Ie suis celle qui viens requerir ta beauté,
D'être à ma passion conforme en loyauté,
D'accepter en mon lit vne seconde place,
Ainsy que ton object tous les autres efface,
Ainsy que tu as mieux ce bon-heur merité,
Qu'vn vieillard engourdy la même infirmité

TRAGEDIE.
CEPHALE.

O Déesse l'honneur à la troupe immortelle,
Tu m'ingeres à tort une arrogance telle,
Tu as mal-entendu le dessein de mes vœux,
Autre chose de toy que le iour ie ne veux,
Le iour qui coule icy mon innocente vie,
Loin du bruit des citez ou habite l'enuie,
Esclaue de la parque oseroy-ie atteneer,
Ce forfait enuers toy fille de Iupiter.

L'AVRORE.

Laissons-là le respect, & douteux n'imagine,
Iaçoit que different, de sort, & d'origine,
Iaçoit que l'Orient fertile de tresors,
Sur toutes Deïtez me reuere en ces bors,
Qu'à bon droit ie pouuois de beauté comparée,
Disputer le present de la pomme dorée,
N'estime que pourtant ie te feigne mon cœur,
Que ce que ie t'ay dit soit un appas moqueur,
Derechef, derechef, par la douce lumiere,
Qui le monde sous moy réjouit la premiere,
Ie iure que tu es le plus de mon soucy,
Ie iure que tu m'as le courage transy,
Ie iure que tu es mon unique pensée,
Et que pour toy d'amour ie peris incensée,
Demandes-tu le tems, helas! tu sçais de quand,
Veneur perpetuel tu me vas inuoquant,
Depuis i'ay peu à peu couué les étincelles,
Qui fortes maintenant deuorent mes moüelles,

Depuis ie t'idolatre, & ce spectre d'époux,
Plus odieux cent fois ie ne voy qu'en courous,
Depuis mon lit au lieu de roses printannieres,
N'a que des aiguillons que pointes meurtrieres,
Où ie laisse ronfler ceste masse de chair
Que plus qu'vn basilic ie crains à l'approcher;
Que ie dédaigne autant comme ie te desiré,
Ores en quoy peux-tu douteux me contredire,
Ores en quoy veux-tu plus engager la foy,
D'vne diuinité qui se soumet à toy,
Ce n'est pas elle helas! amour, amour se venge,
Sans offence sur moy, de ceste sorte étrange;
Vengeance toutefois agreable, pourueu,
Que tu ne sois rebelle à sa puissance veu.

CEPHALE.

Me conseillerez-vous qu'inconstant & pariure,
A ma chaste Procris il face telle iniure.

L'AVRORE.

Chaste qu'aucun ne prie, hé! qui ne le seroit.

CEPHALE.

Dans la glace plutost le feu s'alumeroit.
Que viuant quel qu'il fut par aucune maniere,
L'induisit à soüiller notre couche nopciere.

L'AVRORE.

Plus de sa fermeté tu as opinion,
Et plus de te tromper est en son option.

CEPHALE.

Quel sujet ce faisant ingratte prendroit-elle,

TRAGEDIE.

Ie ne luy fus iamais qu'vn exemple fidelle.
L'AVRORE.
„ Vn exemple mauuais de nature se prend,
„ Le vice familier aux hommes elle rend,
„ Ils l'acceptēt trop tost inconnu pour leur hoste,
„ Chez eux trop tost il entre, & trop tard il s'en
      ôte;
L'appetit que l'on trouue au change luy suffit,
Où la cupidité d'vn auare proufit,
Du credule, ie puis faire d'experience,
Que tu démentiras ta folle confiance,
En recompense apres i'entends te posseder,
A quel plus iuste pact pourrois-tu t'accorder.
CEPHALE.
, Ne m'imputez Déesse vne erreur imbecile,
Hors ce point ie vous croy toute chose facile.
L'AVRORE.
Accepter seulement le party presenté.
CEPHALE.
Sans doute ie serois de la suiure tenté,
L'incomparable honneur de votre amitié sainte,
A ma foy donneroit vne profonde attainte,
Alors estimeroy-ie aucunement permis,
De venger déloyal son pariure commis,
Mais comme le pilote auisé, qui remarque,
Les écueils ou vn autre aura froissé sa barque,
Mortel ie ne doy pas non même dispenser,
Au loin de ces faueurs vn prophane penser:

L'accointance divine aux humains defenduë,
Tient toujours sur leur teste vne mort suspenduë,
Les foudres élancez du Monarque des Cieux,
S'émoussent iustement sur tels audacieux,
Madame, exemptez moy de ce bon-heur insigne,
Transportez-le en vn lieu plus aymable, & plus digne.

L'AVRORE.

Louche de iugement, & foible de raison,
Tu sçais mal adapter vne comparaison,
Encores alliée à la semence humaine,
Ie ne cours point du chãge à vn autre incertaine,
Epouse d'vn mortel i'ay racheté sa mort,
Nourry pudiquement vn mutuel accord,
Durable à tout iamais, si le fardeau de l'âge,
Ores ne demandoit quelqu'vn qui le soulage;
Quelqu'vn que ie pouuois élire de là haut,
Mais ie t'ayme bien mieux suppléer au defaut,
Mon destin me conioint aux hommes debonaires,
Témoin cét astre doux qui premier les éclaire,
Qui réjoüit la terre & les Cieux obscurcis,
Et ce qui te doit plus abreger de soucis,
Mars ne suruiendra point d'vne rage malade,
Dresser me visitant d'homicide embuscade,
Ny supplier sa sœur de te faire mourir,
Nul danger en mes bras tu ne peux encourir,
Or, comment de ta femme éprouuer l'inconstance
Ecoute, & en cela reçoy mon assistance,

TRAGEDIE.

D'un marchand étranger tu prendras le semblant,
(Moy d'un nuage épais la face t'affublant,)
Que le bruit épandu de sa beauté si rare,
Luy amene enchainé d'une riue barbare,
Chargé d'os, & de dons voüez à son amour;
 As-tu veu quelquefois l'Epréuier, où l'Autour
S'élancer haut en l'air sur sa proye apperçeuë,
Tu verras le maintien de ta Procris deceuë;
Elle fera soudain banqueroute à sa foy,
Plus éprise de l'or qu'elle ne l'est de toy;
Et du doute éclaircy reprenant ta figure,
Corrige de propos son infame luxure,
A l'heure dispensé de tenir fauory,
La place en mon endroit d'un impuissant mary,
Ne le consens-tu pas, répon mon esperance,
Répon, & un baiser me donne d'asseurance.

CEPHALE.

Ie vous obeïray, c'est un point resolu,
Si tost que son brasier paroissant dissolu,
M'absoudra du serment sacré de l'hymenée,
Deust le Ciel à vos pieds borner ma destinée.

L'AVRORE.

Mon ame ne crain point, il n'y aura danger,
Que d'un soin preuoyant ie ne sçache étranger,
Va tirer de ce pas l'épreuue de mon dire,
Tandis que ton retour en langueur ie respire.

CEPHALE.

Ie vous retrouueray demain au méme lieu.

PROCRIS,
L'Avrore.
Qu'vn autre baiser donc ferme ce triste adieu.

ACTE II.

THITON, PRITANNE, PROCRIS, CEPHALE.

SCENE I.

THITON, PRITANNE, THITON.

PRITANNE il est trop vray ie gageroy la teste,
Que ma femme adultere à vn riual se preste,
I'en ay des arguments infaillibles, & tant,
Qu'on voit la verité au trauers éclatant,
Qu'on la voit resplendir miserable à ma honte,
De moy premierement elle ne tient plus conte,
Son discours me dédaigne, & d'vn œil courroucé,
Ie suis de ses faueurs les moindres repoussé;
S'il n'auient de vouloir prendre dedans la couche,
, Reste de mon soulas, vn baiser de sa bouche,
La mauuaise me fuit, son courage rebours,
Le receuroit plutost d'vn serpent, où d'vn ours;
Helas! helas! voila qu'apporte la vieillesse,

TRAGEDIE.

Comme elles font de nous, quand la vigueur nous laisse,
Apres auoir seiché la fleur de nos printems,
Mal-propres a fournir leurs lascifs passetems,
Voila comment ce sexe au Ciel & en la terre,
Son venin contre nous indifferent desserre,
Il court insatiable apres la nouueauté,
Depuis que la vigueur nous manque, & la beauté,
Encore mon malheur est d'autant plus extrême,
Que ie ne puis mourir toujours en estat même.

PRITANNE.

Coupable d'vn defaut possible que la peur,
Vous amasse en l'esprit ce nuage trompeur,
Vous fait imaginer d'elle toute autre chose,
Que pudique & loyale elle ne se propose.

THITON.

Tu te trompes, ie n'ay qu'à la force pensé,
Mon immuable amour si mal recompensé,
Oncques la ialousie en moy ne trouua place,
Et c'est à mon auis ce qui l'enfle d'audace.

PRITANNE.

Plus on cuide empécher leurs amoureux larcins,
Plus vous les animez à semblables desseins,
Le naturel malin de la femme n'affecte,
Que ce qu'on luy deffend ou ce poison l'infecte.

THITON.

A ce compte il faudroit luy donner sans égard,
Licence de tout perdre, & tout mettre au hazard.

PRITANNE.

J'en vserois ainsy, qu'est-ce du mariage,
Autre chose qu'vn jeu hazardeux au plus sage.

THITON.

A moy pardessus tous, à moy qui mal accort,
La fin ne sceus préuoir d'vn inégal accort;
O iour sombre, & fatal, ennemy de mon aise,
O astres regorgeans d'influence mauuaise,
Qu'inique vous m'auez dans ces lacs empiegé,
Pires que le fuseau de mes iours abregé.

PRITANNE.

S'afliger neantmoins dessur l'incertitude,
Attacher au soupçon tant de sollicitude,
Blesser nostre prudence, il est bon de sçauoir,
La verité du fait, & apres y pouruoir.

THITON.

Pouruoir à ce scandale, helas! de quelle sorte,
Veu qu'à grand' peine vn pied deuant l'autre il
  porte.

PRITANNE.

La patience donc vous serue de bouclier,
Vn incurable mal voyez à pallier.

THITON.

Et, si ie la pouuois en dommage surprendre,
Iupiter, & les Dieux à témoin i'irois prendre.

PRITANNE.

Abus, car sa Iunon prise dessur le fait,
Il faudroit sous silence écouler le forfait.

THITON.

TRAGEDIE.
THITON.
Pourquoy?
PRITANNE.
Les cornes sont iointes à l'hymenée,
Et croist de puanteur la bourbe retournée.
THITON.
La honte peut beaucoup.
PRITANNE.
La honte volontiers,
Lors qu'vn Vulcan retint ensemble prisonniers
L'adultere de Thrace, & sa femme pariure,
Les a bien empêchez de poursuiure l'iniure.
THITON.
Ce desespoir me tuë.
PRITANNE.
Allez-y de douceur,
Regaignant son amour d'vn appas blandisseur.
THITON.
Elles ne paissent point leurs desirs de paroles,
Vser de remontrances à ces pretides folles
N'augmente que la soif de l'impudicité.
PRITANNE.
Qu'vn tiers donc vous secoure en telle aduersité,
Vn qui de plain pouuoir sa priere autorise,
Qu'elle craigne, & de qui elle s'ayme reprise.
THITON.
Ie le feray, sçachant le nom de l'effronté
Qui s'est à mon honneur traitrement affronté.

T

PROCRIS,

De grace prens-y garde, épie où elle dresse,
Au sortir de mon lit sa course laronnesse,
Long tems auparauant qu'il luy conuienne aller
Chez l'humide Thetis le Soleil appeller,
Accompagne ses pas, & rapporteur fidelle
Retire mon esprit d'vne gesne éternelle.

PRITANNE.

Ha! que vous me chargez foible d'vn pesant fais,
Toutesfois à cela i'auray l'œil desormais.

SCENE II.

PROCRIS, CEPHALE
DESGVISE'.

PROCRIS.

PRocris infortunée, en la rondeur du monde
Est-il vne douleur à la tienne seconde,
Vn hymen si sterile, vn époux si cruel
Que celuy qui ton düeil file perpetüel,
S'absente plus charmé des plaisirs de la chasse
Que de ta loyauté, de tes feux, de ta grace.
  L'inhumain n'attend pas que la pointe du iour
Le Ciel que nous voyons bigarre a son retour,
Qu'enyuré des plaisirs d'vne agreable peine,
Auecques-luy mon cœur aux forests il n'emeine,
Equipé de sa trompe, & suiuy d'vn limier,
Qui souuent importun l'éueillera premier,

TRAGEDIE.

S'écoule de moy, de moy chétifue, à l'heure
Que l'enfant de Cypris nous procure meilleure,
A l'heure que mes bras le cuidant accoler,
Frustrez de leur espoir ne trouuent que de l'air,
Se détordent mutins contre ce sein d'albastre,
Tantost contre le Ciel auteur de mon desastre,
Cephale impitoyable, es-tu point encor las?
Où preside l'horreur d'y chercher ton soulas:
Si ta vie impassible à mes tendres prieres,
Si ie verse sans fruit à tes pieds deux riuieres,
Au moins souuienne toy barbare, du danger
Qu'encourut vn Adon, pour vouloir negliger,
Pour ne croire vn conseil à ses iours salutaire:
Ces bois sont de Cloton l'effroyable repaire,
Elle cache au profond des antres bocagers
Le carquois funereux de ses traits plus legers,
Vn lion que la faim deuore impitoyable
D'vn sanglier écumeux la deffence effroyable
Menacent ton destin, de moment en moment,
Tes ebats sont panchez au bord du monument,
Où mon sein te conuie, & hors de toute crainte,
T'offre les vrays plaisirs dont tu n'as que la feinte.
Ha! Cephale aueuglé retourne en ton bon sens,
Débouche ton oreille à mes piteux accens,
Vien cueillir en ton champ vne moisson sacrée,
Laissant celle des bois aux Feres consacrée,
Des rais de ton Soleil vien mes larmes seicher,
Mais! quel homme là bas apperçois-ie approcher?

T·ij

CEPHALE.

Conduit de ta beauté par le monde semée,
J'apporte icy les vœux, de mon âme enflamée,
Zelé de telle sorte, & ardent de pouuoir
Vn miracle amoureux en ce visage voir,
Qu'étrange separé de l'vn des bouts du monde,
Les trauaux de la terre, & les perils de l'onde
Ne m'ont peu détourner du voyage entrepris,
Labeur, dont ie recueille à vsure le pris
Dont ie suis trop content, puis qu'à ta viue idole
L'honneur m'est concedé d'adresser ma parole,
D'abord tu me mettras au rang des impudens,
Mais, ô celestes Dieux! qui liroit là dedans,
Si ces foudres d'amour penetroient ma pensée,
Alors qui ne tiendroit ma priere exaucée,
Ma sainte affection te gaigneroit le cœur,
Et du vaincœur des Dieux ie deuiendroy vain-
    cœur;

Trouuer au demeurant étrange l'entreprise,
Il n'y a pas dequoy, l'audace que i'ay prise
Le fort Thirinthien s'vsurpa deuant moy,
Quand des impietez le vengeur, & l'effroy,
Il voyageoit le monde, & en chaque contrée
Sa poitrine sentoit du même trait outrée,
Captif en diuers lieux de diuerses beautez,
Ainsy n'ay-ie peché qu'apres les Deïtez,
Ainsy ne me dois-tu refuser ton azile,
A ma fidelité exorable & facile.

TRAGEDIE.
PROCRIS.
N'estoit certain respect de l'hospitalité,
Ta teste respondroit de ta temerité,
Sur le champ, suborneur ie te ferois aprendre
Qu'il ne faut enuers moy si lourdement méprēdre,
Va, le Ciel te confonde, acheue ton chemin.
CEPHALE.
Oste belle Procris, ce courrous inhumain.
PROCRIS.
Quel prodige est-cecy qu'vn inconnu me nomme?
CEPHALE.
Ignoreroy-ie vn nom que l'vniuers renomme,
Vn si celebre nom, si aymable & si doux,
I'excuse la fureur de ce petit courroux,
Ie l'excuse, hé bons Dieux! quelle espece d'outrage
Ne voudroy-ie à ma foy seruir de témoignage
Pour entrer en ta grace, il n'y auroit tourment
Qui ne me resultât à vn contentement.
PROCRIS.
Declare, qui de moy t'a donné conoissance?
CEPHALE.
Demande si ie sçay la sacrilege offence
D'vn ingrat, qui prefere au fruit de ta beauté
Le plaisir de la chasse, (extrême cruauté)
Qui lassé du trauail enduré la iournée,
N'emplist que de sommeil ta couche infortunée,
Te laisse dés l'Aurore, & s'en retourne encor
Les Nymphes des forests éueiller de son cor:

T iij

PROCRIS,

Où poßible chery de quelqu'vne d'icelles,
Luy porter ces larcins dont la douleur tu celles.

PROCRIS.
Ne te trauáille point d'vn düeil qui m'appartient.

CEPHALE.
Ce n'est que la pitié de ton mal qui me tient.

PROCRIS.
La pitié que tu feins de l'honneur homicide,
N'imite que les pleurs du fier monstre Nilide.

CEPHALE.
Que ma pitié soit feinte, & feinte ma langueur,
Donques toujours le Ciel me regarde en rigueur,
Toujours me soyez-vous implacable & cruelle,
Que la mort que ie sens dure perpetuelle.

PROCRIS.
O folle que ie suis, folle d'entretenir
Vn discours que l'on deust en commençant finir.

CEPHALE.
Finissons-le mon cœur, & venons ma chere âme,
A l'effet desiré d'vne amoureuse flâme,
M'acceptant, tu t'acquiers vn roc de fermeté,
Vn pour qui ne sera moindre ta chasteté;
Tu t'acquiers d'abondãt, non (ma belle) pour faire
Des presens que voicy, ton amour mercenaire,
Vn gage seulement de mon affection,
Ains à ta Deïté premiere oblation.

PROCRIS.
Certes ta gentillesse auroit plus d'efficace,

TRAGEDIE.

Que tout autre present, mais vne froide glace
Me saisit, redoutant que Cephale auerty,
Comme il est dangereux nous fit mauuais party.

CEPHALE.

Tu as trop de prudence, & moy trop de courage
Pour souffrir de sa part ny honte, ne dommage,
Seulement donne-moy par auance vn baiser.

PROCRIS.

Le charme de ta voix ne se peut refuser.

CEPHALE.

Dy, qu'vn charme de dons t'attire à ma cordelle,
A la fin t'a seduitte, ô cent fois infidelle,
Auare qui t'allois legere abandonner.

PROCRIS.

Hé! Cephale mercy, vueille moy pardonner.

CEPHALE.

Perfide leue toy, desormais asseurée,
Tant que ie iouïray de la lampe etherée,
Que iusqu'au col plongée en tes feux dissolus,
Ie ne t'empécheray, ne te reuoyant plus.

PROCRIS.

Ne me reuoyant plus? ô cruelle sentence!
Propose-moy plutost la mort de penitence.

CEPHALE.

Qu'est-ce que d'vne mort? il faut que le remors
T'engendre à tout moment du forfait mille morts.

PROCRIS.

Las! que ta main me tuë, effaçant ce reproche,

T iiij

« Sans tomber, de la cheute on est souuent bien proche.

CEPHALE.
Pour vn leger effort, si facile à broncher,
L'espoir de mon honneur ie n'ay plus où ficher.

PROCRIS.
Helas! remets au pis l'offence, & la chastie,
Pourueu que ie te sois vne placable hostie.

CEPHALE.
Voila ce parangon de l'amour coniugal,
Ce miroir, ce portrait, de constance inégal,
Voila l'effet trompeur de ce serment pariure,
De ces baisers reçeus terminez en murmure,
Qui ne deuoient iamais respirer qu'vn desir,
Qui ne pouuoient iamais repaistre qu'vn plaisir,
O! ingratte, ô legere.

PROCRIS.
Appaise-toy ma vie,
Et quand me reprendra cette damnable enuie,
Que le Ciel, que la terre, & l'enfer attestez,
M'appliquent leurs tourmens qui sont plus redoutez,
Ne me pardonne plus, que ta dextre ennemie
Dans mon sang criminel laue mon infamie.

CEPHALE.
Croy que ie le feray; s'il auient cependant,
Si ta contagion m'apporte l'accident,
Si i'estois d'auanture entaché de ton crime,

TRAGEDIE. 297

prens l'exemple donné d'excuse legitime.

PROCRIS.

Ie n'en ay point de peur, ta magnanimité
A beaucoup moins de fiel, que moy d'infirmité.

ACTE III.

L'AVRORE, CEPHALE, ET POLIDAME.

SCENE I.

L'AVRORE, CEPHALE,

L'AVRORE.

VN peu de tréue, amour, tempere ie te prie,
Tempere dedans moy l'excez de ta furie,
Espargne ta germaine, & ne luy suruen pas
Ton secours, si prochain de cent mille trespas,
Ainsy que toy ie suis de la nature amie,
De ta mere ie n'ay procuré l'infamie,
Ny reuelé tes feux, quand tu fus attaché
De tes propres liens au giron de Psiché:
Donne moy pitoyable vn moment de relâche,
Attendant à reuoir mon Soleil qui se cache,
Soleil qui luit vnique aux mortelles beautez,
Et qui de l'autre deust preceder les clartez,

A regret maintenant ie luy preste ma peine,
Et me vaudroit bien mieux vne fortune humaine,
Et me vaudroit bien mieux hostesse d'vn hameau,
Que le char du matin conduire mon troupeau,
Toute à moy, ne penser Cephale, qu'à te plaire,
Passer les nuits ensemble, & les iours d'ordinaire,
Tantost dans vne grotte, & tantost sur les fleurs
Que le dücil de mon fils émaille de mes pleurs:
Cephale voudrois-tu me manquer de parole,
Tu vois que i'ay dé-ja chassé l'ombre du pole,
Qu'il n'y a plus de feux qu'à la mere d'amour,
Tu entens les oyseaux gazoüiller mon retour,
Ha! dure impatience, attente rigoureuse,
Parauant que t'ouurir ma pensée amoureuse,
Le butin pretendu d'vn cerf au front rameux,
La queste d'vn cheureüil où d'vn porc écumeux
M'addressoient suppliant l'honneur de ta priere,
Et la mienne à present tu reiettes en arriere,
De ma prise tu fais (brutale ambition,)
Moins d'estat que d'vn d'eux en ta possession,
C'est la coustume, helas! c'est vn mal sans remede,
,, Le mépris orgueilleux à la beauté succede,
Me mépriser qui suis, ha! ie le voy venir,
Paresseux qui te peut si long tems retenir?
Si long tems separer de ces forests aymées,
Tu voulois renflamer mes playes enflamées,
Par le labeur me rendre aymable sa moisson,

TRAGEDIE.

Et contre-balancer mon bon-heur d'vn soupçon,
Mais, dy-moy, ie te prie? as-tu trouué ta femme,
Ce roc de chasteté, qu'autre que toy n'enflâme.
CEPHALE.
Vostre oracle Prophete, a trompé mon espoir,
L'auarice ayant plus que la foy de pouuoir.
L'AVRORE.
Si bien que te voila deliuré de scrupule,
Prest de me reparer vn outrage incredule.
CEPHALE.
Vous me voyez, Déesse à vos pieds prosterné,
Qui veux par mes desirs n'estre plus gouuerné;
Qui consacre deuot à vos faueurs insignes,
Mon cœur, mes volontez, bien que choses indi-
    gnes:
Qui dessous vostre enseigne amoureuse rangé,
Vne timide crainte en courage ay changé.
L'AVRORE.
Persiste mon soucy seulement d'asseurance,
Couronne ton amour d'vne perseuerance,
Et iamais il n'y eust condition d'amant,
En bon-heur comparable, & en contentement:
Iamais couple ne fust approchant de nostre aise,
Ca, preste-moy ta bouche, afin que ie la baise?
Afin que i'enhardisse a plus de priuauté
Le respect qui te tient surpris de nouueauté,
Que t'en semble y a-il aux baisers des mortelles?
Des pointes d'appetit, des douceurs qui soiët telles?

CEPHALE.

Ha ! ie pasme, ie meurs, Déesse ie ne puis
Plus souſtenir ce corps en l'eſtat où ie ſuis,
Mourir, non ce baiſer tout confit d'ambroſie,
Vne immortalité graue en ma fantaſie,
La parque deſormais ne peut rien deſſur moy.

L'AVRORE.

De grace maintenant pour arres de ta foy,
Dy nous comment tu as l'infidelle abordée,
Si ta requeſte elle à difficile accordée?

CEPHALE.

Déeſſe, fléchiſſant ſous voſtre volonté,
Ie feray le recit de ceſt acte effronté,
Inconnu de l'habit d'vn pelerin de l'onde,
D'vn marchant qui trafique en diuers lieux du
    monde,
Sur le ſueil ie l'accoſte, à l'heure que Veſper
Voit Phœbus trauaillé dans les flots ſe tremper,
S'entend que vous auiez ébloüy d'vn nuage,
Ses yeux ne diſcernans le vray de mon image,
Ainſy ſauua jadis du Troïque braſier
La Déeſſe d'amour ſon preux auanturier,
Donc en peu de diſcours luy offrant mon ſeruice,
Elle s'en reculoit comme d'vn precipice,
Ne reſpondant ſinon qu'en propos menaçans,
En propos qui d'amour me reſchauffent les ſens,
Preſque deſeſperé de l'attraper au piege,
Et preſque reputant pire qu'vn ſacrilege

TRAGEDIE.

L'assaut qui se donnoit à sa fidelité,
Voila que reseruez à vne extremité,
Mes presents ie luy offre, alors ardente, & prom-
    pte,
Brisant en moins de rien les liens de la honte,
Du même mouuement que vous m'auiez predit,
(Car tel est le pouuoir de ce metal maudit)
Elle change l'aigreur de sa responce fiere
En vn miel qui sembloit deuancer ma priere,
Pâlié de l'appas de mon discours charmeur,
L'auarice accordante à sa peruerse humeur:
    Dieux puissants ! que deuint ma voix à ces
    paroles,
Pareil à vn tronc d'arbre, où aux bachantes foles,
A qui la fureur sainte a étouppé la voix;
De luy rien repliquer la force ie n'auois;
Vn long espace ainsy à la fin de ce songe
Esueillé ie retourne, où soudain ie la plonge,
Soudain que découuert elle m'eust reconnu,
Son front de couleur morte & de constance nu,
L'œil se baignant de pleurs, les mains entrelassées,
La voix casse, debile, & les greues baissées,
Ma clemence elle implore, & de son repentir
Fait la voute des Cieux piteuse retentir,
L'atteste auec la terre, & la cohorte noire
Qu'enferme de ses plis le pere de victoire,
N'auoir que cette fois attenté le delit,
Que cette fois voulu maculer nostre lit.

Qu'elle en estoit la source, & la fin tout ensemble,
La dessus mon conseil en moy-même j'assemble,
Où la pitié preside, où vaincu de ses pleurs,
En me representant nos infirmes malheurs
Ie luy remets l'offence, à tel si, qu'elle prenne
La même patience, au cas qu'elle m'auienne,
C'est trop tenir Déesse vn discours ennuieux:

L'AVRORE.

Tu dis la verité lumiere de mes yeux,
Laissons tout autre soin, que celuy qui contente
D'vne ieune amitié la langoureuse attente,
Nouueaux soldats d'amour, encommençons hardis
Vn duel de baisers, à toute peine ourdis,
La robuste droiteur qui moule ce corsage,
D'vn bon commencement me promet dauantage,
M'augure en combattant qui proche de la mort,
Contre son ennemy se redresse plus fort.

CEPHALE.

L'épreuue en fera foy qui ne trompe personne,
Puis que vostre faueur la licence me donne.

L'AVRORE.

O licence agreable! allons ma vie, allons,
Sous le frais écarté de ces ombres vallons,
Sous ces ormes ombreux entourez de fleurettes,
Les premices cueillir de nos flâmes secrettes.

TRAGEDIE.

SCENE II.

POLIDAME SEVL.

IVpiter, que le sort du peuple des humains
Est inégalement dispersé de tes mains,
Qu'aux vns tu es propice, & aux autres seuere,
Aux vns impitoyable, & aux autres bon pere,
Ceux-cy trouuent naissants au recoy des citez,
Autant d'heur & d'honneur que nous d'aduer-
 sitez;
Nous de qui le trauail entretient les delices,
Qui n'auons innocens de plus doux exercices
Qu'à cultiuer la terre, & tout le long d'vd iour,
Du coutre sur son dos arranger le retour,
Qu'à mener les troupeaux aux campagnes her-
 buës,
En Iuillet pour l'hiuer auec la faux tonduës,
La plante de Bacchus deschausser, & tailler,
Et en mille façons sans cesse trauailler,
Cependant si le Ciel veut décocher son ire,
Ce sont ce sont nos chefs, que les premiers il mire,
Soit que l'air se mutine, où vienne injurieux
Nostre espoir auancé moissonner à nos yeux;
Ou il arriuera qu'vne gresle impourueuë,
Qui l'espargne d'vn an rauit à nostre veuë,
Telle qu'à moy chetif, qui hersoir dans ces bois,

Esgaray trauersant deux miens beufs à la fois,
Beufs retournez du joug plus tard que de coustu-
    me,
(Et comme d'apparence incertain ie presume,)
La haste que i'auois en l'obscur de la nuit,
Esgarez du troupeau ce dommage a produit;
Sur mes pas rebroussant ie cherche depuis l'heure,
Voyons dans ce vallon solitaire demeure,
Où broutant ils pourroient la nuit auoir passé,
Quelqu'vn plus matineux m'a la sente tracé,
Voila des pas nouueaux imprimez sur l'herbage,
I'entens aussi du bruit ébranler le fueillage,
Aproche de plus prez? Dieux! qu'ay-je decouuert,
Deux amans enlassez dessur le gazon vert,
Serrez flanc contre flanc, & bouche contre bou-
    che:
Las! vne froide peur la parole me bouche,
Ce sont des Deïtez; vne viue splendeur
Demonstre le pouuoir de leur sainte grandeur,
C'est fait, c'est fait de moy, ie suis perdu prophane,
Pan joüit en ce lieu des beautez de Diane,
Pan est d'vne autre forme, il faut donc que ce soit
Le chasseur Orion qu'en ces baisers reçoit
Diane, ie le croy, & mon œil ne me trompe,
Vn chien est aupres d'elle, vn dard, & vne trom-
    pe,
Toutefois à ses mains, & à son front vermeil,
On la diroit plutost fourriere du Soleil;

Déesse

Déesse pardonnez à ma soif curieuse,
La coulpe est imprudente, & non malicieuse,
Ie la commets surpris d'vn prodige nouueau,
Mais Cephale ressemble à l'heureux iouuenceau,
D'asseurance c'est luy; ô âme desloyale,
Fais-tu si peu de cas de ta foy nuptiale:
De ta chaste Procris, trop chaste pour souffrir
Vn autre à tes ardeurs en sa place s'offrir,
M'aduienne que pourra de la rancœur celeste,
Ie m'en vay le forfait luy rendre manifeste.

SCENE III.

L'AVRORE, CEPHALE.

L'AVRORE.

Contente de l'essay, ie te donne le pris
Des meilleurs champions que couronne Cy-
 pris,
L'heureuse election faite de ton seruice,
Qui ne sent rien de lourd, rien d'vn simple nouice,
Augmente à l'infiny mon aise, & mon amour;
Mais comme nos plaisirs sont sujets au retour,
Sujets à receuoir de telle part qu'il vienne
Vn fâcheux contrepoids, mon cœur, & t'en sou-
 uienne,
L'absence de tes yeux me fera remourir,

Mes sanglots loin de toy ne se pourront tarir,
Et l'attente de l'vne à l'autre de mes cources,
Débondera mes yeux en éternelles sources,
Regle donc ta reueuë à vne heure, à vn point
Qui toujours s'entresuiue, & ne me manque point,
Promets en ce lieu même, auant que ie te quite,
Venir tous les matins reuoir ta fauorite,
Et plus dedans la nuit tu viendras vigilant,
Plus nous éuiterons le murmure insolent
Du soupçonneux vulgaire, & plus i'auray d'espace
A me distribuer les faueurs de ta grace,
Et plus pres de porter aux humains la clarté,
Nos deuis amoureux auront de liberté.

CEPHALE.

Premier œil de nos iours, Deité debonnaire,
Des langoureux mortels le recours ordinaire,
Qui les corps r'animez d'vne molle fraischeur,
M'estimez-vous de roc où de glace le cœur,
Estimez-vous qu'au lit m'attache la paresse,
Attendu dans le sein d'vne telle maitresse,
Las! votre peur me tuë, & dé-ja dans les os
L'impatience bout, me priuant de repos,
Ie ne vy plus qu'en vous, & de vos yeux banie
Mon âme de son corps se perdra des-vnie,
Seichera de douleur, comme vous attendant
On voit le tems des fleurs toucher son occident:
Que ne puis-ie tandis où bien cesser de viure,

TRAGEDIE.

Où vos pas desirez adorer, & les suiure.
L'AVRORE.
Le feu flambe plus clair estant vn peu couué,
Et notre amour ainsy plus ardent retrouué
De l'espace entremis réparera la perte,
Or auant que partir, prens de ma main offerte
Cette sorte de dard, chef-d'œuure lemnien,
Duquel au coup brandy ne se derobe rien,
Il assacine tout de si loin qu'on le darde,
Et indifferemment tout ce que l'œil regarde,
Ie te fais de ce chien dauantage present,
A dépeupler les bois de Feres suffisant,
Melampe en est le nom, procreé d'vne race,
Qui les loups, les sangliers, & les lions terrasse,
Tien l'vn & l'autre chers, plus pour l'amour de
    moy,
Que d'aucune vertu qui soit digne de toy.
CEPHALE.
Si ie les tiédray chers, vous le pouuez bien croire,
Gage d'vne amitié, le comble de ma gloire,
Presens dignes de vous, & dignes d'vn chasseur.
L'AVRORE.
Adieu, car le séjour ne nous seroit pas seur,
Retourne mon Soleil vers Procris, & me baise.
CEPHALE.
Hé! ie meurs renflamé d'vne nouuelle braise.

V ij

ACTE IIII.

PROCRIS, POLIDAME, ET CEPHALE.

PROCRIS.

INcertaine, confuse, & manque de raison,
Ie vous atteste, Dieux, contre vne trahison,
Ie vous inuoque tous de mes forfaits arbitres,
Et vous de leur iustice implacable ministres,
Tisiphone, Alecton, Megere, & vos flambeaux,
Vos foüets ensanglantez, vos siflás couleureaux,
Vous rages sur le süeil de l'orque residantes,
Vous fureurs des decrets d'Æaque dependantes,
Ie vous prens à témoins, & vous inuoque tous,
Satrapes destinez de l'infernal courrous,
Et sur tout qui vangez vne foy pariurée,
Qui sçauez du remors ma faute reparée,
Qui sçauez d'vn erreur quel fut mon repentir,
Faites au déloyal vos coleres sentir,
Et toy grande Iunon, toy feconde Lucine,
Toy hymen, de mes maux la premiere origine,
Soustenez ma querelle, embrassez mon bon droit,
Car qui plus obliger à vos loix se voudroit,
Qui plus épouuanté de ces mauuais exemples,
Se viendroit suppliant prosterner à vos temples,

TRAGEDIE.

Qui leur apporteroit la victime, & l'encens,
Si vous laissiez ainsy fouler les innocens:
   Ah! chetifue Procris, à qui se font tes plaintes,
La Iustice, & les loix des Deitez enfraintes,
Celle qui corriuale à seduit ton époux,
Se tient en seureté de l'adultere absous,
Autorise Déesse, vne illicite flâme,
Qui doncques que la mort faut-il que ie reclame,
Qui sera desormais pitoyable à tes cris
Que l'impiteuse mort, miserable Procris?
Encore suis-ie en doute, & encore incertaine,
Le passé me retient ceste creance vaine,
Cephale me trahir, inconstant pratiquer
Vne amitié nouuelle, & sa foy reuoquer,
Cephale des vertus le Phœnix, le modelle,
En vn moment changé deuenir infidelle,
Ie crains que tu te sois mépris, où qu'vn démon,
Ialoux de nostre paix & de son chaste nom,
N'ait sa face emprunté pour deceuoir ta veuë,
Ta veuë de frayeur surprise, à l'impourueuë.

POLIDAME.

Madame ie serois fâché que mon rapport
Temeraire, semast vostre lit de discord,
Il me déplaist assez qu'il soit trop veritable.

PROCRIS.

O desespoir horrible, ô rage insupportable,
Que tu les as de prés contemplez à loisir?

POLIDAME.

V iiij

PROCRIS,

Plus pres & plus long tems que ie n'auois desir.

PROCRIS.
Qu'ils s'embrassoient.

POLIDAME.
Ainsy que font l'homme & la femme,

PROCRIS.
Et pendant Iupiter vne ocieuse flame,
Demeuroit en ta dextre, & tu n'as foudroyé
Ce couple en ces plaisirs execrables noyé,
O iniustice grande, ô terre, ô terre mere,
Ne deuois-tu creuer sous ce couple adultere:
Trebucher au profond des gouffres de Pluton
Ces monstres criminels la proye d'Alecton,
Quels discours auoient-ils ensemble, ie te prie?

POLIDAME.
Ceux que l'amour pressoit d'vne extréme furie,
Pour l'heure ont preferé aux paroles l'effet.

PROCRIS.
Donc tu n'attendis pas accomplir le forfait.

POLIDAME.
Esperonné de crainte, & rouge de leur honte,
Les ayant découuerts ie pris la fuitte promte.

PROCRIS.
Tu m'as dit neantmoins que ce fut auant iour.

POLIDAME.
Vne ardante lueur s'épandoit tout autour
Lueur qui les cernoit ainsy qu'vn diadême,

TRAGEDIE.

Et comme on la remarque au front du Soleil même,
La diuine beauté qu'il possedoit alors.

PROCRIS.

Helas! de mon esprit frenetique ie sors,
Vn tançon de fureur me maistrise, & m'emporte,
Or tu tiens son amante au iour ouurir la porte?

POLIDAME.

Elle à les doigts de rose, & à le front vermeil,
Et en fin à l'Aurore il n'est rien si pareil.

PROCRIS.

Dieux! mille fois cruels, iniques destinées,
Hé! du moins abregez le cours de mes années,
Faites que la douleur m'étouffe en lamentant,
Exaucez, exaucez, les vœux de l'inconstant,
Ie ne dois esperer de liesse en ce monde,
La vie que ie traine est vne mort seconde,
Me voila le mespris, la fable & le dédain
D'vn mary déloyal, & d'vne orde putain,
D'vne que le méchant sous ombre de la chasse,
Il y a ià long tems, de deshonneur pourchasse,
Elle est seule des Dieux qu'il souloit reclamer,
Mais eussay-ie pensé que ce fust pour l'aymer,
Mais eussay-ie pensé les Deitez lasciues,
S'allier aux mortels de leurs flâmes captiues:
Aux femmes mêmement soustraire leurs épous,
Crime du simple nom abominable à tous,
Venus est excusable accolant son Anchise,

PROCRIS,
Et de l'enfant de Myrrhe enchainant la franchise,
Cela n'estoit au pris rien qu'vn leger ébat,
Car l'vn & l'autre d'eux viuoit en celibat,
Où toy de ton essence & de ton grade indigne,
Sans pudeur ma moitié me subornes maligne,
Où toy qui du forfait le deusses chastier,
Soufles de son amour l'adultere brasier,
Attires son larcin, receleuse indiscrette,
Pariure à ton vieillard que le sommeil arreste.

POLIDAME.
Surseez vos regrets, i'enten quelqu'vn venir.

PROCRIS.
Oste-toy ie le veux accorte entretenir,
Luy parler seul à seul, & luy faire ma plainte
Comme si du futur ie n'auois que la crainte.

POLIDAME.
Derechef ie vous pri' que le nom soit celé
De celuy qui vous à ses amours reuelé.

PROCRIS.
Va, ie te le promets, esquiue de vistesse?

CEPHALE.
D'où prouient mon desir l'apparente tristesse
Qui flotte sur ta face & ternit sa couleur?
Dy le moy pour partir entre nous la douleur.

PROCRIS.
Vous sçauez le motif de mon cruel martyre,
Mieux que le creue-cœur ne me permet de dire,

TRAGEDIE.

Helas! vous sçauez trop la cause de mon düeil,
Düeil qui me conduira bien tost dans le cercueil.
CEPHALE.
Sçauoir qui te moleste, & au cœur te demeure,
Si ie le sçay mon heur, presentement ie meure.
PROCRIS.
Ces surnoms d'amitié ie ne merite pas,
Depuis que mon honneur approcha le trepas.
CEPHALE.
Pourquoy m'estimes-tu la poitrine fardée,
Qui couue vne vindicte en ma haine gardée.
PROCRIS.
Coupable d'vn delit ie n'ose m'asseurer,
Et m'en ressouuenant ne fais que souspirer.
CEPHALE.
Ie te l'ay pardonné de bon cœur, & pardonne.
PROCRIS.
Cela n'empéche pas que Procris ne soupçonne.
CEPHALE.
Hé! que soupçonnes-tu?
PROCRIS.
   Que iustement vengé,
Votre premier amour ne me soit étrangé.
CEPHALE.
Soupçonner sans sujet procede de folie.
PROCRIS.
Vn pertinent sujet à ce soupçon me lie.
CEPHALE.

T'ay-ie depuis vsé de pire traitement?
PROCRIS.
Vous ne m'auez traité que trop discrettement.
CEPHALE.
Ce trop discrettement sous vne pointe aiguë,
Pourtant mal à propos d'inconstance m'arguë.
PROCRIS.
Il n'y a que les Dieux, & vous qui le sçauez,
Et bien qu'il fust ainsy, de droit vous le pouuez.
CEPHALE.
,, Tout exemple mauuais aucun ne licencie,
,, Notre gloire a le suiure en demeure obscurcie.
PROCRIS.
O! vertueux propos s'il répondoit d'effet.
CEPHALE.
Qui coupable vers toy du contraire me fait?
PROCRIS.
Vne chasse maudite, vne chasse obstinée
Chasse qui tranchera bien-tost ma destinée.
CEPHALE.
L'habitude que i'ay prise de ce plaisir,
Où i'applique le tems d'vn honneste loisir,
Plus que par le passé craintiue te tient-elle,
Craintiue que ie sois à nos feux infidelle?
PROCRIS.
Il pert chez vous le nom de plaisir desormais,
C'est vne rage ardente, où il n'en fut iamais,
Vn erreur forcené, bourreau de votre vie,

TRAGÉDIE.

si l'ame d'autre part ne paissoit son enuie.
CEPHALE.
Penses-tu le soulas & le contentement
Du trauail des forests, le doux enchantement,
Alors qu'en attendant le retour de l'Aurore,
PROCRIS.
Ah! combien lentement il se la rememore.
CEPHALE.
Qu'étendu sur l'émail du fleurage odoreux,
On oit des oisillons le concert amoureux,
Et puis le iour poignant par les forests ramées,
Que l'on va discernant les laisses des fumées,
Qu'vn grand cerf découuert abandone son fort
Pour aller à l'égail tremblant de crainte sort,
Qu'il s'arreste tout court, & l'oreille attentiue
Hume le son plaisant d'vne rouë plaintiue,
Tantost voir le sanglier courir aux bleds nou-
    ueaux,
Oit sur l'herbe trotter connils, & lapereaux,
Maintenant auiser la lame qui s'appreste,
Pour nourrir ses petits & se jetter en queste,
Outre mille plaisirs, & mille autres ébats
Qu'au cours d'vn siecle entier ie ne nõbreroy pas,
T'émerueilles-tu donc si tes bois i'idolâtre,
Et si dans leurs plaisirs ie reste opiniâtre?
PROCRIS.
Oublieux neantmoins, tu as obmis de tous,
L'appas plus attrayant, & le charme plus doux,

Quelquefois le deuil des Nymphes forestieres,
Souuent les Deitez aux chasseurs familieres;
La Diane enflamma la glace d'Hypolit,
Et les baisers d'Adon Ericine cueillit,
En ce libre sejour, là tu es ie m'asseure,
Attendu tost ou tard de pareille auanture.

CEPHALE.

Comme vn songe moqueur fait voir ce qui n'est
   point,
La ialousie ainsy frenetique t'espoint,
Te fait imaginer des choses impossibles,
Ioint que ton sexe n'a d'iniures plus sensibles,
Et ioint qu'vn bon amour dont ie te sens tenu,
Veut son feu de ce bois toujours entretenu.

PROCRIS.

Helas! helas! ie sçay plus que ie n'ose dire,
Contrainte d'vn respect ie ronge mon martyre,
Mais Cephale mon-heur, pourueu qu'à l'auenir,
Sous les loix de l'hymen te plaise reuenir,
Qu'il te plaise n'en plus repeter de vengeance,
Mon mal ne prendra pas il a pris allegeance,
La source de mes yeux tarira pour iamais,
Et ne te sembleray ialouse desormais,
Autrement resolu de m'aimer de langage,
De me laisser sans plus la parole de gage,
De violer les loix de la sainte Iunon,
Me reseruant pipeur de compagne le nom,
Resolu de tromper l'innocente peu caute,

TRAGEDIE. 317

Venge-toy, vège-toy, tout d'vn coup de ma faute,
Transperce-moy la gorge, où le sein de ce dard,
Ie l'endureray mieux, & la mort m'est à tard.

CEPHALE.

Le tems te monstrera sage d'experience,
Qu'à tort tu as conçeu semblable deffiance,
Entrons ie te supplie, & laissons ce propos,
De la chasse recreu i'ay besoin de repos.

PROCRIS SEVLE.

I'ay touché déloyal au vif de ton vlcere,
C'est la raison pourquoy tu te tires arriere,
C'est pourquoy te conuient surprendre sur le fait,
Tous les moyens ôtez de couurir ton forfait,
Secrette te suiuant pas à pas à la trace,
Et par ton delateur conduitte sur la place,
Où t'attend ma riuale, où tu cours auant iour,
Détremper les ardeurs d'vn adultere amour.

ACTE V.

CEPHALE, PROCRIS, POLIDAME, L'AVRORE.

CEPHALE.

Qv'attens-tu paresseux, ta promesse te somme,
Et encore Morphée de ses pauots t'assomme,

Le sein d'vne Deesse est-il point suffisant
De secoüer le joug de ce sommeil pesant,
Le sein d'vne Déesse ouuert à tes delices
Faut-il que sur la plume attaché tu croupisses,
O indigne cent fois de l'honneur, haste-toy,
La perte que tu fais negligent ramentoy,
Songe, songe combien sur sa bouche de rose,
Sur sa bouche sucrée, & à demy déclose,
Tu aurois moissonné de ces baisers qui font
Des esprits attirez vn extase profond,
Baisers qui departis d'vne bouche si belle,
Peuuent plus que ne font ceux de la colombelle,
Mille petits amours enfantent à la fois,
Capables de courber le monde sous ses lois:
L'indiscret Phrygien ne permet que ie die,
Le plus de ses faueurs d'vne langue hardie,
Vn mystere sacré deffend les reueler,
Qui ne veut imprudent sa ruine appeller,
Iuste punition, veu que la plus commune,
N'ayme pas que le bruit vulgaire l'importune,
Veu que taire vn bien-fait, est le moindre loyer,
Qu'en le recognoissant nous puissions employer,
Allons, car le discours vn effet nous demande,
Ains des felicitez humaines la plus grande.

PROCRIS.

Le faulsaire s'en va, & mon lit échapé,
Comme le criminel de ses fers détrapé,
Glissé d'aupres de moy qui faisois l'endormie,

TRAGEDIE.

Pour courir au giron de sa nouuelle amie,
Luy porter ce qu'il m'a dérobé le voleur,
Luy porter ce qu'il a d'amour, & de chaleur,
Le barbare m'at-il la nuit fauorisée
De la moindre caresse, & seulement baisée,
Pour vne infinité de pleurs & de sanglots,
Seulement, seulement la paupiere declos,
Seulement retourné sa masse appesantie,
Ains que telle il feignoit l'âme ailleurs diuertie,
Et du simple deuis ma douleur consoler,
Daigné d'vn peu de dons mon fiel entremesler,
Quoy que le medecin n'applique le remede,
A son sage conseil l'impatience cede;
Or ne faut-il le tems dissiper en discours,
A ta conduite i'ay (Polidame) recours,
Vien me mener au lieu, me montrer la retraite
De leurs honteux larcins, que ie me tienne preste,
Que i'aille en ce delit mon traistre apprehender,
Et horrible à l'instant d'iniures l'aborder,
Mille poignans brocards vômis contre l'infame,
Qui sa couche, son nom, & sa troupe diffame,
Hastons-nous cher amy? l'attente n'y vaut rien,
Ce n'est qu'autant laisser deperir de mon bien.

POLIDAME.

Madame suiuez-moy, si ie ne vous les liure
Ainsi que desirez, que ie cesse de viure.

PROCRIS.

O! desir miserable, ô étrange desir,

Tu accrois mon dommage en me faisant plaisir.
CEPHALE.
Ie te rends grace amour du plus pur de mon âme,
Qui m'as fait préuenir le retour de Madame,
Du deuoir comparable au braue combattant
Qui le son martial des trompettes n'attend,
A se ruër vaillant, & chatoüillé de gloire,
Là part où l'étranger dispute sa victoire,
De même au rendez-vous le premier arriué,
Elle verra comment ie n'ay point retiué,
Lors que pour champ ouuert sa poitrine d'albâtre,

Ne le voudroit permettre, ha! qu'à l'heure em-
   ployé
L'honneur de la seruir ne m'est-il octroyé,
Afin de trauerser l'ennuy de son absence,
Ie vay de quelque cerf épier l'innocence,
Prester de fort, en fort, l'œil & l'aureille au bruit,
O Cieux! à point-nommé le bon-heur me conduit,
Dans ce buisson prochain i'entends fremir la beste,
Tenons-luy de ce dard la pointe toute preste.
PROCRIS.
Retire-toy soudain, i'entends quelqu'vn venir?
POLIDAME.
Ce les sont, ce les sont, il n'y a que tenir.
PROCRIS.
Esquiue, que plus pres tant soit peu ie m'approche,
CEPHALE.

TRAGEDIE.

Elle sort, sus mon bras de ta force décoche.

PROCRIS.
A l'aide, ie suis morte, helas! Cephale, helas!
Pardone à ta Procris, pardone mon soulas.

CEPHALE.
Ma Procris, ô malheur, ce nom, ce nom me tuë,
C'est fait, ie l'apperçoy chanceler abbatuë.

PROCRIS.
Mon cœur, que ie te voye auant que trépasser,
Que i'aye encor un coup cét heur de t'embrasser.

CEPHALE.
M'embrasser scelerat, m'embrasser homicide,
O cruauté du sort, ô Deité perfide.

PROCRIS.
Ma jalousie est cause, & non toy du malheur,
Ne r'engrege donc point de plaintes ma douleur.

CEPHALE.
Helas! tu as raison, les plaintes importunes,
Doiuent s'approprier aux moindres infortunes,
Les plaintes m'argûroient d'extrême lâcheté,
Autre peine n'ayant contre moy decreté,
Mais montre-moy l'endroit où tu te sens blessée.

PROCRIS.
Pour la seconde fois dans le cœur trauersée,
Vne fois de tes yeux, & l'autre de ce dard,
Dard, qui de nos moitiez va faire le depart.

CEPHALE.
Hé! Dieux! ce traitre dard m'acuse plus coupable,

X

Il me rendra le Ciel, & la terre implacable.
PROCRIS.
Tu veux, desesperé me donner vne mort
Plus cruelle cent fois, au lieu de reconfort.
CEPHALE.
(Ie veux, ie t'en coniure, & ie te le commande,
Non cuidant reparer vne faute si grande,
Cent supplices cruels ne vengent l'assacin,)
Que de ce même fer tu trauerses mon sein,
Où si tu n'as la force, impuissante, profere
D'vn clin d'œil ma sentence, & puis me laisse
faire.
PROCRIS.
O! parque auance-toy, clos mes yeux, & ma voix,
Qui d'agreable rien n'entens plus, & ne vois.
CEPHALE.
Procris, hé! voudrois-tu, voudrois-tu chere épouse,
Que le ruisseau vermeil de ta playe m'arrouse,
Que le meurtre de toy, en moy-même commis,
De lamenter chetif il ne me soit permis,
Voudrois-tu bien mourir, & que ie ne mourusse,
Vn dommage encourir que ie ne l'encourusse,
Que seruiroit l'aymant de l'antique amitié?
Où seroit la constance, où seroit la pitié?
Tu crois (ie le sçay bien) mes regrets vne feinte,
Et mes vœux à present chercher vne autre sainte,
Ie me confesse atteint de quelque nouueauté,
Mais d'auoir conspiré si lâche cruauté,

TRAGEDIE.

Tüé de guet à pens la moitié de mon âme,
Vn trépas genereux étoufera ce blâme.
PROCRIS.
Iamais donques Minos iuge de l'Orque noir,
Deuant lequel ie suis proche de comparoir,
Ne me soit exorable, & que iamais Mercure,
De décendre là bas mon esprit n'aye cure;
Qu'il erre apres cent ans aux riues d'Acheron,
Du passage fatal refusé par Charon,
Si ie te tien coupable en aucune maniere,
Si ce coup desastreux au sort ie ne refere,
Coup heureux, qui te laisse à ton contentement,
D'vne grande Déesse aymé parfaitement,
Coup que ie meritois, profane, curieuse,
D'inepte ialousie ardente, & furieuse,
Coup de soy fauorable, & mille fois humain;
Pour gage donne-moy que ie baise ta main,
Adieu Cephale, Adieu, ie n'ay plus de parole,
Permets que mon esprit sur ta léure s'enuole,
Permets que ie trépasse entre tes bras aymez,
Adieu, voilà mes vœux de tout point consomez.
CEPHALE.
Elle meurt, elle meurt; helas! elle est passée,
Vn sanglot sa belle âme a dans l'air dispersée,
Procris, chere Procris, ie ne te dis Adieu,
Ie veux du même fer mourir au même lieu,
Ie veux malgré l'enuie, & du Ciel, & des astres,
En vn braue trépas vaincre tous mes desastres.

X ij

Vaincre chere Procris la cruauté du sort,
Qui me fait l'innocent organe de ta mort,
Ie veux, ie veux te suiure, en dépit de leur haine,
Ie veux finir ma honte en finissant ma peine;
Ils ne des-vniront ce que l'amour vnit,
,, Vn bon commencement encore mieux finit,
La tache de ma foy dedans mon sang lauée
Ne paroitra non plus qu'entiere conseruée,
Que differes-tu donc, coüard, que tardes-tu?
Montre, montre, en ce coup vne mâle vertu.

L'AVRORE.

Ha! demeure felon, demeure, qu'à la face
D'vne diuinité tel meurtre ne se face,
Ie ne le permettray, r'en ce qui m'apartient,
Et voy de sens rassis celle qui te retient.

CEPHALE.

Las! Déesse, voyez que tel present m'aporte,
Voilà par son moyen mon esperance morte,
Voilà, voilà l'effet d'vne infame rancœur,
Votre dard de Procris ayant percé le cœur.

L'AVRORE.

Ie pardone au tourment de ta douleur extrême,
L'énorme impieté vômie en ce blasphême,
Mais comment t'est icy l'esclandre suruenu?

CEPHALE.

D'vn palissant martel son esprit detenu,
L'auoit à son mal-heur de me suiure inspirée,
Dans le buisson prochain d'embuscade attirée;

TRAGEDIE.

Moy qui vous atendois la iugeant au branler,
Helas! ce corps vous dit le surplus sans parler.

L'AVRORE.
Quel remede à cela? c'est vn coup d'auanture.

CEPHALE.
C'est l'execrable fruit de ma flame pariure.

L'AVRORE.
Tu n'es qu'executeur de l'arrest du destin.

CEPHALE.
Ie ne suis que d'vn feu l'execrable butin.

L'AVRORE.
Les sœurs auoient filé sa trame de la sorte.

CEPHALE.
Les sœurs veulent aussy que ie la suiue morte.

L'AVRORE.
Tu la suiuras, ton cours naturel arriué.

CEPHALE.
Apres auoir le sien de ce bon-heur priué.

L'AVRORE.
„ Celuy ne peche point, qui peche d'imprudence.

CEPHALE.
Toujours ma perfidie est motif de l'offence.

L'AVRORE.
Iaçoit que les deffunts ne conuienne blasmer,
Elle t'auoit apris l'inconstance d'aymer.

CEPHALE.
Son repentir assez recompensa la faute,
Où mes allechemens l'attirerent peu caute.

X iij

L'AVRORE.
Ton repentir égal la doit donc contenter.
CEPHALE.
Ie doy comme les siens mes iours ensanglanter.
L'AVRORE.
Non, tu ne le dois pas, & ne le sçaurois faire.
CEPHALE.
Hé! qui m'empéchera, resolu du contraire?
L'AVRORE.
La foy, que de nouueau consacre à ton amour,
Au lieu de ta Procris, la Princesse du iour,
Conforme à tes desirs, à tes humeurs reduite,
Humble à l'extremité pardessus ton merite,
Pardessus ton espoir, qui representera
Ta femme reuiuante, & te contentera,
Ne t'en ay-ie dé ja les arres auancées,
Capables d'assoupir ces plaintes élancées.
CEPHALE.
Certes, sans vous aussy, mes yeux n'ont plus d'ob-
   jet,
Qui de languir icy leur donne aucun sujet,
Le Soleil odieux reluit à ma paupiere,
Ie foule dédaigneux la terre notre mere,
Ie ne respire l'air qu'à regret, ie ne suis
Qu'vn gouffre de malheurs, vne bute d'ennuis,
Vn enfer de tourmens, vn homme, qui demeure,
Mort entre les viuans, n'ayant plus de bonne
   heure.

TRAGEDIE.

L'AVRORE.

Ce vieillard empenné, qui racle de sa faux,
Par la longueur des iours le souuenir des maux,
Eteindra les douleurs de ton âme angoissée.
Or moy de te quiter en cét accez forcée,
Atendant mon retour, te prie derechef,
Prendre patiemment ce destiné méchef,
Croire que dans le cœur ie déplore ta perte,
Et qu'en moy toutefois elle t'est recouuerte;
Adieu, iusqu'au reuoir, le Soleil malcontent
Monté dessur son char dans les ondes m'atent,
Va ce corps enfermer d'vn sepulchre honorable,
En quoy dorenauant tu luy es secourable.

CEPHALE.

Corps, jadis le palais des plus rares vertus,
La douleur me deffend tes actes ramentus,
L'vniuers les connoist, les chante, les celebre,
Tout le monde fera ta harangue funebre,
Tout le monde orphelin bâtira ton cercüeil,
Que ie precederay d'vn veritable düeil,
Confessant deuant tous la grandeur de mon crime,
Et de tous requerant la pitié magnanime,
Vouloir iuste expier mon horrible forfait,
Qui ce chef-d'œuure saint de nature a défait.

FIN.

ALCESTE, OV LA FIDELITE:
Tragi-comedie.

PAR ALEXANDRE
Hardy, Parisien.

ARGVMENT DE
ceste Tragedie.

ADMETE Roy de Thessalie, & l'vn des plus vertueux Monarques de ce temps-là, auoit pris à femme Alceste, comme digne compagne de sa fortune. Leur amour ne commençoit qu'à jeter ses premiers feux, lors que ce Prince tombe en vne griefue, & perilleuse maladie, qui l'aproche du tombeau: on enuoye à l'oracle d'Apollon pour en sçauoir l'issuë, le Dieu répond que prest de tenir l'ancienne paction faite auec Admete, du tems qu'il paissoit ses troupeaux, si quelqu'vn des siens veut changer de sort, & mourir pour luy, il promet de prolonger ses iours: l'oracle raporté en public apres le refus des pere, & mere du Roy, sur ce sujet, Alceste seule, auec vne allegresse nompareille, accepte la condition, & se donne courageusement à la mort pour sauuer son mary. Depuis Hercule s'acheminant à l'expedition de Cerbere, par le commandement d'Eurystée, suscité de Iunon, loge chez Admete, sçeut l'accident de ce bon Prince, que cette cruelle perte plongeoit en vn düeil indicible. Hercule, ainsy que protecteur de l'innocence affligée, le console, en la promesse de luy ramener viue des enfers, celle qui le tenoit mort au monde par son absence. Il poursuit donc son voyage, & selon la parole auancée, reünit ce couple d'Amants, apres d'autres occurrences, mêlées à ce riche sujet, partie imité d'Euripide.

LES ACTEVRS.

IVNON.
EVRYSTHE'E.
HERCVLE.
ADMETE.
PERE.
MERE.
ALCESTE.
PLVTON.
RHADAMANTE.
ATROPE.
CHARON.
EVRIPILE.
THESE'E.

ALCESTE, OU LA FIDELITÉ
Tragi-comedie.

ACTE I.

IVNON, EVRYSTHE'E, HERCVLE.

IVNON.

E vante plus Iunon ta grandeur souueraine,
Ne te dy plus des *Dieux*, & des
hommes la Reine,
Cesse de te vouloir dauantage
exalter,
Pour seruir d'vn ombrage au lit de Iupiter,

Pour estre d'un époux infidelle deceuë,
Pour estre auecque luy de même tige issuë:
Toy Sparte desormais, belliqueuse Cité,
Accepte tutelaire vn autre Deité;
Samos donne tes vœux, offre tes sacrifices
A qui pourra des Dieux rendre ces benefices,
Impuissante, ie cede à l'inuincible effort,
D'vn bâtard de Thebain redeuable à la mort:
Mes haines, mes rancœurs, mes forces coniurées,
N'éleuent que sa gloire aux voûtes Etherées,
Des labeurs, qui pensez m'épouuentant d'horreur,
Faciles il acheue, il y court sans terreur,
Couché dans le berceau qui ne faisoit que naître,
N'at-il mes deux serpens écrazé de sa dextre?
N'at-il depuis domté le lyon Neméan?
N'at-il depuis éteint le monstre Lernæan?
N'at-il depuis occis le sanglier d'Erimante?
Le cerf aux pieds d'airain ses conquestes augmente,
D'Augie il a purgé l'estable, où de dix ans,
Trois mille bœufs auoient leurs fumiers croupis-
    sans.
Transperçant vn dragon de ses traits homicides,
Il rauit les fruits d'or des jardins Hesperides,
L'Amazone vaincuë, & le Thrace cruel:
Ses faits semblent vne eau de flus perpetuel,
Feconds, d'oresnauant ils surpassent le nombre,
L'innocent opprimé se retire à son ombre,
L'vniuers obligé celebre ses vertus,

TRAGEDIE.

Erige ses honneurs sur les tiens abatus,
Luy dresse des autels, & d'une voix commune,
(O comble furieux de ma iuste rancune,)
Assigne à ses labeurs une place là haut,
Dit qu'au nombre celeste enrôler il le faut,
Iupiter affectant cette race adultere,
Montre assez consentir au lâche vitupere,
L'olimpe venerable en foisonne polu;
Sus, Iunon, d'un courage ardamment resolu,
Bande-toy les esprits à l'extrême ruine,
De ce germe auorté d'infame concubine:
Semele, a ressenty l'aigreur de ton courroux,
Quoy que son fruit flambant de la parque recous;
Là tu perdis la mere, icy que ta vengeance,
Consomme en sa vigueur une monstrueuse en-
    geance,
Trebuche du sommet de ses prosperitez,
Ce Geant, qui les Cieux croit auoir meritez,
Tu le peux au refus de la troupe celeste,
L'Acheron pitoyable, & fléchible te reste;
Ton plus ieune germain ta victoire obtiendra,
Ton plus ieune germain ta querelle prendra,
Confiné sous l'horreur de ses nuits eternelles,
Des peines tourmenté qui sont plus criminelles,
Plus que ton effronté suborneur d'Ixion:
Pourrois-tu desirer autre punition?
Procedons à l'effet qui me décend legere,
Sans vouloir employer Iris ma messagere,

De l'Olimpe au palais d'Euryste, que voicy,
Comme ie desirois qui s'achemine icy.

Prince Mycenien, l'heure, l'heure est venuë,
Que l'ennemy commun nos soucis diminuë,
Qu'impuissant d'obeir ie courbe sous le faix,
Que le dernier funeste efface tous ses faits,
Tu n'as que d'exercer le droit de ton Empire,
Moy de te suggerer l'industrie, & la dire.

EVRISTE'E.

Grande Saturnienne, à ton puissant secours,
I'auray iusqu'au tombeau mon vnique recours;
De toy ie tiens ce sceptre, & ta faueur me donne,
D'estre craint de celuy qui l'vniuers étonne;
Commande, ie suis prest d'obeir à ta voix,
Du cœur, & des genoux incliné tu me vois.

IVNON.

Puis que la terre ingrate a trompé notre atente,
D'y semer des trauaux plus outre ie ne tente;
Laissons à l'auenir ces monstres en repos,
Vn de ceux de l'enfer choisissant à propos,
Cerbere, ce portier implacable d'Auerne,
Mâtin triple-gozier, qui garde en sa cauerne,
Les esprits deualez au nocturne seiour,
De passer derechef à la clarté du iour;
Tiphon le procrea de la nuit infernale,
Qu'execrable d'horreur, l'horreur même n'égale,
Ses abois sont de flâme, & de soufre mélez,
De serpens sa criniere en nœuds retortillez,

Si que

TRAGEDIE.

Si que passant aupres, les ombres trépassées,
Meurent vne autre fois de sa crainte glacées:
Donne-luy de ma part en teste l'ennemy,
Affirme que son los imparfait à demy,
Demande cét exploit de courone accomplie,
Que la terre domtée, il faut que l'enfer plie,
Que t'amenant captif l'Erebique matin,
Immortel il aura triomphé du destin;
Iustement merité, mal-gré ma jalousie
(Fait cōpagnon des Dieux,) goûter leur ambrosie,
Qu'apres, tu ne pretens, tu promets n'exiger,
Hommage quel qu'il soit qui l'expose au danger,
Depêche, embrasse-moy ce mandement fidele,
Par luy i'épreuueray la serueur de ton zele.

EVRISTEE.

Tant de fois alleché de ce trompeur apas,
Aux perils i'ay porté son courage, & ses pas,
R'enflammé sa valeur à de nouuelles peines,
Que ie doute honteux de mes prieres vaines,
Déesse, & ton courous ce me semble lassé,
Se deust en son endroit contenter du passé;
L'uniuers a pitié de son sort déplorable,
Et plaint qu'à ses vertus tu sois inexorable.

IVNON.

Ha! plutost que cesser, plutost que pardoner
A ce fils de riuale, & ne l'exterminer,
L'Ocean immobile ombragera ses ondes
De bocages, de fleurs, & de jauelles blondes,

Y

L'abeille auparauant les frelons aymera,
La glace dans le feu ne se consommera,
Parauant les deserts de l'Afrique alterée,
N'auront plus de serpents, ny d'areine dorée,
Les Scytes deuiendront nauigables plutost,
Que d'adoucir ce fiel que ma poitrine enclost,
Que de ne l'affliger, que de ne le poursuiure,
Tant qu'ôté de mes yeux il cessera de viure,
Tant qu'il ait de sa teste expié le delit
D'Alcmene, dérobant Iupiter de mon lit:
N'importe la rumeur du vulgaire des hommes,
Faites à l'endurer de longue-main nous sommes,
Vulgaire, qui l'offence en son particulier,
Estime irremissible, & ne peut l'oublier:
Combien, combien au pris de cette troupe abiette,
Iunon de l'endurer est-elle moins sujette?
 Mais toy pauure abusé, que presumerois-tu,
D'Alcide permettant sommeiller la vertu?
Actiue de nature, à faute d'exercice,
Elle t'arracheroit de ses trauaux complice
Et le sceptre, & la vie, auise seulement,
De le rendre au trauail, son premier élement;
Ta seureté dépend d'où dépend ma victoire,
Tu en as le proufit, ie ne veux que la gloire.

EVRISTÉE.

L'arrest irreuocable en ton sacré conseil,
Ie ne m'efforce plus d'obscurcir ce Soleil,
Ayant l'occasion de le veoir oportune,

TRAGEDIE. 339

Qui dans ma cour se trouve à l'heure de fortune.
IVNON.
Parle-bas, le voicy; ie regaigne les airs.
EVRISTE'E
Dieux! comme en vn clin d'œil visible ie la pers,
Quel soudain tourbillon, quel nuage l'emporte?
Pouuoir digne vrayment du titre qu'elle porte.

SCENE II.
HERCVLE, EVRISTE'E.
HERCVLE.
Ton visage paroist d'vn homme soucieux,
Quelque auertissement est arriué des Cieux,
Hercule trop long tems inutile seiourne,
Le pié hors des dangers, tu veux qu'il y retourne.
EVRISTE'E
Oncques pour ton sujet ie ne creu de dangers,
Ils craignent ta presence, & la fuyent legers,
Par tout la seureté ton courage accompagne,
Et de te les nommer de ce nom ie ne daigne,
Ces monstres, ces tyrans, subiuguez aux combats,
A ta valeur ne sont rien qu'enfantins ébats,
Ce ne sont qu'echelons, qui ta vertu sublime
Montent dedans le Ciel, sa palme legitime,
Reconnoy, que sans moy ton beau los épandu,
De ta naissance n'eust témoignage rendu,
Que les hazards offerts t'ont fourny de matiere,
De champ, & d'aiguillons à vne gloire entiere,

Y ij

Entiere, vn petit point qui luy reste excepté,
Point, que plutost que sçeu tu auras accepté.

HERCVLE.

Artizan cauteleux, qui brasses ma ruine,
Sous le poison fardé de ta langue maline,
I'auroy l'esprit bien louche, & mousse de raison,
Si ie n'apperçeuoy de loin ta trahison,
Tu viens de conspirer auec vne marastre,
Qu'à mes dépens toujours ton erreur idolatre,
Et plus tu m'as flaté de loüanges, tant plus,
Ie me dois défier d'vne mortelle glus,
Ministre des rancœurs iniques d'vne femme,
Et de ses passions le satellite infame,
Tu m'as gratifié, comme on fait les poissons,
Qui rompent vigoureux leurs mortels ameçons,
Tu m'as gratifié comme vn veneur, qui laisse,
Eschapper le lion, coulpable de foiblesse:
Parle, parle, dy-moy, les destins l'ont permis,
A quelle indignité sa haine m'a soumis.

EVRISTEE.

I'excuse le soupçon qui ta prudence abuse,
On ne te dresse point de pieges, ny de ruse,
Iunon de tes labeurs satisfaite se tient,
Ce dessein glorieux à moy seul apartient,
Dorenauant ce monde imbu de ta vaillance,
Faisons qu'elle penetre en celuy du silence,
La terre triomphée, ores va triompher,
M'amenant son portier du noir peuple d'enfer

TRAGEDIE.

Montre Cerbere au iour, donne-moy sa dépouille,
Et plus du sang humain, ny d'autre, ne te souille,
Et lors de m'obeïr affranchy ie t'absous;
Car bien que ta vertu ne soit commune à tous,
Plusieurs, & de notre âge, ont surmonté des mon-
    stres;
Montre diuersement la force que tu montres,
Témoin le fils d'Ægée, & s'il faloit de moins,
Que ce Neptunien produire des témoins,
Atalante, vne vierge, a tüé de sa dextre,
Le fleau de Diane à tels combats adextre:
Combien vn Orion, chasseur effeminé,
De pareils ennemis auoit-il butiné?
Mais du sombre cahos illustrer ses beaux gestes,
Se cueillir vn laurier de ses Cypres funestes,
De forcer du destin la naturelle loy,
N'est concedé qu'aux fils de Iupin, comme toy:
Ce labeur te merite, & de luy tu es digne,
Déifie-toy donc par sa merueille insigne.

HERCVLE.

Cruel, insatiable, apres l'enfer domté,
Dy-moy, que vous auez de faire volonté;
Quel exploit conseillé de Iunon, vient en suite,
Si les Dieux de là haut ie doy point metre en fuite,
Mon pere violent de son trône arracher,
Saturne mon riual de ses fers détacher,
Où rauir le trident de Neptune, qui bride,
Les ondeuses fureurs de l'element liquide?

Dy-le-moy preparé, que sans perdre de tems,
De l'vn, ie passe à l'autre, & vous rende contens,
Dy, dy, iusques à quand ma longue patience,
Vous seruira felons de fable, & de fiance:
 Astre cent fois maudit, aspect infortuné,
Sous lequel d'vn barbare esclaue ie fus né:
Las! de ta tyrannie, à quoy tient infidelle,
Qu'ainsy que des perils, ie ne triomphe d'elle?
Vn iour, vn iour viendra, que la rebellion,
De tous mes enuieux fera punition:
Retourne en ton palais, au milieu des delices,
De ce nouueau labeur atendre les prémices,
Va, contre ton espoir ie reuiendray plus fort,
Et si Cerbere est peu, i'enchaineray la mort.

ACTE II.

ADMETE, PERE, MERE, ALCESTE, EVRIPILE.

ADMETE.

CElestes, qui percez de votre sainte veuë
Les courages humains, troupe à mes vœux
 éliie,
Tant que ie respiray la lumiere du iour,
Premier que de décendre en ce triste sejour,
Où l'éternelle nuit enuirone les ombres,

TRAGEDIE.

Où l'on n'entend que cris, que soupirs, & qu'en-
  combres,
Où les Roys égalez au pauure bucheron,
Chargent indifferens la barque de Charon;
　Ie vous ateste Dieux, que proche de la tombe,
Vn courage Royal à la peur ne succombe;
Que ie n'emporterois de regret en mourant,
Ce passage fatal à tous considerant:
Outre que mon Empire a suiuy l'exemplaire,
Du Prince vertueux qui s'efforce à bien faire,
Innocent de rapine, & de sang épanché,
Pere commun des miens, las! ie ne meurs touché,
Sinon d'un déplaisir, de ne le voir encore,
Ioüir d'un siecle d'or, que i'esperois éclore,
De boire dans le Lethe un éternel oubly,
Parauant son repos plus solide étably.
　Voilà de mes douleurs l'aiguillon plus sensible,
Et un second apres me trauaille au possible,
De vous manquer, à vous, dont l'estre i'ay reçeu,
Du deuoir d'un enfant, qu'acomplir ie n'ay sçeu,
Vous laisser au besoin, que la vieillesse acâble:
N'acusez de cela que Lachese implacable,
Ny toy chere moitié, ny toy que i'aymay mieux,
Que mon cœur, que mon âme, & que mes propres
  yeux,
Alceste, le Phœnix des vertus feminines,
Pourquoy débondes-tu ces pleureuses rauines?
Pourquoy d'une autre mort me veux-tu tortu-
  rer?

Y iiij

Notre amour au tombeau ne lairra de durer,
Vaine ombre, ie t'auray recluse en ma memoire,
Car vn pareil à luy, sur la parque a victoire,
Reprimez donc ces pleurs, qu'ensemble vous versez,
Et ma ferme constance à plier ne forcez.

PERE.

Las! helas! qui pourroit se temperer de larmes,
Ayant à suporter de si dures alarmes?
Ta magnanimité pieuse, qui reluit,
Comme vn Soleil plus beau qui fait place à la nuit,
N'augmente pas de peu l'irreparable perte,
Que nous aurons chetifs en ton destin souferte:
Mais de l'oracle enquis ignorant le vouloir,
Nous deusses-tu mon fils prouoquer à douloir?
Deusses-tu n'esperer en cette maladie,
L'assistance des Dieux qui tous maux remedie?
Ils affectent les Roys, qui suiuent droituriers,
Ainsy que toy regnans le trac de leurs sentiers,
Amitié, qu'Apollon Dieu de la medecine,
Te confirma bany de sa place diuine,
Entre vne infinité de Monarques, son chois,
Daigna te preferer, conduisant par les bois,
Par les pâtis herbus, par les riues connuës
D'Amphrise, le tresor de tes troupes cornuës:
N'offence d'vn soupçon d'ingrat, sa Deité,
Ou bien d'vne impuissance, en ta calamité;

TRAGEDIE. 345

La foy, qui veut sortir d'vn desastre, est requise,
Et plus qu'vne Hecatombe en leur endroit exquise.

ADMETE.
Certain de sa réponse, & de quelle pitié,
Il recompensera mon antique amitié,
Suiuant vn pact expres de qualité si dure,
Qu'il surpasse les loix communes de nature,
N'en parlons plus, ie n'ay que pour vous côtenter,
Euripile enuoyé l'oracle consulter.

MERE.
Pleust à sa volonté qu'il me tint, ô mon âme,
Qu'habiter en ta place vne funebre lame,
S'offrir en sacrifice, & de mon sang vieillard,
Empourprer de Cloton l'impitoyable dard;
Qu'elle me treuueroit victime obeïssante,
Qu'heureuse ie serois en l'Erebe décente.

PERE.
Mais moy, qui desormais inutile, ne sers
Que de poids à la terre, & qui frustre les vers,
Qui frustre le cercüeil de leur dépoüille duë,
Qui ne fay que languir de ma peine atenduë,
O! iniques destins, tout ce qui vit de l'eau,
Se donne précipit au gouffre du tombeau,
,,Vous laissez rajeunir le serpent chaque année,
,, L'homme excellent au pris n'a qu'vne matinée.

ALCESTE.
Las! mon deüil veritable, ennemy du discours

ALCESTE,

Ie porte dans le cœur, müet il a son cours,
Iaçoit qu'vn réconfort desormais le soulage.

ADMETE.

O ! desiré propos, qui m'acroist le courage.

ALCESTE.

Hé ! que pourrois-ie mieux, qu'ay-ie à deliberer,
Toy mort, que de te suiure, & ton sort esperer ?

ADMETE.

Tu me suiuras, ton heure à son tour ariuée.

ALCESTE.

Ta trame s'acheuant, la mienne est acheuée.

ADMETE.

Le Ciel y contredit, qui te garde plus doux,
A l'honneur merité d'vn plus capable époux.

ALCESTE.

O ! consolation fausse autant qu'odieuse.

ADMETE.

Quiterois-tu du iour la clarté radieuse,
En l'auril de tes ans, entiere de renom ?
Propre aux fruits de Venus, & aux loix de Iunô,
Sous l'ombre d'vn amour que loyal tu me portes ?
Rien moins, rien moins, l'enfer te fermeroit ses
   portes,
Te contraindroit reuiure, à nature rendant,
Son chef-d'œuure défait par vn coup imprudent.

ALCESTE.

La beauté, que nature a mis en ce visage,
Ne fut qu'à ton sujet, & pour ton seul vsage,

TRAGEDIE.

vif, tu deuois ioüir des puissances du corps,
De celles de l'esprit, reduit entre les morts.
ADMETE.
Ha! ne m'aflige plus d'ocieuses paroles,
L'éfet demontrera qu'elles ne sont friuoles,
Me veux-tu pas promettre auant que de mourir?
ALCESTE.
Dés ton dernier sanglot à la parque courir.
ADMETE.
Qu'on me l'ôte d'icy, ses plaintes inhumaines,
Rengregent de moitié mes langoureuses peines.
ALCESTE.
Que l'on m'ôte cruel, qu'il ne me soit permis,
En dépit de la terre, & des Cieux ennemis,
D'atendre, où renoüer où desourdir ta trame,
Sur tes lêvres cüeillir le reste de ton âme,
Te composer les yeux, les baisant mille fois,
Puis quand tu n'auras plus ny de pous, ny de vois,
Suiure tes pas aymez, he! de quelle allegresse?
Non, non, pour ce regard sur moy ie suis maitresse.
ADMETE.
Helas! qui de constance en mon lieu suffiroit?
Qui de l'affection vaincu ne gemiroit?
Ie cede de ma part, ie cede, ie confesse;
Mais voicy qui nous vient résoudre la tristesse,
Voicy celuy qui doit, celeste messager,
Nous affranchir de crainte, où résoudre au danger,
Profere à haute voix, & craintif ne déguise.

La réponce qui t'est de l'oracle commise.
EVRIPILE.
Enuers ta Majesté même d'affection,
Phœbus veut maintenir l'antique paction,
Ofre de prolonger la cource de ta vie,
Pourueu que d'vn des tiens la genereuse enuie,
(S'entend de ta famille) aille sans reuenir,
Chez Pluton te pléger, & ta place tenir,
Qu'au lieu du tien, son chef de victime elle y porte,
Voilà que veritable en some ie raporte.
ADMETE.
Raport nul d'éficace, hé! que sert Apollon,
Que pour m'estre clement aux miens tu sois felon?
Qu'ay-ie à me préualoir d'vne option donée,
L'impossibilité la retenant bornée?
Et ores que cela se peust executer,
Ne seroit-ce mon sang de mon sang racheter?
Il ne te souuient plus de quelle seruitude,
(Las! qui croiroit es Dieux loger l'ingratitude!)
Et bien, i'auray l'hōneur d'emporter mes bienfaits,
De dire à qui là bas ingrat ie les ay faits,
Mourons, que tardes-tu filandiere de l'âge,
Accomply de mes iours l'heureux pelerinage.
EVRIPILE.
Roy, que la Thessalie à iamais pleurera,
De qui toujours la perte en nos cœurs saignera,
L'esperance des tiens, leur gloire, leur azile,
L'oracle nous propose vn échange facile,

TRAGEDIE.

Tu vas un siecle d'ans adjoûter aux passez,
Encor que dix apres ne nous fussent assez:
Voy ton vieil geniteur, qui de garent s'appreste,
Qui voüe à ton salut, & au nôtre sa teste,
Voy son front, rayonner de magnanime ardeur,
La mort si glorieuse estimant un grand heur;
Aussy que le tombeau de iour en iour l'épie,
Que toute sa vigueur dessous l'âge assoupie,
Il ne fait que trainer une masse de corps,
Chagrineuse, & de qui l'âme se voudroit hors:
Aussy que nous irons immoler sur sa tombe,
Chaque retour des ans, une riche Hecatombe,
Qu'une feste celebre au iour de son trépas,
Les mains pleines de fleurs, y conduira nos pas;
Que nos neueux diront à leur petite race,
Ce superbe appareil de pompe, cette place,
Sont sacrez au parent du lustre de nos Roys,
Qui pour le conseruer au pays autrefois,
Volontaire permit, que la parque funeste,
Executât sur luy l'ordonance celeste,
„ O bien-heureux, qui peut à tel prix aquerir,
„ Un renom par la mort, qui ne sçauroit mourir.

PERE.

L'ignorance a cela de qualité mauuaise,
Qu'elle ne doute rien de chose qui luy plaise,
Qu'ayant l'impression du mensonge reçeu,
Un erreur Chimerique au vulgaire conçeu,
Il dispose du Ciel selon sa phantasie,

Et ne guerit iamais de ceste frenesie,
Imbecille d'esprit, stupide que tu es,
Pense à la coniecture inepte que tu fais,
Quelle comparaison d'vne ieune victime,
A ce corps languissant que la vieillesse opprime
A ce squelet osseux, dédaigné de la mort,
Implore hardiment sa clemence, du tort,
Du blasphême vômy contre ce Dieu suprême,
Parfait, il nous demande vne ostie de même,
Ieune, il veut vne ostie à son âge acordant,
Vne ostie à celuy qu'il sauue succedant.

EVRIPILE.

Il n'a specifié le nombre des années,
En vn contraire sens ses paroles tournées,
Ne te dispenseront du blâme merité,
D'auoir dessous la crainte éteint la charité,
D'auoir à ton proufit interpreté l'oracle,
Afin de nous priuer du fruit de son miracle.
 Toy donc qui le portas dans tes flâcs nouriciers,
L'affection plus tendre aux meres volontiers,
Te coniure auec moy, pieuse ne refuse
De charger son destin, t'excusant ne t'acuse,
Sois-luy mere deux fois, donne ce peu de iours
Qui te reste incertain, que tu vois au decours,
Donne-le liberale à ta chere patrie,
Qui par moy d'vne voix à iointes mains te prie
La Cigogne se jette au milieu du brasier,
Qui se doit de ses fils glouton rassasier,

TRAGEDIE.

Veut, où les retirer hors de la sepulture,
Où desire courir leur funebre auanture:
As-tu moins de courage, as-tu moins de pitié?
Moins de ressentiment d'vne viue amitié?
Vn monde perissant faute de ta parole,
Surmonteroit il point l'apprehension mole,
D'auancer d'vn momët, où d'vn iour, où de deux,
Ce passage, qui n'est qu'aux coupables hideux?
Auise, le tems presse, & au choix te déclare,
Digne mere d'vn Roy si vertueux, & rare.

MERE.

Quand le vouloir des Dieux sera de m'apeler,
Ie marcheray constante, & ne puis reculer,
Si ma mort resiloit sa vie, à la bonne heure,
Pourueu que succombant la nature, ie meure:
En toute occasion, le sage ne doit pas,
Ny mander, ny venu renuoyer son trépas,
Et lors qu'il faut passer les riues Stygianes,
Chacun y est requis endurant pour ses mânes,
Ioint que le sexe n'a rien de comparaison,
Qui ton dire appuyât de la moindre raison.

EVRIPILE.

O lâche subterfuge, ô defortuné Prince,
Las! mais toy plus à plaindre orpheline prouince,
Qui pers en le perdant ta gloire, & ton honneur,
Ta paix, ton asseurance, & ta force, & ton heur;
Hé! destins laissez-vous flechir à ma priere,
Echangeant vos rigueurs à vne plus seuere,

Le lignage sans plus excepté de l'arrest,
D'vn grand peuple soumis exiger l'interest,
Mille se treuueront, au lieu d'vne victime,
Mille vous soûleront de leur sang magnanime,
Mille de nous, voüez au salut de leur Roy,
Regarderont venir la parque sans effroy.

ALCESTE.

Cesse de témoigner l'afection loyale,
Que porte à son Seigneur la nation Thessale,
Cesse d'importuner les hommes, & les Dieux,
Qui ferment à ta voix, & l'oreille, & les yeux:
Voicy, voicy, l'hostie entiere, immaculée,
Iusqu'à l'extremité de ce besoin celée,
Voicy qui vos debats friuoles finira,
Qui s'excuser sur l'âge, où le sexe n'ira,
Qui desiroit sonder leurs volontez peureuses,
Parauant que briguer ces palmes genereuses.
Allons, que faut-il faire afin de le sauuer?
D'vn supplice nouueau le tourment épreuuer?
Dessecher par la faim, paître la flâme ardente?
Du précipice choir d'vne roche pendante?
Leur sujet, me les tourne en legers passetems,
Viuez à cela prés heureusement contens.

EVRIPILE.

O seule, à ton épous répondant de merites,
Soleil des chastetez, premiere des Charites,
S'il te plaist en mourant de préuenir sa mort,
S'il te plaist de subir la sentence du sort,

Appaisez

TRAGEDIE.

Appaiser sa rigueur, offrande precieuse,
De celle du trepas ne sois point soucieuse,
Ta pieté vaincra la cruauté des sœurs,
Elles te choisiront de leurs dars meurtrisseurs,
Celuy, qui sans douleur tranche vne belle trame,
Ton corps ne sentira le depart de son âme:
Mais (triste reconfort à nous qui te perdons,)
Autre astre de notre heur, l'vn des diuins bran-
    dons,
Requis à luy fournir sa parfaite lumiere,
T'eclipsant ta moitié s'eclipse dans ta biere.

ALCESTE.
Ainsy que le vaisseau n'a que plaindre asseuré,
Son pilote prudent de reste demeuré,
Prest de faire à la barque, & aux vents resistance,
Mon absence vous est de legere importance;
Assez de leur Hymen vous peuuent susciter
Des Roys, mais vn semblable aucun ressusciter.

ADMETE.
M'offenceras-tu tant à mon heure derniere,
Du premier déplaisir de l'offence premiere,
Que coüard m'estimer ton secours mendier?
Vouloir de ton peril au mien remedier?
Non, ie ne le croy pas, notre amitié passée,
Cét outrageux soupçon m'ôte de la pensée.

ALCESTE.
Ie sçay que tu as trop de courage à mourir,
Et ne veux que les tiens au besoin secourir.

Z

ADMETE.

Ta volonté suffit, d'elle ie me contente,
Mais plus outre passant, sur ma gloire n'atente.

ALCESTE.

I'appellerois ta gloire indiscrette offusquer,
Si tu te pouuois faire au peril remarquer,
Qu'il falluſt racheter par la mort volontaire,
Ton peuple, d'vn seruage ennemy tributaire,
Au front d'vne bataille inconu s'exposer,
Lors vn Roy ne se doit que l'honneur proposer:
Ie te conseillerois en ce cas, de ne craindre,
(Mais inutilement) de te souffrir éteindre
A l'iniuſte rancœur de ce lâche deſtin,
Seruir aux tiens de perte, à l'enfer de butin;
Ha! ne diſpute plus contre ta conscience,
Contre la verité ne peche de science.

ADMETE.

L'affection t'aueugle, eſtimant faire bien
Pour mon peuple, & pour moy, tu ne fais du tout
    rien,
Qui flambeau de ma vie, & son pole, & son ours
La tires apres toy d'vne eternelle course.

ALCESTE.

Modere ie te prie vn excez d'amitié,
Vueille-luy preferer la commune pitié,
Permets à ton Alceste auant qu'elle te quite,
Vaincre patiemment la fortune dépite,
De ne deshonorer son trépas glorieux

TRAGEDIE.

De regrets superflus, toy d'vn dueil furieux.
ADMETE.
Ie ne permettray pas qu'à mon sujet tu meures.
ALCESTE.
Alons, que voulons nous prolonger de demeures,
Vne fatalité? alons au temple offrir,
Celle qui le destin d'Admete doit souffrir.
ADMETE.
O Dieux! de ce desir la voila forcenée,
Il n'y a plus d'espoir qu'elle en soit detournée,
Si ton diuin secours n'entreuient de lien;
Las! ne te montre tant ennemy de mon bien;
Que son offre accepté la receuoir de plêge,
Tu aurois la tuant commis vn sacrilege,
Tu aurois la tuant derechef merité,
De paître les troupeaux, priué de Deité.

ACTE III.

HERCVLE, ADMETE.

HERCVLE.

Ton hospitalité, merite liberale,
Vn Empire plus grād que celuy du Thessale,
Ie le témoigneray, qui rodant l'vniuers,
Rencontre rarement ces courages ouuerts,
Ces vertus, qui regnoient au tems du premier âge,

Z ij

Que Saturne des trois faisoit un heritage,
Ie le témoigneray quelque part que ie sois,
Moy qui ren tost ou tard les biens que ie reçois,
Moy qui suis le fleau, que Iupiter enuoye,
A qui des vices tient la perilleuse voye,
Regarde, en quoy ie puis me reuencher absent,
En quoy de te seruir ie serois suffisant,
Et comme au plus aquis librement me comande,
Auise, car ailleurs la gloire me demande.

ADMETE.

Si ce commun deuoir meritoit auancé,
De se retribuer, d'estre recompensé,
Au nom de Iupiter, qui des hôtes a cure,
De tes pieux exploits qu'admira la Nature,
Prosterné, ie voudrois ta dextre suplier,
D'une affreuse prison mon âme délier,
L'affranchir des ennuis qu'angoisseuse elle traine,
Attachée à ce corps d'une odieuse chaine.

HERCVLE.

Quelle calamité desastreuse t'induit,
A vouloir appeler ce que tout chacun fuit?
A ceder aux rigueurs de fortune contraire,
Abandonné d'espoir ainsy que le vulgaire?
Releue ton courage, & croy que ie te puis,
Mettre à bord, attaqué d'un orage d'ennuis,
Dy, d'où prouient ce dueil qui couure ta famille,
Si la perte d'un fils, d'un parent, d'une fille,
Où d'une épouse?

TRAGEDIE.
ADMETE.
Helas!
HERCVLE.
Où si le soin pressant,
D'vne guerre t'afflige, à son faix impuissant,
D'abord en ce palais i'ay veu la face sombre,
I'ay veu de toutes parts vn présage d'encombre,
Les tiens, outre l'habit funeste, soupireux,
Les tiens, de ta douleur iusqu'à vn douloureux,
Cent fois ma bouche s'est ouuerte, & refermée,
Pour m'éclaircir au vray de la cause informée,
Resoût d'attendre en fin ce depart, à sçauoir
La cause de toy-même, & t'offrir mon pouuoir.
ADMETE.
Mon naufrage souffert, d'aucun n'est reparable,
Ma perte sans recousse, & irrecuperable,
Enrichist le palais de l'auare Pluton,
Rauie des fureurs de sa fiere Cloton,
Que depuis vainement i'inuoque, ie reclame,
Afin de retrouuer la moitié de mon âme.
HERCVLE.
Veuf à ce que i'entens, l'iniurieuse mort,
Cause l'affliction qui te presse si fort,
Vrayment il n'y a point de douleur plus sensible,
Et qui force plutost la constance inuincible,
Que la des-vnion d'vn pair bien concordants
Mais ore déduy-moy de plus loin l'accident.
ADMETE.

Ce n'est que t'ennuyer de paroles perduës,
Ce n'est que desirer mes larmes répanduës,
Ce n'est que prouoquer mon desespoir affreux,
A maudire le fiel des astres rigoureux,
Vômir contre le Ciel maint horrible blasphême,
Qu'extorque le recit d'vn desastre suprême.

HERCVLE.

Force-toy neantmoins, asseuré pour loyer,
Qu'Alcide à ton secours desire s'employer,
Qu'il brasse en son esprit vn moyen salutaire,
Surpassant des amis l'assistance ordinaire.

ADMETE.

Ie sçay qu'en la rondeur de cet ample vniuers,
Ta vertu n'a sentiers qui ne luy soient ouuerts,
Que son foudre détruit les choses resistantes,
Et que rien qu'à ta gloire indomté tu ne tentes;
Mais où la nuit deffend éternelle d'entrer,
Où il n'est qu'aux deffunts permis de penetrer,
D'vn sejour qui n'eust onc de sentes reconnuës,
D'vn sejour eloigné de nous plus que les nuës,
Reuoquer les effets de la fatalité,
Pardonne ie te prie à l'incredulité,
Iaçoit qu'obeissant ie te feray notoire,
De mon triste malheur la pitoyable histoire.

    Arriué sur le point, qu'vn printems vigou-
      reux,
Echauffe notre sang, & le rend amoureux,
Que le nœu de Iunon la nociere nous lie,

TRAGEDIE.

Alceste, i'épousay fille du vieil Pelie,
Sa beauté surpassoit un chef-d'œuure parfait,
Et au moule du corps son esprit estoit fait,
Moule enuoyé des Cieux, que rompit la nature,
Apres l'extraction de cette creature:
Nous vécumes ainsy que dans un bois profond
D'embûches separé, deux tourterelles font,
Deux de corps, mais d'un cœur, d'un penser, d'u-
    ne enuie,
Bref qu'un fidelle amour animoit d'une vie:
Onc ie ne sceus goûter auec elle d'ennuis,
Nos iours duroient toujours, & n'auoient point
    de nuits:
O cruel souuenir des liesses passées,
Douleurs en mon esprit ameres repassées,
Dure condition des hommes iournaliers,
Qui cueillent une rose entre mille halliers,
Plus sujets aux reuers de l'instable fortune,
Que d'orages diuers ne tourmentent Neptune,
Qui ne peuuent une heure arrester incertains,
Non plus que le courant d'un fleuue dans les
    mains:
  A peine le Soleil depuis notre hymenée,
Retournoyoit le cours d'une seconde année,
Que ie tombay malade, & proche du trepas,
N'atten chaque moment que de passer le pas:
Remede quel qu'il fust appliqué ne m'allege,
Au contraire, ce mal desesperé rengrege,

                Z iiij

J'envoye là dessus, l'Oracle visiter,
Et le trepié sacré de Phœbus consulter,
Il respond, ne pouvoir m'octroyer autre grace,
Sinon que ie subroge vn second en ma place,
Vn, qui du sang Royal, s'offre à me secourir,
Vn, qui vueille pour moy ce hazard encourir.

HERCVLE.

Condition, qui tient presque de l'impossible,
Veu qu'vn effroy graué de la parque terrible,
Fausse toute amitié, l'efface, quand il faut,
Pour les autres, tomber de ce perilleux saut;
Poursuy, ie ne voy point encores quelle route
Ton discours doit tenir, ie flote au premier doute.

ADMETE.

Helas! qu'il est facile à le conjecturer.

HERCVLE.

Auroit bien eu le cœur ta femme d'endurer?

ADMETE.

Elle a bien eu le cœur malgré ma resistance,
De courir à la mort.

HERCVLE.

O celeste constance;
Acheue, vn acte tel, si capable de los,
M'enflâme, & ne merite estre à demy déclos.

ADMETE.

Troublé d'entendement, i'oubliois à te dire,
Que Phœbus exilé hors du celeste Empire,
Inconnu, se daigna chez Admete heberger,

TRAGEDIE.

Jusqu'au terme expiré luy servant de berger.

HERCVLE.

Ainsy l'ay-ie entendu, le bruit en est vulgaire,
Lors que vengeant la mort de son fils temeraire,
Les forgerons du foudre élancé dessur luy
Il tua, soulageant ce paternel ennuy,
Que démis de sa charge, & privé d'ambrosie,
Tu fus de ses erreurs la retraite choisie.

ADMETE.

Ignare de l'honneur, ie le traitay pourtant,
De sorte, qu'au partir l'vn de l'autre content,
Son nom, sa qualité, confus il me revele;
(Car qui ne le seroit de semblable nouuelle?)
Me promet assister, & les miens à iamais,
Voire filer mes iours vn siecle desormais,
Pourueu que taloné de la parque voisine,
Ie treuue qui se voüe à sa dextre assacine;
Ainsy fauorisé d'vne même faueur,
N'esperant plus pour moy de refuge sauueur,
Comme disgracié des Cieux, & de la terre,
Reclame seulement vn tombeau qui m'enserre,
Au courage à part-moy prie Mercure, afin,
Qu'il donne à mes langueurs vne subite fin,
Qu'il conduise mon âme es plaines Elisées,
Tant de plaintes des miens, & de pleurs appaisées.

HERCVLE.

Somme, qu'en ce peril, nul de ta parenté,
Hormis elle, son chef garand n'a presenté.

ADMETE.

Non, ceux de qui ie tiens la vitale lumiere,
Ausquels l'âge a déja mis vn pié dans la biere,
Glacez de froide crainte, ils se sont excusez,
Au peuple supliant des songes opposez,
Mais boüillante d'ardeur, parauant que requise,
Alceste, (ha! nom cruel qui mes douleurs aiguise)
En vain ie ne voulus ma place luy ceder,
Voulut sa chere vie à la mort échanger,
Chargea la paction de mon destin, fût-elle,
De plus que d'vn trépas, & pire que mortelle,
Onc soldat ne courut plus alaigre de cœur,
Vne ville forcée, au pillage vaincœur,
Onc nocher échapé de la rage de Scylle,
Où du goufre opposé dans les flots de Sicile,
Ne moüille plus joyeux l'ancre au port desiré,
Onc laboureur n'a tant d'aise au cœur respiré
Emplissant ses greniers, lors qu'vne gresle forte,
De l'an second rendoit son esperance morte,
Que ce miracle beau, cét vnique Soleil,
Qui pouuoit le Caucase enflamer de son œil,
S'expose, se déuoüe, & à la gloire née,
Volontaire accomplit ma sombre destinée:
En vain ie la prieray d'éuiter ce danger,
Offrit de se jetter les yeux clos au danger,
En vain ie la supplie, en vain ie me colere,
Prens vn front de rigueur, & vn soucy seuere,
Même resolution courbe sa volonté,

TRAGEDIE.

Et comme le faucon dedans les airs monté,
Qui court apres sa proye, esperant de repaistre,
Ne connoist plus de voix, ny de signes de maistre,
Sa magnanimité repoussa mes clameurs,
Te dire le surplus ie ne sçauroy, ie meurs
Forcené de douleur, ie deteste ma vie,
Les astres, les destins, & leur maudite enuie.

HERCVLE.

Il sufit, il sufit, i'ay pitié de ton sort,
Mais tu n'as point parlé du terme de sa mort.

ADMETE.

Le terme est si recent, la playe si sanglante,
Que son corps tient encore à l'âme pantelante,
Que Phœbus nuageux, & triste du depuis,
N'a ses funebres iours égalé de deux nuits,
Las! il y a si peu, que i'espere sa bouche,
Rebaiser mille fois premier que ie me couche.

HERCVLE.

Modere ces fureurs, idolatres de düeil,
Tu la rebaiseras viue hors du cercüeil,
Premier qu'autant de fois ce jumeau de Latone,
Tire du sein des eaux sa flameuse courone,
Ie iure la remettre en ta possession,
Sa pieté seruant d'vne intercession,
Coniointe au bon accüeil que tu m'as voulu faire,
Outre que ie vay là pressé d'vn autre affaire.

ADMETE.

Parles-tu de décendre au Royaume des morts?

HERCVLE.

De ce pas décendu, ie la mettray dehors.

ADMETE.

Si le labeur n'estoit entrepris d'vn Hercule,
Ie le reputerois menteur, & ridicule.

HERCVLE.

Contente-toy d'auoir ma promesse en depost,
Que ie deffermeray la prison qui l'enclost,
Atrope contraindray de renoüer sa trame,
De r'animer ce corps, luy renuoyant son âme,
Où que l'enfer plus fort triumphera de moy,
Adieu, sur ma parole accoise ton émoy.

ADMETE.

Va, fils de Iupiter, domte-monstres Alcide,
Réduire sous tes loix ce peuple Acherontide,
Bouclier de l'innocence, apuy des afligez,
A qui tous les mortels demeurent obligez;
Heros rétablisseur du siecle de Saturne,
Va planter tes lauriers en ce regne nocturne,
Va, malgré les rancœurs iniques de Iunon,
L'autre monde combler de ton braue renom;
Eclaire le cachos du lustre de ta gloire,
Que tout cede au dessein conçeu de ta victoire;
Qu'à ce nouueau labeur tout puisse succeder,
Tout faire à tes vertus hommage, & leur ceder.
Celuy meriteroit vn supplice exemplaire,
Qui toy l'entreprenant, douteroit du contraire.
Des larues, des demons, des fantômes sans corps

TRAGEDIE.

Ne sont pour soutenir à tes moindres efforts,
Tu reuiendras vaincœur, & ma pudique Alceste,
Sous toy triomphera de son destin funeste,
Et si quelque secours là bas te fait besoin,
Le tonnant reclamé de sa race aura soin.

ACTE IIII.

PLVTON, RHADAMANTE, ATROPE, CARON.

PLVTON.

EN fin ces rauisseurs, pris, ou morts sur la place,
Reçoiuent le guerdon d'vne adultere audace,
L'auteur nous à l'iniure expié de son chef,
Réduit de prime abord au suprême méchef,
Cerbere ne luy a permis de funerailles,
Que le gouffre beant de ses gloutes entrailles,
Son second reserué, gemit dessous nos fers,
Victime consacrée au salut des enfers,
Tremeurs de qui voudroit le semblable entrepren-
  dre,
Qui voudroit sur mon trône, & ma couche pré-
  tendre.
O crime monstrueux, deprauez appetits,
L'espace enuironné de la perse Thetis,
La terre n'a dequoy contenter méprisée,

ALCESTE,

Vne ardeur de luxure en leurs sens embrasée;
Ils veulent enleuer au mépris de mon nom,
Des bras de son époux, l'infernale Iunon:
Ie n'ay qu'vne beauté viue dans mon Empire,
Où leur lubricité depuis le iour aspire,
Mais pourquoy s'étonner, si l'enfant d'Ixion,
Suit les pas perilleux de son ambition ?
Le vipere, ne peut sentir que le vipere,
Luy démentir l'humeur d'vn detestable pere,
Qui jadis honoré de la table des Dieux,
A mon germain brassa cét opprobre odieux,
Osant solliciter d'adultere sa femme,
Dont épris de colere il foudroya l'infame,
Ores puny chez nous du tourment merité,
Le fils égal d'offence, & de temerité,
Rhadamante, ie laisse à ta iuste censure,
Et à celle des sœurs sa fatale torture,
Au regard du captif complice de l'effort,
Vous y auiserez ensemble d'vn accord.

RHADAMANTE.

L'atrocité du fait, m'éblouit la prudence,
Douteux de quelle peine approcher l'impudence,
Comment l'vrne agitée iroit appariant,
Le supplice à l'excez, ta gloire iniuriant,
Comment ie garderay ma balance, de sorte,
Qu'en leur faueur panchée, elle ne soit plus forte
Capables de tourmens cruels, à les punir,
Plus que l'enfer ne peut épuisé nous fournir.

TRAGEDIE.

L'attentat de ce rapt osé sur Persephone,
Regarde outre l'hymen, à ta propre couronne,
Il reporte impuny l'asseurance aux mortels,
De ne te craindre plus, d'abatre tes Autels,
Ains de vouloir encor essayer l'entreprise,
Déployans contre toy la force, où la surprise:
Tes sujets naturels s'offenseroient, de voir,
Leur tourbe assujetie à vn lâche pouuoir,
,, Vn affront étranger, que le Monarque endure,
,, Des siens facilement luy prouoque l'iniure.

PLVTON.

Tu parles Gnossien, selon la verité,
Sans vne rigueur iuste on pert l'autorité,
Autãt sur les voisins, que sur ceux qu'on domine,
Car de l'vn, le reuolte à l'autre s'achemine:
,, Il ne faut en l'estat que broncher d'vn faux pas,
,, Pour enuoyer soudain sa puissance au trépas;
Et rarement le sort instable veut permettre,
Que nous puissions deux fois vne faute com-
    mettre,
Coulez dez la premiere au fond du desespoir,
Preuenons donc ce mal.

RHADAMANTE.

                  I'en feray mon deuoir,
Croy Pluton que le soin de ta grandeur prospere,
Les trois parts du sommeil dérobe à ma paupiere,
Obligé de l'honneur, qu'indigne tu me faits
Du titre que ie porte, outre mille bien-faits,

Ne donneray-ie point de conuenables peines,
A ces perturbateurs du bien des ombres vaines?
Ils seront, ils seront châtiez, mais, i'entens,
Ce me semble vn tumulte, & des cris éclatans,
Ecoutons, il y a du desordre sans doute.

ATROPE.

Helas! tout est perdu, tout fuit à vau de route,
Cerbere demeuré captif entre ses mains;
De courage, & de force, il passe les humains,
O Pluton déplorable, ô esclandre, ô esclandre.

PLVTON.

Vn extrême peril est facile à comprendre,
Atrope épouuantée, à nous approche icy,
Quel objet de frayeur subite t'a transy?

ATROPE.

Arme-toy seulement resolu de combattre,
Si tu ne te veux voir englouty du desastre.

RHADAMANTE.

R'asseure ton effroy, sa cause racontant.

ATROPE.

Ma voix ne peut sortir du poumon haletant,
Ie suis helas! ie suis de sueur, & de glace,
Remettant à mes yeux la terreur de sa face.

PLVTON.

Ne nous tiens plus suspens, qu'à ce present danger
Chacun à son deuoir auise à se ranger.

ATROPE.

Vn Geant décendu, te denonce la guerre,

De qui

TRAGEDIE.

De qui les moindres coups ressemblent vn tonnerre,
Cerbere l'enleuant de pareille façon,
Qu'vn pescheur de sa ligne enleue le poisson.
PLVTON.
Cerbere surmonté, la crainte te transporte,
Hé! qui donc gardien demeure à notre porte?
ATROPE.
Sans deffence restée, il en est possesseur.
PLVTON.
Que ne vient Iupiter luy-même rauisseur
Du sceptre fraternel, puis qu'il donne licence,
Aux mortels d'attaquer ainsi mon innocence.
ATROPE.
Et (surcroist de malheur) continuant ses coups,
Il a le prisonier que nous tenions recous,
Qui maintenant bouffy d'implacable rancune,
Proteste ruiner les tiens, & ta fortune.
PLVTON.
Doncques n'auons-nous plus que craindre desormais,
Donc le hazard au pis dorenauant ie mets,
Mon apprehension plus grande est accomplie,
Toutefois n'attendons que ce vaincœur nous lie,
Rhadamante, suy-moy, l'exemple de deux chefs,
Suffit à détourner de terribles méchefs.
RHADAMANTE.
Concede que premier ie l'aille reconnoître,

Ma perte n'est qu'un nombre inutile décroître,
Nulle de consequence, à l'Empire assailly,
N'auanturant que moy tu n'auras point failly:
Mais de te hazarder dessur l'incertitude,
L'espoir, l'unique appuy de cette multitude,
Pluton ne le fay pas; conserue-toy prudent,
La sauueté de tous de la tienne pendant:
Souuerain de l'Erebe, & qui tiers de puissance,
Egaler Iupiter pour la diuine essence;
I'imite un bon pilote, embrassant le trauail,
De commander à tems, & seul au gouuernail.

PLVTON.

O friuole conseil, que l'ennemy i'attende,
Presumant commander ceux que la peur com-
mande,
Ceux de qui le courage aux talons deualé,
Voudroient mon ennemy dans le trône instalé?
Non, non, l'extrémité moque ta préuoyance,
Il ne faut plus auoir en sa dextre fiance,
Mon fidele Cerbere entrainé d'un plus fort,
Et luy que i'estimoy mon principal confort:
Toy, qui tranches le fil de ce qui vit au monde,
Qui peuples d'habitans notre voute profonde,
Qui ta frayeur empreinte à tous les animaux,
Ne pouuois-tu d'un dard obuier à ces maux?
Ne pouuois-tu voyant l'ennemy face à face,
De quelque coup mortel étoufer son audace?

ATROPE.

TRAGEDIE.

Mille, à me décharger du blâme seruiront,
Mille, & mille, témoins des esprits, te diront,
Que deux fois contre luy i'ay ma trousse épuisée,
Que mes dars émoussez luy seruoient de risée,
Spectacle qui d'horreur m'a contraint herisser,
Et fuitiue vers toy sans armes rebrousser.

PLVTON.

Sçais-tu quel est son nom?

ATROPE.

Le sçauroy-ie? qu'à peine,
Il souuient à mes yeux de chose si soudaine.

PLVTON.

Proche, encore auras-tu sa taille remarqué,
Et les armes de qui t'a vaincœur attaqué?

ATROPE.

Assez mal toutefois, vne grande peau rousse
De lion l'enuelope, outre l'arc, & la trousse,
Sur l'épaule senestre, il n'est point empesché,
De porter le fardeau d'vn gros tronc ébranché,
Peu à peu se formant vne noüeuse teste,
Qui des deux bras lâchée, éclate la tempeste,
Applatiroit du coup les monts plus orgueilleux,
Aux valons égalant leurs coupeaux sourcilleux,
Sa taille, de hauteur au courage pareille,
En luy, figure-toy des Titans la merueille.

PLVTON.

Tels signes, m'ont dépeint l'inuincible Thebain,
Fils naturel issu des feux de mon germain,

Aa ij

Celuy qui nous a tant consacré de victimes,
Ennemy des tyrans, & vengeur de leurs crimes,
L'apparence me trompe, il ne viendroit icy,
Pour troubler mon repos, & me traiter ainsy,
Innocent, qui n'eus onc auec luy de querelles.

RHADAMANTE.

Charon t'en donnera de certaines nouuelles,
Hâtif s'acheminant.

PLVTON.

Qui t'amene vieillard?
Où sommes-nous reduits à present du hazard?
Quel party prendrons nous? quelle retraite seure?
Quel superbe ennemy vainement nous épeure?

CHARON.

Alcide sur ma foy relâché, m'a commis,
Moyenneur d'vne paix qui vous rendit amis,
Par ces mots declarant les concepts de son âme,
Qu'agresseur (disoit-il) votre Roy ne me blâme,
Ie n'aborde ces lieux, que forcé du vouloir
D'vn tyran, que Iunon fait sur moy préualoir,
Préualoir traitrement d'vne heure infortunée,
(Pluton se souuiendra de telle destinée,)
Referant à ses loix l'infructueux butin,
Que i'aquiers en celuy de son triple mâtin,
Plaisir iniurieux du Prince de Mycenes,
Dommageable à l'enfer, inutile à mes peines.
Au regard d'vn amy liberé de vos ceps,
Il ne peut m'accuser de rancune, où d'excez,

TRAGEDIE.

L'honneur, & le devoir, veulent que ie le face,
Qu'il poise ma fortune, & se mette en ma place:
Reste vn point, à vuider ensemble nos discords,
L'âme d'Alceste franche, & rendüe à son corps,
D'Alceste, que le sort inique vous envoye,
Que trop de pieté mist à la parque en proye,
Qu'afin de ne laisser son Empire honnir
Du nom de tyrannie, il ne doit retenir,
Cela fait, ie promets desister de poursuivre,
Retournant sur mes pas, de peur ie le delivre.
Sinon, chacun de nous monstrera son pouvoir,
Va, depêche, & me fay la réponse sçavoir,
Qu'vne heure i'attendray d'espace limitée,
Resou-toy donc Pluton, sur l'offre presentée,
Avise à le chasser par force de l'enfer,
Où d'amitié cedant la discorde étouffer.

PLVTON.

Que difficilement vn chois de deux extrêmes
Impourueu se résout, l'esprit hors de soy-mêmes,
Rhadamante, dy-moy plus rassis de raison,
Celuy qui maintenant te semble de saison.

RHADAMANTE.

L'vn t'estant honorable, & l'autre salutaire,
Müet ores ie fay beaucoup mieux de me taire.

PLVTON.

Rien moins, à ce besoin m'obseruer du respect,
Te retiendroit plutost de trahison suspect,
La misere commune à l'heure nous égale,

Et ma permission te dispense Royale.

RHADAMANTE.

Contraint de t'obeïr, i'estimeroy plus seur,
Auecques ce Heros proceder de douceur,
Veu principalement que ta noire contrée,
N'est forte à subiuguer qu'à cause de l'entrée,
Auantage, occupé de luy de tous côtez,
Tenant la barque où sont les Mânes traiettez,
Maitre du port fatal, & maitre de Cerbere,
Recous d'vne esperance, & premiere, & derniere,
Tes esprits r'allier de frayeur éperdus,
Par les cachos obscurs du Tartare épandus,
Plutost es tourbillons l'areine dispersée,
Du Nasamon seroit ensemble ramassée,
Plutost le dard seroit retenu de l'archer,
Qu'au but d'vn bras nerueux il vient de déco-
    cher;
Ne l'esperons iamais; d'ailleurs, la paix offerte,
N'offense ton honneur, hormis en vne perte,
Legere, à qui voudra luy comparer au pris,
Ton Empire, en hazard de la sorte surpris.

CHARON.

I'oublioy, que passant, des ombres fremissantes,
Des ombres, à tes loix de force obeïssantes,
Murmurent d'vn reuolte, & sont plus qu'à demy
Resolües, d'aller s'offrir à l'ennemy,
Iaçoit qu'interuenu, i'ay d'vn propos afable,
Aucunement rompu ce complot domageable,

TRAGEDIE.

Et celles remarqué, qui l'orage passé,
Meritent vn suplice au crime compassé.

PLVTON.

O Pluton mal-heureux, ô sujets infidelles,
Empire, qui sans plus de soucis me martelles,
Empire, de neant, establi sur les morts,
Que me sert posseder tes auares tresors?
De richesses passer Iupiter, & Neptune?
Inutiles d'vsage à ma cohorte brune,
Nulles, pour l'animer au hazard des combats:
Chetif, treuue à ta honte vn baraîthre plus bas,
N'accepte desormais que ce titre d'esclaue,
Puis qu'vn entrepreneur te commande, te braue,
Te prescrit vne paix selon sa volonté,
Du moins, si ie l'auois teste, à teste, affronté,
Que le sort m'excusant des armes iournalieres,
Il falut du vaincœur supporter les coleres;
Mais aussy de se prendre à vn qu'on sçait plus
　　fort,
A vn desesperé qui fait peur à la mort,
Que l'vniuers redoute, & sous qui le Ciel trem-
　　ble,
C'est estre temeraire, & malheureux ensemble.
　Donc appliquons au mal consulté l'appareil,
,, Celuy peche le moins, qui peche par conseil,
Vous auteurs, en aurez la premiere infamie,
Et contre le poison d'vne langue ennemie,
Opposez de rempart, i'attesteray toujours,

Qu'en courage abondant, ie manquay de secours,
Charon, va luy mener ceste ombre demandée,
Mais fein que ie ne l'ay qu'en échange accordée
Du chien qu'il nous detient, si tu le retirois,
Et ma perte, & mon los recouurez ie dirois.

SCENE II.

HERCVLE, THESE'E, CHARON, L'OMBRE D'ALCESTE.

HERCVLE.

CHer Thesée, il se faut à la force resoudre,
Sans se couurir le front d'vne honorable poudre,
Nous n'aurons la raison de ces phantômes vains,
Le terme passe, auquel nous nous sommes astrains;
Du silence ennemy la coniecture aisée,
Deffie les efforts d'Hercule, & de Thesée,
Donons, alons tirer Proserpine, Pluton,
Megere, Thysiphone, & leur sœur Alecton,
Que les Parques en suite accroissent ce trophée,
Allons, pendant l'ardeur qui nous tient échauffée,
Saturne mon ayeul deliurer de ses fers,
Et le laisser partant paisible des Enfers,
Car ie prefererey seruir en l'autre monde,

TRAGEDIE.

Au pouuoir souuerain de ce cahos immonde,
Assiegé des horreurs d'vne eternelle nuit,
Où l'oreille n'entend qu'vn lamentable bruit
De l'ardent Flegeton, des eaux Acherontées,
Que suiuent de leurs voix les ombres tourmen-
    tées,
Et où l'alme Ceres, ny le bon Bromien,
D'vn espoir de moissons ne nous consolent rien,
Hastons-nous d'acheuer l'exploit, que l'on me
    quitte,
De ces tristes damnez la demeure maudite.

THESE'E.

Permets, toy spectateur, que ie venge mos los,
Que de peur de combattre en son palais renclos,
Cét infernal tyran ie mette à la cadene,
Ton courage polu d'vne si lâche peine,
Maistre de ce passage, il est à ta mercy,
On ira le forcer dorenauant, ainsy,
Qu'vn cerf dedans son fort, dépoüillé de sa teste,
Et ne croy qu'autre cas ton ambassade arreste
Hormis le desespoir, & l'effroy qui le tient,
Le doute qu'vn appas ta demande contient,
Que de l'offre de paix proposé tu l'amuses,
Que tu te veux ayder de Martiales ruses,
Autrement, il ne fust encor à l'accepter.
Mais voy qu'ainsy ne soit, mon auis resulter,
Charon te rapportant la palme glorieuse,
Qui borne ta victoire en cette ombre pieuse.

CHARON.

Fidele entremetteur du commun different,
Pluton à ta requeste exorable se rend,
Luy, qu'vn nombre infiny de Manes enuirone,
Eleuez belliqueux au giron de Bellone,
Enragez de combattre, & monstrer à ses yeux,
Qu'ils peuuent faire teste à la mer, & aux Cieux,
Luy qui sçait, vne paix blecer moins honorable
Sa Deïté sublime, & son rang venerable,
Nonobstant la préfere, amateur du repos,
D'vne oreille benigne a reçeu mes propos,
Au rancœur imputé de sa sœur, ta marastre,
Qui traine ta vertu de desastre en desastre,
La violence faite, & bref, t'a renuoyé,
(Vœu qu'il n'auoit iamais parauant octroyé,)
L'ombre d'Alceste, afin que du iour éclairée,
Elle aille reünir sa moitié desirée,
Te donne vn criminel, coulpable de cent morts,
Seulement son portier ne sortira dehors,
Tu ne le priueras de son grade ordinaire,
A garder dessur tous l'Erebe necessaire.

HERCVLE.

Ie pardonne imposteur à ton âge, au surplus,
Repasse-nous la barque, & ne conteste plus,
Asseurant ce Monarque inuincible, qu'Hercule,
D'aucune ambition ne s'éprend ridicule,
Que content du retour, de l'Auerne vaincœur,
Son sceptre infortuné ie luy ren de bon cœur,

TRAGEDIE.

Allons,

CHARON.
Ie n'oseray transgresser,

THESE'E.
Spectre infame,

CHARON.
Helas! de m'offencer n'encourez pas le blâme,
I'iray, me voila prest, Pluton m'excusera,
Car toujours vne force excusable sera.

HERCVLE.
T'excuse, où non, si fol tant soit peu tu rétiues,
Cerbere, & toy, couplez par les citez Argiues.

CHARON.
Apaise ce courrous.

HERCVLE.
En dépit de Iunon,
Accroistrez la splendeur du lustre de mon nom.

ACTE V.

ADMETE, HERCVLE, ALCESTE, THESE'E.

ADMETE.

Lassé de retramer vne esperance vaine,
O Dieux! prenez pitié des longueurs de ma peine,

Ne me separez plus de moy-même viuant,
Si l'on vit pour vn corps de la douleur mouuant,
Si la clarté du iour funeste à nos paupieres,
Si le miel des grandeurs, enfielant nos miseres,
Si notre voix changée en sanglots continus,
Si des liens du corps si fresles detenus,
On laisse de goûter vne mort en la vie ;
Si le contentement est sa cause rauie,
Iusques icy pareil au pilote peureux,
Qui void du pole encor quelques signes heureux,
Il resiste à la vague, il combat le naufrage
Qui le presse eminent, de l'art, & du courage;
Mais depuis que l'hyuer d'vne orageuse nuit,
En des bancs inconnus sa nauire conduit,
Que le timon brisé s'enterre sous l'areine,
Qu'il n'a plus voile entier, cordages, ny carenne,
Alors le miserable appelle à haute voix
La parque, & de frayeur trépasse mille fois,
Voudroit auoir dé-ja soûlé la faim gourmande
Des Phoques mariniers, que Prothée commande;
Ainsy l'espoir doné du preux Thyrintien,
Mes douleurs a flaté sensibles, comme rien,
Tant que i'ay reconu le pere ailé de l'âge,
S'acorder à sa foy qu'il me laissa de gage:
Mais ores que l'indice aparent au sejour,
Priue Alcide forclos à iamais du retour,
Demontre clairement sa vertu succombée,
Mon âme au premier dueil souhaite retombée,

TRAGEDIE.

De sortir de sa geole, & mise en liberté,
Dans l'Elyse ioüir d'vne aymable clarté.
  Helas! s'il ne tenoit qu'à s'ouurir la poitrine,
Qu'à prendre d'vn poison mortel sa medecine,
Que le troupeau comis de ce peuple innocent,
Sans cesse autour de moy de crainte fremissant,
N'eust forcé mes desirs, ie iure, ô chere cendre,
Qu'apres toy, pas, à pas, la mienne alloit décendre,
Elle s'alloit méler en vn même tombeau,
Tombeau, qui tiens l'amour, son arc, & son flambeau,
Tombeau qui tiens l'honneur, la chasteté, les graces,
Tombeau, chez qui les Dieux mortels voudroient leurs places,
Tombeau de mon bon-heur, ie m'en vay te reuoir,
Et vn torrent sur toy de larmes repluuoir,
Et te renoueueler ce sacré-saint hommage:
  Mais quel bruit me surprend? quelle trompeuse image,
Hercule acompagné d'vn Heros, hé! bon Dieux!
Alceste le suiuant, Alceste, ô traitres yeux
Qui receuez ce charme, il n'y a point de charme,
Voila son port, son front, sa vesture, & son arme.

HERCVLE.

Ote l'étonement qui trouble tes espris,
Alcide couroné du labeur entrepris,
Enuers toy se reuient aquiter de parole,

Il remet en tes bras ta reuiuante idole,
C'est elle, c'est Alceste, au propre, au même état,
Qu'auant que d'icy haut la parque l'emportast :
De merueille rauy, son âme separée,
Flote entre la liesse, & la crainte égarée,
Nous regarde sans voir, nous entẽd, sans pouuoir,
L'auis par son efet croyable conceuoir :
Va sa chere moitié l'affirmer, de ta bouche
Sur la sienne imprimée anime cette souche,
Guery subitement le mal que tu luy fais,
Et d'vn nouuel Hymen l'alliance refais,
Qu'à notre occasion la honte ne te tienne,
Tu ne prendras de luy rien qui ne t'apartienne,
Semblables priuautez de l'épouse à l'époux,
Long tems auparauant se pratiquent chez nous.

ALCESTE.

Qu'est-ce cy mon desir ? extatique en la place,
Veux-tu que l'Acheron de rechef ie repasse ?
Veux-tu point reuenir de ceste pâmoison,
Qui semble t'éblouïr la veuë, & la raison ?
Veux-tu point prosterné remercier, qui dagne,
Sauue te ramener ta fidelle compagne ?
Qui pour me rendre au iour vne seconde fois,
A contraint le destin de violer ses loix ?
Reuoque l'allegresse en ton mâle courage,
Seur qu'on ne te repaist d'vne trompeuse image.

ADMETE.

Ha ! secourable voix, de ton celeste accent,

TRAGEDIE. 383

Tu me chasses l'horreur d'un spasme languissant,
Voix, qui mon sein tremblant perces inesperée,
Sans toy i'alois quiter la lumiere Eterée,
De grace, recommence à me certifier,
Qu'à mes yeux maintenant ie me puis bien fier.

ALCESTE.

Pardone à l'amitié qui sa langue manie,
Qui l'entiere creance à tes propres dénie,
Ne se voulant qu'à moy laisser persuader,
Du peril qu'il t'a pleu me permettre euader.

HERCVLE.

Où seroit la prudence au monde suffisante,
De ne se point troubler en ce qui se presente,
Certes ton accident l'excuse merueilleux,
Et moy ie pren plaisir à ce doute amoureux.

ADMETE.

O puissant demy-Dieu, sacré pourtrait d'un pere,
Qui l'Olimpe regit, & l'uniuers tempere,
Debonaire, clement, propice, bien-faicteur,
Essence de mon mieux, sa source, son auteur,
Veritable en promesse, inuincible, equitable,
Appuy de l'innocence, au vice redoutable,
Las! que pourrois-ie offrir à ta grandeur, d'exquis,
Quand tu t'es, moy, les miens, & mon Empire
    aquis,
Que pourrois-ie t'offrir d'agreable salaire,
Sinon que ie t'accepte à toujours tutelaire,
Que mes vœux desormais seul te réclameront,

Sinon que nos Autels en ton nom fumeront,
Que ie confesseray ne deuoir qu'à ta dextre,
Ma vie, mon salut, mon hon-heur, & mon sce-
　　ptre ;
Que ie confesseray celuy ne meriter
Tes diuines faueurs, qui en ose douter,
Arrachant de la mort qui te plaist magnanime,
Enfant de Iupiter auoüé legitime,
Donne-moy de baiser ta vainqueresse main,
De receuoir present l'homage souuerain,
D'accepter, que i'encense à ta grandeur sacrée,
Qu'on t'offre d'vn taureau l'hostie consacrée,
Qu'vn peuple me suiuant, vienne adorer de rang,
Celuy qui le rendra de tout desastre franc.

HERCVLE.

Vn iour arriuera, que la celeste bande,
Du terrestre purgé, souscrira ta demande,
Qu'auec elle regnant, ie receuray ma part
Des suprêmes honneurs que l'homme luy depart :
Ores telle qu'elle est suiuons la destinée,
N'irritons les fureurs de Iunon forcenée,
Moy content de ma gloire, & d'vn nœu te tenir,
D'amitié mutuelle étreint à l'auenir.

ADMETE.

Refuse de guerdon les temples, les victimes,
Frustre de l'hōneur dû tes bien-faits magnanimes,
Si n'empécheras-tu nos courages ardens,
De voler apres toy, t'inuoquer au dedans,

TRAGEDIE.

Si n'empêcheras-tu de courir nos loüanges,
D'icy, iusques aux bords des peuples plus étranges,
De trauerser du Nil, iusqu'au Gange Indien,
Et du Scythe glacé, iusqu'au Numidien:
Mais ores quel Heros ton retour accompagne,
Veu que seul tu passas en la morte campagne,
Que veut ce monstre affreux?

THESE'E.

Il n'appartient qu'à moy,
De resoudre ce doute, en te tirant d'esmoy:
Recous d'vn pire sort dans les horreurs d'Auerne,
Que ce matin tenoit captif en sa cauerne,
Vif, & mort, languissant dessous de pesans fers,
Tandis que le courous du Prince des enfers,
Inuentoit vn tourment conforme à mon outrage,
Même tems a finy ma peine, & ton veuuage,
Même bras a rompu mes ceps, & ses liens,
D'où elle tient le iour, obligé ie le tiens,
Tellement obligé, que ce grand benefice,
Il ne retribuerois m'offrant de sacrifice.

ADMETE.

Donc Soleil des vertus, ta clemence ne luit,
Dessur vne à la fois en l'infernale nuit,
Deux retournent sauuez, à l'abry de ton aile,
Deux chantent à l'enuy ta victoire iumelle,
Deux t'ont veu triompher de ce destin, qu'on dit,
Asseruir Iupiter, qui le foudre brandit:
Deux t'ont veu démentir l'erreur du vitupere,

Bb

Que le vulgaire athée imputoit à ton pere,
Tu as étaint ce blâme, en meritant les Cieux,
Autrement que beaucoup d'ennemis ocieux,
Oré ton geniteur, inimitable au reste,
De ceux qui sont assis à la table celeste.

HERCVLE.

En votre endroit ie n'ay qu'vne debte acquité,
Que suiuy le sentier de la pure equité,
L'vn d'amitié conioint depuis maintes années,
Valeureux, & courant presque mes destinées;
L'autre que ce lien de l'hospitalité,
Que l'iniuste rigueur d'vne fatalité,
Outre l'occasion du voyage commune,
Commandoient secourir en ce grief infortune:
N'ayez soin que de viure heureusement contens,
Vous que l'amour cōuie à la fleur d'vn printems,
Vous qui recommencez vn nouuel hymenée:
Moy ie ne puis manquer à la tâche donnée,
Spartes où mon Tyran preside, est en rumeur,
Luy dé-ja tressaillant d'vne allegre tremeur;
Pour peu, qu'outre le terme en ce lieu ie sejourne,
Croyant que des enfers Hercule ne retourne,
Leur portier enchainé present qu'il m'a requis,
Afin de l'enfermer dessus ce point enquis,
Remettre entre ses mains, & de là, s'il s'auise,
Poursuiure le labeur de plus haute entreprise.

ADMETE.

Ha! ie ne permettray nonobstant ce propos,

TRAGEDIE.

Que tu partes d'icy, sans prendre du repos,
Se colere Iunon, se dépite Euristée,
La faute ie consen dessur moy reiettée;
Mais nous festoyerons ton retour au palais,
Tu y respireras de ce penible faix.

HERCVLE.

Nullement, où la gloire importante nous lie,
Il faut que ses plaisirs, & soy-même on oublie,
Adieu, le Ciel vous garde à iamais de méchef,
Et toutes ses faueurs pleuuent sur votre chef,
Alons Thesée.

THESE'E.

   Alons illustre fils d'Alcmene,
Appaiser à ce coup sa riuale inhumaine,
Alons épouuenter les Argiues citez,
Des lauriers infernaux en Cerbere aportez.

ADMETE.

Etrange cruauté du destin, qui nous ôte
L'hôneur, de receuoir un bien-faicteur pour hôte,
Mais, puis que tous nos vœux ne te peuuent flé-
 chir,
Puisque cette douleur il nous faudra franchir,
Adieu gloire des Cieux, ferme appuy de la terre,
Ha! ma voix de regret au poumon se resserre,
Adieu, ie ne sçauroy dauantage parler,
Et rien que de nos cœurs l'offre renouueler.

HERCVLE.

Alez du tems perdu récompenser la perte,

Vous jeter amoureux dedans la lice ouuerte
Des humides baisers, des douceurs de Cypris,
Tandis i'acheueray le voyage entrepris.

ALCESTE.

Quite, quite mon cœur la tristesse conceuë,
Obeissons ensemble à la charge receuë,
Ton vouloir accepté, suffit à sa grandeur,
Serois-tu sans pitié vers la cruelle ardeur
Qui brûle ton Alceste, & reprendroit sa vie,
Si tu ne secondois son amoureuse enuie,
Si tu ne la baisois de même volonté,
Qu'elle te va baiser au combat affronté,
Que ie t'embrasseray de l'amitié forcée,
Quoy que de toy premier ie deusse estre embrassée.

ADMETE.

O reproche agreable, agreables défis,
Enuoyez de Ciprine, & de son aymé fils,
Ainsy que tu le veux, preparé de combattre,
De ce front mille fois ie suçeray l'albâtre,
Ie suçeray le miel de ce corail jumeau,
Ie vous moissonneray fleuries au tombeau (les,
Plus qu'humaines beautez, aussy chastes que bel-
Que d'aucune tristesse il ne soit plus nouuelles,
Qu'aucun soucy notre heur ne présume encōbrer,
Et joyeux ne pensons, sinon de celebrer,
A cō second Hymen, vn iour, de qui la joye,
Sur un peuple à son Roy comune se déploye.

FIN.

ARIADNE RAVIE.
Tragi-comedie.

PAR ALEXANDRE Hardy, Parisien.

ARGVMENT DE
cette Tragedie.

ARIADNE, fille de Minos Roy de Crete, rauie au premier aspect des bonnes graces, & perfections de Thesée, que l'on aloit exposer de curée au Minotaure, (comme l'vn des enfans du tribut, que les Atheniens payoient chaque année à ce Roy, pour reparation du meurtre de son fils Androgée,) le deliure du labyrinthe. Et sous promesse de mariage, se laisse enleuer auec Phœdre sa sœur, à laquelle Thesée promet son fils Hypolite de mary, estant de retour à Athenes. Ces sœurs credulement indiscrettes, pillent aussy les tresors du pere, & prennent la fuite auec ce ieune Prince étranger, qui séduit de la nouueauté, transporte son amour à Phœdre, & sans consideration des plaisirs de sa sœur, qui luy auoit par maniere de dire rendu la vie, la laisse en l'Isle de Naxe, faisant voile la nuit à son deceu. Ariadne apres la trahison découuerte, outrée de de-

sefpoir, se précipite d'vn rocher dans la mer; mais soûtenüe de quelques buissons en sa cheute, elle y demeure pâmée, tant que Bacchus, qui retournoit victorieux de l'expedition des Indes, vient aborder en l'Isle, où il la prent à femme, & d'vne extrême misere, l'éleue au comble de toute felicité.

LES ACTEVRS.

MINOS.
PHRONIME.
NEOPTOLEME.
THESEE.
PHALARE.
PHOEDRE.
ARIADNE.
L'OMBRE D'ANDROGEE.
BACCHVS.
SILENE.
PAN.

ARIADNE RAVIE.
Tragi-comedie.

ACTE I.

MINOS, PHRONIME, NEOPTOLEME.

MINOS.

ONARQVE mal-heureux
plus que le mal-heur même,
A qui te plaindras-tu de ta
misere extrême,
Au Ciel, où aux destins ? qui communs ennemis,
Ont à ce double rapt l'impunité permise?

Iupiter ce grand Dieu qui le monde tempere,
Qui te connoist pour fils, que tu connois pour pere,
Endure (ô cruauté) qu'vn corsaire étranger,
Triomphe de ta honte au milieu du danger,
Qu'il frustre de tribut les mânes d'Androgée,
Sa vie, du peril de cent morts assiegée,
Captif du labyrinthe aux inconus détours,
Où l'infernale nuit se rencontre toujours,
Où l'implacable faim d'vne horreur de nature,
Dans son ventre deuoit faire sa sepulture,
Où rien ne paroissoit qu'vne image de mort,
Où le courage estoit inutile, & l'effort,
Echappé neantmoins par les sourdes pratiques,
Qu'eurent auecques luy nos filles impudiques,
Voilà qu'il les enléue, effronté suborneur,
Voilà tous mes tresors en proye, & mon honneur!
La gloire de ma vie en vne heure étoufée,
Ma sterile poursuite augmente son trophée,
Et lâche ie suruis, importunant les Cieux,
De soupirs feminins, de regrets ocieux,
Et lassé du trauail continu qui tout domte,
L'vniuers à ce bruit rougira de ma honte,
Croira que les lauriers aquis en mon printems,
Ne sont qu'vn los épars d'imposteurs me flatans,
Qu'onc Minos ne força la coupable Megare,
Puis, (chef-d'œuure exploité de vaillance plus
     rare)
Que foudroyant l'orgueil d'Athenes, il n'a mis,

TRAGEDIE.

Au peuple Cecropide à sa mercy soumis,
Vn impost annuel répondant à son crime
De deux fois sept enfans, que placable victime,
La beste iusqu'icy t'immoloit mon enfant,
Memoire, qui le cœur de pitié me refend,
Mais qui doit r'allumer vne iuste furie,
Offrant la race entiere à ton ombre meurtrie.

PHRONIME.

Peu, reduits au peril de l'eminent trépas,
Treuueront vne issuë, & ne sortiront pas,
Et dédaigner la ruse, où la vaillance est nulle,
Prouiendroit d'vn erreur grossier, & ridicule.

MINOS.

L'infame auoit ourdy sa lâche trahison,
Parauant que subir ces erreurs de prison,
Sans asseurance il n'eust hazardé sa persone,
Verité que la voix publique nous resone.

PHRONIME.

„ Moins vn penible exploit sent sa temerité,
„ Et tant plus de gloire a son auteur merité.

MINOS.

Donque son brigandage impudent, tu estimes
Le titre meriter des actes magnanimes.

PHRONIME.

Pour vray, qu'endommagez, nous reputons for-
    fait,
Du plus grand ennemy le plus celebre fait;
Nous voulons ébloüis des passions de l'âme,

Que sa vertu soit vice, & luy retourne à blâme,
Nous le voulons iuger à nous-mêmes témoins,
Acte que la raison reprouue neantmoins,
Commandant mesurer autruy par sa mesure,
Et qui veut, qu'à l'iniure on oppose l'iniure.

MINOS.

L'iniure, ne se dit sinon de l'aggresseur,
Où de qui l'innocent persecute oppresseur,
Qui me preuuera tel? ay-ie semant des guerres
Suborné leurs citez? où enuahy leurs terres?
Suis-ie cause, qu'ils ont Barbares massacré
Mon fils, dans le milieu d'vn azile sacré?
Venu confidemment dessur la foy commune
Produire sa valeur, source de la rancune.

Ha! mon cher Androgée, en l'avril de tes ans,
La griffe de l'enuie homicide tu sens,
L'auspice genereux de ta vertu naissante,
Confine aux Elisez ta belle ombre innocente,
Les traitres assacins commençoient à trembler,
Sous vn ieune lion, qui promettoit combler,
De ses guerriers exploits l'vn & l'autre hemi-
  sphere,
D'où pendoit ta grandeur, de là vient ma misere,
Mais à demy vengé, mon espoir, ie promets,
T'offrir vne vengeance entiere desormais,
L'offence redoublée au rapt de tes germaines,
Nous demande vn renfort à ces legeres peines,
Ce mal, n'a desormais remede que le feu,

TRAGEDIE. 397

Qu'il ne faut apliqué differer tant soit peu.
PHRONIME.
Les coupables punis, vous suiuez de modelle,
Enfant de Iupiter, la trace paternelle.
MINOS.
Qui tiendroy-ie incoupable, entre vn peuple mé-
chant,
A toute impieté la bride sé lâchant,
Qui suçe auec le lait la haine hereditaire
De l'Empire Cretois, pour ce joug tributaire.
PHRONIME.
Sans doute, vne rigueur excessiue, se rend
Odieuse, à qui va ses éfets endurant,
Tel ne pensa iamais au trépas d'Androgée,
Qui sur sa race voit votre perte vengée.
MINOS.
Ie ne puis empécher ce qui dépend du sort.
PHRONIME.
La loy cessant, aussy son pouuoir tombe mort.
MINOS.
Tu m'inferes par là quelque vengeance inique?
PHRONIME.
Sire, le tems appaise vn courage heroique,
Iupiter n'a toujours son foudre dans la main,
Pour punir les forfaits commis du genre humain;
Même, si repentans, piteux il ne l'approche
Que de nos chefs peureux, en frappant vne roche,
Imitable clemence, aux Roys, qui plus puissans,

Doiuent moins déployer ces fléaux puniſſans,
,, Le ſupplice, qui part d'vne iuſte colere,
,, Eſt vtile ſouuent, pourueu qu'il ſe modere,
,, Et qu'il ne ſemble en fin le delit ſurpaſſer,
Auis que te preſente vn ſincere penſer.

MINOS.

Le marchant échappé, nu deſſur le riuage,
Treuue aſſez, qui conſole, & qui plaint ſon nau-
frage,
Mais pourtant, il ne peut étancher ſes ſanglots,
L'encombre luy demeure en l'eſtomac enclos,
Qui pert en vn moment ſous les ondes rauie,
La moiſſon des labeurs infinis de ſa vie :
Ainſy pere orphelin d'vn ſurjon precieux,
Digne de repeter ſon tige dans les Cieux,
Priué du ſeul appuy de l'âge qui me preſſe,
Ie ſens de iour, en iour, s'accroître ma triſteſſe,
Sa preſence, qui fait ores plus de beſoin,
R'enflâme mes douleurs, & m'agraue de ſoin,
Helas ! pour décider ſi profonde matiere,
Il faut eſtre Monarque, & auoir eſté pere.

NEOPTOLEME.

Abuſes-tu grand Roy du celeſte reſpect,
Qui ſemence des Dieux emporte ton aſpect ?
Iuſques à l'expoſer, iuſques à ſe ſoumettre,
Aux prophanes diſcours d'vn coüard, où d'vn
traitre ?
Vn Soleil de prudence à tes geſtes luiſant,

TRAGEDIE.

Se veut-il obscurcy démentir à present?
Que tienne ton aureille à l'oüir occupée,
Capable du fuseau, plus qu'il n'est de l'épée,
Vrayment il te pouruoit d'vn fidelle conseil,
Si tu veux n'estre plus à toy-même pareil,
Si tu veux qu'vn affront à ta gloire flestrie,
Demeure impunément, ainsy qu'à sa patrie,
Qui plus dénaturé que les feres des bois,
Prestes pour leurs enfans de mourir mille fois,
Souffriras emmener nos Princesses chétiues,
Qu'apres les feux éteints de ses flâmes lasciues,
Qu'apres le fruict cüeilly de ces tendres beautez,
Vn bâtard, vn brigand, confit en cruautez,
Possible enseuelit sous les ondes salées,
Elles, qui de deux Rois compagnes instalées,
Deussent estre l'appuy, le confort, & l'espoir
De l'Empire Cretois, que leur cheute fait choir.
Voilà, voilà le centre où tombe l'infidele,
Voilà le témoignage assûré de son zele,
Voilà contentieux le but de son discours,
Duquel ie ne sçauroy plus permettre le cours
Pressé de mon deuoir, & de ma conscience;
Ta Majesté pardonne à telle impatience.

MINOS.

Vne pareille offense, ô courage indomté,
Me resuscite d'aise, & suit ma volonté,
I'espere en ta valeur, braue Neoptoleme,
De l'ennuy qui me mine vne allegeance extrême.

ARIADNE,

Encore verrons-nous dessous nos étendars,
Floter par la campagne un monde de soldars,
Nous verrons du Soleil la lumiere éclipsée,
Dessous une forest de piques herissée,
Et la terre gemir craintiue sous le faix,
Encore l'uniuers entendra de nos faits,
Que si ce fugitif prend le chemin des ondes,
Mille naux dedans peu les couuriront profondes,
Neptune, qui ce monstre à la terre a produit,
Ne le sauuera-pas d'une eternelle nuit,
Ie l'irois arracher dedans ses bras liquides,
En dépit des Tritons, de tous ses Dieux humides,
D'Æole, & de ses vents armez en sa faueur,
Il n'y a point pour luy de refuge sauueur.

NEOPTOLEME.

Sire, la Deité corrige plus seuere,
Quiconque de son estre infame degenere,
Quiconque suit le vice, & quite son sentier,
Autrement, qui voudroit plus aux Dieux se fier?
Qui voudroit addresser, ny vœux, ny sacrifice,
A ceux qui maintiendront une telle iniustice?
Ains, qui n'embrasseroit les crimes odieux,
De l'exemple appuyé de la race des Dieux?
Ha! si l'épée au poin en bataille rangée,
La loy cruelle aux siens il auoit abrogée,
Aquité vaillamment le tribut imposé,
Qu'il eust receu de Mars ce gage deposé,
Lors certes, les vaincus contrains à se résoudre,

De blâ-

TRAGEDIE. 401

De blâme, & de reproche, il se pouroit absoudre,
,, On supporte aisément vn genereux malheur,
,, Et aucun pris n'est plaint à l'homme de valeur.

MINOS.

L'acte en ce cas chez nous trouueroit sa loüange,
Même ie ne tiendroy le forfait trop étrange,
Si l'appetit dâné de sa brutalité,
D'vne des deux auoit ma perte limité;
Si contente du chois de mes folles Prœtides,
Il ne génoit mon cœur de soupçons homicides,
Veritables soupçons, qu'oncques il n'eut d'amour
Et qu'il les priuera de la clarté du iour :
 O desastreuse engeance, ô pires que la mere,
Ie ne vous pleure plus, c'est ma plainte derniere,
Seruez, seruez de proye aux poissons, aux oy-
 seaux,
Treuuez votre sepulcre en la terre, ou es eaux,
Cela ne me soucie, & ne prendroy les armes,
Marry de hazarder vn seul de mes gens d'armes,
Sans l'honneur qui m'oblige, honneur à moy plus
 cher
Que ce sceptre Royal : Mais alons dépécher,
Vn mandement exprés, d'armer en diligence,
Tout ce qu'on treuuera d'hommes à telle vrgence.

NEOPTOLEME.

Aussy le principal consiste à se hâter,
Qui voudra preuenir sa fuite, & l'arrester.

PHRONIME SEVL.

Cc

Dieux! que la verité chez les Roys mal-receuë,
Souuent à leurs proiets cause vne triste issuë;
Et qu'elle est perilleuse, à qui s'ose ingerer,
De porter son oracle, & de le declarer;
Qui desire acquerir les faueurs tromperesses,
Paruenir aux honneurs, se gorger de richesses,
Qu'il flate frauduleux leurs projets imprudens,
Qu'il soit braue en discours, & timide au dedans,
Se resolue à cherir des passions iniques,
Iustice surnommer des actes tiranniques,
Sortant d'eux, admirer vn inepte propos,
S'ils desirent la paix, affecter le repos,
La guerre, respirer le fer, & le carnage,
Toutes marques pourtant d'vn trop lâche courage,
D'vne âme que le vice à son patron moula,
Qu'onc l'appetit d'auoir furieux ne soûla,
,, O quatre fois heureux, qui libre n'a que faire
,, Satisfait de son peu, sinon qu'à se complaire,
,, Qui de personne craint, ne craint personne aussy,
,, Et de qui le sommeil plus fort que le soucy,
,, Conduit de iour, en iour, l'âge sans violence,
,, Apres son cours fatal, au palais du silence;
,, De memoire laissant que libre il a vécu,
,, Et ses cupiditez par la raison vaincu.

ACTE II.
THESE'E, PHALARE.
THESE'E.

INconstant, que veux-tu consulter dauantage,
Sur le nouueau brasier du feu qui te saccage?
Son élement contraire, est de ne le laisser,
Plus auant penetrer en ton vague penser,
De l'éteindre, premier que sa rage gourmande,
Ce saint flambeau des Cieux qui nous guide, ap-
    prehende,
Que peruerty de sens, tu tombes d'vne erreur,
En vn gouffre d'aueugle, & d'ouuerte fureur,
Amour domteroit-il, cét auorton de monstres?
Toy qui sur les plus grands ta vaillance demon-
    tres,
Te feroit-il manquer de foy, vers qui t'a mis,
La palme sur le front des astres ennemis?
Vers qui t'a mis les siens, & son honneur en
    proye?
Vers qui t'a fait au iour vne seconde voye?
  Il est vray, tu ne peux qu'ingrat dans le tom-
    beau
Ses bien-faits oublier, ce n'est rien de nouueau;
Mais le foudre lancé des yeux de sa germaine,

Cc ij

De tout obstacle rend la resistance vaine,
S'en anime au contraire, & demeure vaincœur,
Traine en captiuité mon miserable cœur,
Autant d'éclairs dardez de leurs viues lumieres,
Sont autant d'aiguillons de tenailles meurtrieres,
Qui me déchirent l'ame, à l'égal butiné
De ce traitre Vautour, que quelque effeminé,
Que si ma vie au miel des delices trempée,
N'auoit iamais esté qu'à ses jeux occupée:
Ha! l'excessif abus, de croire que Cypris,
Ne captiue sinon ces ocieux esprits,
Plus nous sommes d'vn sang promt, chaud, &
    magnanime,
Plutost nos libertez esclaues elle opprime,
Mais de diuins pourtraits, d'hameçons étoffez,
Dont son fils sur les Dieux érige ses trophez;
Tels Phœdre que le tien, qui d'attrayantes graces,
Prodige de beauté, les mortelles surpasses,
Phœdre, ie t'ay promis par dessur mon pouuoir,
Aussy fust-ce indiscret premier que de te voir,
Ta pitoyable sœur brigua mon hymenée,
Toy d'épouse à mon fils Hypolite donnée,
Partage, selon l'âge assez bien assorty,
Mais tu merites mieux que ce triste party,
Que ce ieune chasseur, citoyen des bocages,
Qui n'ayme que sa meute, & les bestes sauuages,
Qui ne feroit état de ce rare tresor,
Non plus qu'vn qui le treuue, & ne connoist
    pas l'or,

TRAGEDIE.

Froid, chagrin, refrogné, qui les femmes abhorre,
Comme n'ayant goûté de leurs faueurs encore;
Bref, ie reputeroy sacrilege commis,
Qu'en ces prophanes mains, ô Déesse, on t'eust
   mis.
   Toutesfois, le moyen d'empécher qu'il auienne,
Que le pact commencé ne s'acheue, & ne tienne?
Le moyen que ta sœur ma iugale moitié,
Voulût ceder sa place auec mon amitié?
Ha! ie meurs, ie trépasse, auisant cette nuë,
Aux rais de mon Soleil s'opposer continuë.

PHALARE.
Illustre compagnon d'Alcide l'indomté,
Quel malheur suruenu n'as-tu point surmonté?
D'où ces graues soupirs? d'où ce soin, qui chemine,
(Témoigné par la voix) en ta mâle poitrine?
L'apparence me trompe, ores que ie ne voy,
Sujet qui t'engendrât ce douloureux émoy;
Qu'affranchy de dangers aux neueux incroya-
   bles,
Qu'affranchy de perils aux neueux effroyables,
Tes desirs sont à port, qu'vn bien-heureux retour,
Conioint à tes lauriers les dous mirthes d'amour.

THESÉE.
Plus captif que iamais, en l'ame tourmentée,
Ie souffre mille morts, au lieu d'vne éuitée.

PHALARE.
Craindrois-tu la poursuite en vne Isle, où les flots,

Cc iij

Du monde separez, quasi nous ont enclos?
THESE'E.
Celuy craindre peureux, que la Parque redoute,
Que fuyent les perils, & qui les met en route?
PHALARE.
Telle crainte s'appelle vn soucy préuoyant.
THESE'E.
Des soucis, vn sur tous m'acable foudroyant.
PHALARE.
Qu'en ce desert, l'orage, où la faim nous assiegent,
Où que priué d'espoir, les miseres rengregent
A ton vieil geniteur, l'emportant au cercüeil,
Qui transy de frayeurs est presque sur le süeil.
THESE'E.
En la sainte faueur de Neptune, i'espere,
Vn siecle renoüer à l'âge de mon pere,
Sain, & sauf, retourner dedans ses bras chenus,
Là ne sont mes esprits d'aucun soin detenus.
PHALARE.
Si ce n'est le projet d'vne guerre future,
Ie manque desormais de toute coniecture.
THESE'E.
Obstiné de sonder mon vlcere sanglant,
Tu ne fais qu'irriter son mal plus violent,
Tu ne fais qu'agrauer mes playes incurables.
PHALARE.
Souuent nous éprouuons ceux-là plus fauorables,
Qui soulez du mépris, en donnent moins d'espoir,

TRAGEDIE.

Si qu'un grand mal ne doit rien mettre à nonchaloir.

THESE'E.
Voy, que nous ne soyons écoutez de personne,
Amour d'vn nouueau tan furieux m'espoinçonne,
Me desseche le sang, & la moüelle des os,
Desesperé du tout d'auoir aucun repos.

PHALARE.
Est-ce que l'autre sœur t'éprend contagieuse?

THESE'E.
Ie n'ay plus de clarté sans elle, qu'odieuse.

PHALARE.
L'accident n'a dequoy se tant émerueiller.

THESE'E.
Comment?

PHALARE.
Veu qu'on se peut à la parfin soûler,
De ce même nectar, de la même ambrosie,
Qui le grand Iupiter, & ses Dieux rassasie;
Que l'abondance, engendre vn dégoust, vn mépris,
Témoin le changement de la belle Cypris,
Qui des embrassemens de Mars, se communique,
Aux prophanes objets d'vne troupe rustique.

THESE'E.
Helas! que penses-tu qui me pût secourir?

PHALARE.
L'agreable serpent qui te fait remourir.

Cc iiij

THESÉE.

Mon honneur, & ma foy, repugnent aduersaires.

PHALARE.

Les plus heureux amãs, ce sont les plus faussaires,
Qui changent vagabons de maitresse, & d'amour,
L'occasion s'offrant mille fois en vn iour.

THESÉE.

Oüy, deuant que subir le joug de l'hymenée.

PHALARE.

Du Monarque des Dieux la flâme n'est bornée
Dans la seule beauté de son épouse-sœur,
Adultere tantost, maintenant rauisseur,
En son exemple il donne vne licence entiere,
Et pour pareils forfaits onques ne se colere.
D'ailleurs, qui ne sçait pas, que ses seruiles loix
Sont faites pour le peuple, & non pas pour les Roys?
Qui ne sçait, que chacun inspiré d'vne enuie,
Suiuant son naturel suit le Dieu de sa vie?

THESÉE.

Ton sage auis m'emplit d'esperance, & de cœur,
N'estoit que ie redoute vn feminin rancœur,
A Phædre tu pourrois mon Mercure fidelle,
Dépeindre les tourmens que i'endure pour elle.

PHALARE.

D'vn mot de verité que tu profereras,
Plus que tous les humains ensemble tu feras,

TRAGEDIE.

présume aussy, qu'un tiers la honte multiplie
De celles de son rang, & rarement les plie.

THESÉE.
La crainte d'un refus, müet me retiendroit,
Sur le point que sonder son courage il faudroit.

PHALARE.
A ce conte, tu veux qu'une esclaue se vante,
De planter desormais en celuy l'épouuante,
Qui le Geant Procuste, & celuy, qui des os,
Transformez en rochers contre-lute les flots,
Qui le fils de Vulcan foudroya de ses armes,
Qui depuis le berceau se nourrist aux alarmes,
Qui tua la frayeur des champs de Marathon,
Et qui nagueres vient d'enuoyer chez Pluton,
L'homme demy-taureau, monument execrable
D'une sale Venus, qui n'est pas referable,
Celuy-là doutera, d'affronter langoureux,
Vne vierge à l'écart, en propos amoureux.

THESÉE.
O quelle difference il y a de combattre,
(Resolu de mourir, où vaincre opiniâtre,)
L'ennemy presenté teste, à teste, en champ clos,
A l'extrême réduit, où chatoüillé de los;
Et suppliant ouurir une amoureuse plainte:
Car d'employer selon l'outrageuse contrainte,
Vouloir de prime-abord rauir sa chasteté,
Preseruez-moy bons Dieux de telle lâcheté:
C'est moy, c'est moy, qui fay de ces crimes iustice,

De ceux que i'ay puny ie me rendroy complice.
PHALARE.
La priere [s'entend] précede en leur endroit,
Amour nous a frayé ce sentier le plus droit,
Qui même peut mêler quelques larmes contrain-
   tes,
Donnent aux volontez de sensibles atteintes,
Vn vœu suit, de silence, & de fidelité,
Au regard du salaire il suit sa qualité;
„ L'amitié d'amitié vertueuse se paye;
Ces remedes aussy n'aigrissans que la playe,
Farouche de nature, encline à cruauté,
[Vices qui semblent nez auecque la beauté,]
Alors, vse hardy de puissance absoluë,
Elle t'est accordée, & l'ofence toluë.
THESE'E.
Hyppolite vanté, qu'époux ie luy promis,
Qu'au nombre des premiers de son siecle i'ay mis
En la perfection tant du corps, que de l'âme,
Luy a comblé le sein d'vne amoureuse flâme;
Sa bouche ne resone autre nom que le sien,
Du courage volée au bord Athenien,
Ores elle viendra m'informer du corsage,
Tantost quels sont ses yeux, son port, & son vi-
   sage,
M'induit de retomber en ce centre toujours,
Contente d'y passer & les nuits, & les iours.
PHALARE.

TRAGEDIE.

signe qu'on treuuera beaucoup de resistance,
THESÉE.
Vn total desespoir forçeroit ma constance,
Dépourueu du secours que m'offre le delit,
Faisant de ces deux sœurs vn échange en mon lit.
PHALARE.
Tu le peux voirement, c'est la plus fine amorce,
Sur le premier sujet aposté du diuorce.
THESÉE.
Non, ce serpent fâcheux darderoit médisant,
Contre ma gloire aquise vn venin plus cuisant.
PHALARE.
Celeste préuoyance, où tardif ie pénetre,
Autant que toy diuin, d'vne essence terrestre;
Il est plus que certain, postposée à sa sœur,
Qu'elle diffameroit le nom de l'expulseur;
Que l'âpre jalousie ardant en sa poitrine,
Tu la ressentirois impitoyable Erine,
Ses biens-faits reprochez se rediroient de l'air,
Vn vulgaire n'auroit autre chose à parler,
Vulgaire dangereux, qui malin ne respire,
Qu'auoir des vertueux en proye, pour médire,
Préuenons l'accident, facile à préuenir.
THESÉE.
Ie voudrois aux rigueurs plus humaines venir,
Résolu de plutost abandoner ma vie,
Que la sienne luy fust ingratement rauie,
Suffit; ha! le remors commence de germer,

ARIADNE,

Et sens d'autre côté l'amour se r'enflâmer.

PHALARE.
Regarde, cependant que tu tiens la balance
Egale en contre-poids.

THESE'E.
O dure violence,
Effort à supporter pire que le trépas,
Ce que la raison veut, amour ne le veut pas;
Ma gloire à son party dit, que ie la hazarde,
Si ce honteux motif de mon salut ie garde;
Hé! donc pauure Ariadne, à me sauuer, tu pers
Et la vie, & l'honneur, épousant ces deserts,
Cent superbes citez du sceptre hereditaire,
Tu changes en l'horreur de ce brutal repaire,
Victime destinée à mon ambition,
De mes volages feux triste expiation:
Pourtant, de ces sentiers il faut que l'vn ie suiue,
Il faut que ce malheur tombe sur toy chétiue;
Vn Dieu qui me possede, & les lauriers aquis,
Repondent contre toy de cét oracle enquis,
Impute à leur decret la cruauté perfide,
„ L'homme ne peut rien, où la Deité preside.

PHALARE.
En ce scrupule tien ie treuue de l'excez,
Son secours opportun t'a retiré des ceps,
Elle t'a d'en sortir suggeré l'industrie,
Quité pour ton sujet pere, sceptre, & patrie,
A quelle intention? d'où luy vint ce desir?

TRAGEDIE.

De l'inſtinc forcené d'vn lubrique plaiſir;
Tu ne dois le bien-fait qu'à ſa flâme enragée,
Elle t'a ſoulagé, & tu l'as ſoulagée,
L'office reciproque, ores chacun de vous,
N'a que ſe reprocher d'ingratitude abſous.

THESE'E.

Le ſort en eſt jeté, la concluſion priſe,
Seconde ſeulement, diſcret à l'entrepriſe,
Va treuuer de ce pas ma ſainte, & diuertis,
D'Hypolite affecté ſes ardans appetits,
Propoſe-luy, Phalare, à quel deſauantage,
Luy tourne en l'Hymenée vn iniuſte partage,
Que tu y vois quaſy mon humeur diſpoſée,
Preſt de m'en ſupplier, perſonne interpoſée,
Sont, auant le noüer, de rompre ce lien,
Que ſon ſuprême hõneur, que ſon ſouuerain bien,
Si ſon commandement daigne là t'employer,
Heureux de t'aquerir ſa grace pour loyer:
Le medecin vieilly deſſous l'experience,
Vſe à peu pres ainſy de l'art, de ſa ſcience,
Ne purgeant tout d'vn coup les pletoriques
  corps,
Ains petit à petit, met les humeurs dehors
Qui font la maladie, & d'vne force lente,
Notre ſanté premiere en ſa place replante:
Tu auras aſſez fait de me la préparer,
A ce que ma priere elle puiſſe endurer,
Lors que l'intention luy ſera découuerte,

Sa germaine laiſſée en cette iſle deſerte:
PHALARE.
Quand es-tu reſolu de nous remettre en mer?
THESE'E.
Si toſt que le vent bas permettra de ramer,
Que nous aurons ateint vne moindre bonace,
Il faut, qu'au point du iour le partement ſe face.
PHALARE.
Ie vay donc de ce pas ſon atente tromper,
Ie m'en vay mes glüaux, & mes rets apreſter.
THESE'E.
Moy ſur la rade, épandre à toy, pere Neptune,
Ma plus humble priere, afin que de rancune,
Ce forfait amoureux n'anime ta grandeur;
Maintefois tranſporté d'vne pareille ardeur,
Ne trident ſourcilleux, ne la Deïté haute,
N'ont peu le precipice éuiter de ma faute,
Vueille donc, regarder en pitié ton neueu,
Fauoriſe ſa fuite, & ie promets de vœu,
Reconduit, imprimant notre Attique riuage
Vn toreau ſans macule; hà! quel extrême orage,
Retourne dans mon âme, à ce cruel aſſaut,
Tenaillé de remors la conſtance me faut.

ACTE III.

PHOEDRE, PHALARE, THESEE, ARIADNE.

PHOEDRE.

Beau Soleil de mon heur, lumiere desirée,
Veritable pourtrait du fils de Cytherée,
Parangon de vertus, gloire de l'vniuers,
A qui la nature a tous ses tresors ouuerts,
Butte de mes desirs, Hypolite mon âme,
Doy-ie encore long tems consommer dans ta flâ-
  me?
Long-tems viue mourir, absente de ces yeux,
Qui lancent de si loin leurs rayons precieux?
Qui sans les auoir veu qu'au trauers d'vn nuage,
D'vn renom general m'embrasent le courage?
M'arrachent du giron maternel, & me font,
Mépriser les perils du grand gouffre profond;
Mépriser de plusieurs la fidele poursuite,
Qui me passoient de rang, de race, & de merite.
  Helas! helas! ie crain que tu ne croyes pas,
Que pudique, pour toy ie fasse tant de pas;
Ie crain, te gouuernant selon la coniecture,
Que mon lit nuptial ne soit ma sepulture,
Parfait comme tu es, langoureuse, ie crain

ARIADNE,

Rencontrer ma ruine en ton rogue dédain:
N'importe, que d'armer en ma faueur i'espere,
Contre ta cruauté la puissance d'vn pere,
Il peut forcer le corps, à ce joug le ranger,
Mais qu'est-ce que ton cœur de nouueau m'étran-
      ger?
Qu'est-ce que m'instaler compagne de la couche,
D'vn glaçon, d'vn rocher, d'vne insensible sou-
      che,
„ *L'Hymen, qui s'accöplit contre nos volontez,*
„ *Traine vn enfer de peine, & d'infelicitez,*
„ *Déplorable sujet de discorde eternelle;*
„ *Vne soudaine mort est beaucoup moins cruelle,*
I'aimeroy mieux, mes iours abreger des icy,
Qu'apres tant de labeurs on me traitast ainsy,
Que de violenter ton amoureuse enuie,
Possible en quelque objet plus aimable rauie.
   O Dieux! ô Dieux du Ciel, qu'amour a de
      soupçons,
Qu'il mêle d'amertume auec ses ameçons.

PHALARE.

Ton esprit court sans cesse apres sa chere idée,
L'âme dessur l'objet d'Hypolite bandée,
S'entretient de pensers solitaire à l'écart,
Et son contentement à la bouche depart.

PHOEDRE.

Le soldat ne sçauroit parler que de la guerre,
Le pasteur des troupeaux, le rustre de la terre,

TRAGEDIE.

Des vents le marinier, & les amans toujours,
De voix, où de penser parlent de leurs amours.

PHALARE.
Combien une innocence est à plaindre abusée,
Et que ie la remarque à deceuoir aisée.

PHOEDRE.
Ie doute quel abus tu me veux inferer.

PHALARE.
Qui nous fait un dommage imprudent desirer.

PHOEDRE.
Dis-tu que mon amour dommageable me trompe?

PHALARE.
Ie dy que ton amour s'atache à une trompe,
A des chiens, à des bois, âme de cét épous,
Imaginé credule un miracle entre nous.

PHOEDRE.
Ie tien plus d'une humeur tranquile, & solitaire,
Que d'une violente, & par trop temeraire.

PHALARE.
Depuis que l'éxces panche à la credulité,
Qu'un homme se dément du nom d'humanité,
L'esperance de luy, n'est que bien peu de chose.

PHOEDRE.
Cachée en son bouton iugeons-nous de la rose?
Ainsy, luy qui ne fait qu'entrer en son printems,
Qui cette authorité mollira par le tems,
Qui sentant de l'amour la premiere pointure,
Aisément changera d'ébats, & de nature,

D

Ne se doit condamner, cela me donne au moins,
De tes libres desirs de fidelles témoins.

PHALARE.

Cela donne une preuue entiere, que son âme,
Onques ne logera l'amitié d'une femme,
Que toy, qui meritois l'aliance d'un Dieu,
Ne tiendras pres de luy que le titre, & le lieu,
Veuue pendant le cours d'un steril Hymenée,
Maudissant mille fois, & mille, la iournée,
Que vuide des plaisirs d'un pair bien assorty,
On te fit épouser ce mal-heureux party.

PHOEDRE.

Pourueu que la concorde en notre couche habite,
De tous autres plaisirs quant à moy ie le quite.

PHALARE.

La concorde ne peut en un lit habiter.

PHOEDRE.

C'est assez, ie ne veux plus outre m'enquester.

PHALARE.

Pourquoy? ce que nature enseigne d'elle-même,
N'en parler librement, est une erreur extrême,
On sçait à quelle fin le mariage est fait.

PHOEDRE.

Parlons donc de la cause, & laissons-là l'effet;
Ie m'emerueille issu d'un pere magnanime,
Qu'il soit ainsy pesant, que ce somme l'opprime.

PHALARE.

Les aigles, les lions, en cela plus heureux,

Ne produisent d'enfans que semblables à eux,
D'autant que leur espece indifferente, est vne,
Qu'ils ont le naturel, & la forme commune,
L'homme au contraire, né bien souuent de parens,
De nations, de mœurs, de face differens,
Où de l'vn, où de l'autre imprimera le vice,
Impossible à chasser par aucun artifice,
Ainsy, luy de sa mere Amazone retient,
Dans l'horreur des deserts d'ordinaire se tient,
S'offence de l'odeur des bonnes compagnies,
A ses conceptions de la chasse finies,
Nul d'entretien, de grace, inciuil, mal-apris,
Bref qui sert au commun de fable, & de mépris,
Qui rien totalement de pere ne reporte:
Thesée, il te faudroit, vn Heros de ta sorte,
Répondant de courage à ta rare beauté,
D'amour infatigable, vnique en loyauté.

PHOEDRE.

Forclose d'esperer que le passé n'auienne,
A mon sort tel qu'il est faudra que ie me tienne.

PHALARE.

Tu ne sçaurois de vray le passé réuoquer,
Mais de ses cruautez tu t'en pourrois moquer.

PHOEDRE.

Oüy, si sur ce sujet, à ma sœur ie viole
Ma promesse, & mes vœux promis à son idole.

PHALARE.

Commande seulement, ie me vante aussi-tost,

A ta discretion remettre le depost,
Voire te colloquer en la place de celle,
Qui n'est au pris de toy ny aymable, ny belle.

PHOEDRE.
Briguer vn auantage aux dépens de ma sœur,
Et ne craindre d'enhaut le foudre punisseur?
Vouloir deposseder de son lit ma germaine?
Luy soustraire vn épous, le guerdon de sa peine?
I'ay peché, de t'oüir proferer ce propos,
Et ne t'ingere plus de troubler mon repos,
Que Thesee auerty la raison ne me face,
D'vn impieux conseil retombant sur ta face.

PHALARE.
Mon atteinte a porté; ses desirs ébranlez,
Ressemblent vn esquif, qui sur les flots salez,
Douteforcé du vent, s'il doit encrer, où suiure
Vne route, où la mort mille alarmes luy liure;
Ses brandons amoureux à la fois amortis,
En soucieux pensers ie les ay conuertis;
Thesée, hà! le voicy, qui reuient du riuage,
En mon auspice heureux reprendre le courage,
Il n'a plus qu'imposer vne derniere main,
Au chef-d'œuure entrepris de l'ouurage certain.

THESE'E.
Que nous a répondu l'oracle de ma sainte?

PHALARE.
La priere manquer d'vne libre contrainte.

THESE'E.

TRAGEDIE.

Ton enigme douteux comprendre ie ne puis.
PHALARE.
Non plus qu'elle, augurer tes amoureux ennuis,
Croire ta paſsion m'auoir guidé la langue,
Qu'ambaſsade en ton nom ie fiſse ma harangue.
THESE'E.
Venons de grace au point.
PHALARE.
Hypolite n'eſt plus,
Si parfait au profond de ſon âme reclus,
Ce renom de vertus qui la ſouloit repaître,
Chez elle maintenant eſt reçeu comme traître;
L'amour déraciné d'vn poignant repentir,
Ores elle voudroit s'en pouuoir departir.
THESE'E.
N'as-tu point en mon nom tâché de la reduire?
Au change d'vn party plus ſortable l'induire?
PHALARE.
Penſé que la veillant infatigable Argus,
Ta loüange ſeruoit aux diſcours ambigus,
De centre, de phanal, de principale étoile,
Mais l'innocente n'a peu penetrer ce voile;
Au contraire, te croit ſa germaine adorer,
Et que dans le cercüeil votre amour doit durer.
THESE'E.
O l'heureuſe nouuelle, ô Reine de Cythere,
Que ton enfant, & toy propices ie reuere,
Pourſuiuons, pourſuiuons, tandis que la rumeur,

Dd iij

Agite ses esprits d'angoisseuse tremeur,
L'onde à quiter ce bord nous inuite acoisée,
Nos vœux parfaits, n'ont plus que la nuit opposée,
Hâte-toy de venir, monte tes bruns cheuaux,
Déesse le soulas de nos humains trauaux,
Charmeuse des soucis, hâte-toy, fauorise.

PHALARE.

J'enten quelqu'vn marcher, gardons-nous de surprise.

THESE'E.

Ha! Dieux, c'est mon fleau, retire-toy d'icy,
Ie vay dissimulant la caresser, ainsy
Que qui voudrait tirer d'vn autre labyrinthe.

PHALARE.

Tu ne peux trop vser à ce besoin de feinte.

ARIADNE.

D'vn soupçon trauaillée, à ma vie important,
Me pardonneras-tu, si te le racontant,
J'osois t'importuner de l'éclaircir, mon âme,
Sa coulpe rejettant sur l'excés de ma flâme.

THESE'E.

Dy ce qu'il te plaira, tu ne peux m'offenser,
De chose que ce soit qui te tombe au penser,
Eusses-tu conjuré ma perte, ma rüine,
Ie te doy le rayon du iour qui m'illumine.

ARIADNE.

Ha! que tu me déplais, de tant ramenteuoir,
Ce qui n'est pas plaisir, ains le moindre deuoir,

TRAGEDIE.

Que ta rare vertu de l'vniuers merite:
Donque, tu me promets n'estre point éconduite?

THESE'E.

Non, par ce firmament.

ARIADNE.

Iure, par ce baiser,
Dont ie vay mon ardeur langoureuse appaiser.

THESE'E.

D'abondant mon honneur, & ma foy ie t'oblige,
Resoudre, (le pouuant) ce doute qui t'aflige.

ARIADNE.

Depuis vn peu de iours, ton visage changé,
Coniecture de moy le courage étrangé,
Cette extrême feruer d'amitié violente,
D'heure, en heure, deuiët plus débile, & plus lente,
A l'œil se diminuë, & de même se fond,
Qu'au leuer de Phœbus la neige d'vn haut mont,
Ta parole, n'a plus vn air de gaillardise,
Tes froids embrassemens me sentent la feintise;
O qu'il est bien aisé de iuger, où le cœur,
Porte d'affection, & où est la rancœur,
Qu'on discerne de loin l'amitié veritable,
D'auecques la contrainte, au lit, & à la table;
Las! i'ay sur le sujet mon esprit diuisé,
Tantôt çà, tantôt là, seule i'ay deuisé
De mille occasions, & n'en treuue pas vne,
Conforme d'apparence à ce mien infortune;
Sinon que du respect méprise ie me sois,

ARIADNE,
Que l'honneur merité de moy tu ne reçois,
Que trop de priuauté commence à te déplaire,
Thesée, que cela ne te rende aduersaire,
Ie baiseray tes pas, humble, si tu le veux,
Diuin ie t'offriray de l'encens, & des vœux,
Ie ne te parleray qu'à tes genous courbée,
Et pardonne à l'erreur où ie serois tombée,
Et me remets en grace, & fidelle promets,
Ainsy qu'au précedent de m'aymer desormais.

THESE'E.
La peur de l'auenir, vaine te represente,
De ce qui ne peut estre vn image presente,
Agreable à mes yeux plus que le premier iour,
Ie t'ayme, mais comment? d'vn idolâtre amour;
Ie doute, t'embrassant, du bon-heur de mon aise,
Mon corps, est tout de flâme, & mon âme de
  braise :
Iaçoit que la grandeur du faix de mes soucis,
Diuertisse par fois le cerueau mal-rassis;
Me force de sursoir ces mignards exercices,
Qui même si frequents émoussent leurs delices;
Vn tems veut s'appliquer aux affaires, vn tems,
Au deuoir coniugal, que de moy tu pretens.

ARIADNE.
Quel soin, franc de danger si viuement te presse?

THESE'E.
Mon pere surchargé d'ennuis, & de vieillesse,
Qui m'estime perdu, qui premier que sçauoir

TRAGEDIE.

L'effet de ton secours, le Cocyte ira voir.
ARIADNE.
Espere mieux mon heur, l'assistance diuine,
Te le preseruera, de la bonne Eleusine,
Quand es-tu resolu de retenter les flots?
THESÉE.
Ie m'en vay consulter l'auis des matelots,
Retourne s'il te plaist m'attendre dans la tente.
ARIADNE.
Ne me fay donc mourir vn long siecle d'attente.
THESÉE.
I'y seray de retour aussy soudain que toy.
O Cieux! ô terre! ô Dieux! ô innocence! ô foy!
O! parjure execrable! ô lâche trame ourdie,
D'vn perfide complot, ains de la perfidie;
O plus méchant amour, auteur de ce forfait,
Ne sçaurois-ie arracher de mon âme ton trait?
Ne sçaurois-ie sauuer, qui le pouuoir me donne,
De luy faire sentir ma cruauté felonne:
Ha! Barbare, impiteux, tu renforces mes fers,
Et ma peine, & ma voix, en la plaignant ie pers,
Ariadne voüée à ta rage implacable,
Par la faim consommée imprimera ce sable;
Si de quelqu'vn des Dieux le secours ne suruient,
Qui le iuste party de l'innocence tient.

ACTE IIII.
ARIADNE SEVLE.

R'Asseure ma frayeur, embrasse-moy, The-
　　sée,
Vn dragon me deuore à sa rage exposée,
Le voilà, le voilà, qui s'enfuit, ie le voy,
O prodige, ô fantosme, execrable d'effroy,
Songe sorty d'enfer, & conceu de ses formes,
Qui peuplent son cahos d'horreurs toutes énor-
　　mes?
Thesée à ce besoin repousse le sommeil,
Qui si profondement enueloppe ton œil;
A faute de la voix mon cœur, que ie te touche,
Où es-tu? quelle part te retient de la couche?
Helas! ie ne sen rien, ie ne sen rien helas!
Mes bras de s'alonger d'orenauant sont las,
Ma dextre a recouru le lit de place en place,
Et ne rencontre rien qu'vn vuide en son espace;
Les soucis t'auroient-ils, les soucis épineux,
Plus qu'à l'accoûtumée éueillé matineux?
Oüy, tes propos d'hier s'y rapportent, le somme
Continu de la nuit, messied à vn tel homme;
Sus, sus, donques, alons au riuage le veoir,
Alons notre Orient de ces yeux receuoir,

TRAGEDIE. 427

Alons-luy raconter l'illusion passée:
Las! de quel autre effroy tremblante reglacée?
Qui de soudaine horreur me herisse le chef!
Qu'auroient brassé les Dieux contre moy de mé-
  chef?
Ie n'enten que les flots abbayer au riuage,
Objet ne m'apparoist, que ce desert sauuage;
Où la pointe des mats? où l'ancre, qui mordoit,
Ceste arene creusée? & les chables tendoit?
Ingrat, m'aurois-tu fait l'irreparable iniure,
De t'en aller sans moy? l'aurois-tu fait pariure?
Te serois-tu cruel dérobé de mon cœur?
Qui te suiura malgré ton inique rancœur?
Il est, il est trop vray, le traître a pris la fuite,
Le voleur m'abandonne, au desespoir reduite;
Découurons de ce tertre, ha! ie voy là deuant,
Ie voy blanchir encor ses voiles pleins de vent,
Ie voy ma chasteté floter dessur les ondes,
I'oy les vents soûpirer de mes douleurs profondes,
La mer impitoyable est émeuë à pitié,
De voir si méchamment dissoudre vn' amitié.
  Thesee, enten ma voix, où ces mains que ie plie
Ne rejette des yeux, pense à qui te suplie,
Et retourne ta prouë exorable à ce bord,
Et mes bien-faits reçeus ne paye de la mort,
Et retourne querir la moitié de ton âme,
  Qui ta misericorde innocente reclame:
Sans elle, ton vaisseau, n'est chargé qu'à demy,

Sans elle, tu n'auras Neptune qu'ennemy,
Sans elle, tu n'auras sur les vagues chenuës,
Que des bourreaux en teste, & des morts conti-
    nuës ;
L'aleine d'vn zephire vn orage sera,
Qui tes cheueux transis d'horreur herissera ;
La vague lancera de sa moindre colere,
Vne crainte en ton sein de la peine derniere :
,, Le coupable n'a point de lieu de sureté,
,, Il estime le Ciel de tomber apresté
,, Sur sa teste impiteuse, & la terre offensée,
,, Chaque pas le deuoir engloutir courroucée.
  Retourne donc ingrat sur tes humides pas,
Irremissible encor ton offense n'est pas ;
,, Qui se repent à tems excusable, supprime
,, Le merité supplice, ains la tache du crime :
Retourne mon Thesée, helas ! que dy-ie mien,
Tu le fus autrefois, tel que tu es rouien,
Au refus de me mettre en vn coin de la barque,
Ie t'absous de pariure, & m'liure à la parque,
M'exempte des rigueurs d'vne rage de faim ;
Le coup mortel ne peut me blesser de ta main,
Il abrege mes maux, en abregeant ma vie,
Et si ta cruauté sera mieux assouuie,
Et ie souffriray moins, soit qu'il fallût perir,
Faute d'auoir icy dont se pouuoir nourir,
Où qu'vn affreux lion sortant de sa taniere,
Mes membres déchirât d'vne horrible maniere,

TRAGEDIE.

Que quelque ourse en ayant soûlé ses appetits,
Leurs sanglans reliquats portât à ses petits,
Hé! felon, ne permets qu'une fere, se paisse
De ce sein, qui te feît sa premiere largesse,
De qui tu butinas la matinale fleur,
De ce sein, de tes feux dissolus receleur,
Ce sein, qui t'endormoit enyuré de delices;
Epargne ces deux bras de ma honte complices,
Qui tant, & tant de fois embrassé t'ont tenu,
Que tant de fois aussy tu as baisez à nu ;
Epargne cette main conioincte dans la tienne,
Et du serment qu'alors tu fis, te ressouuienne,
Serment du mariage, & non pas d'vn amour,
Promis legerement qui meure au même iour.

 O regrets insensez, ô complainte friuole,
Rien ne m'apparoist plus de son vaisseau qui vole,
Le perfide, ne craint qu'vn perfide élément
Asseuré ne le porte, & ne luy soit clement;
Les vents qui comme luy n'ayment que l'incon-
 stance,
N'ont garde de manquer au traître, d'assistance,
Neptune est son ayeul, qui les monstres produit,
Qui s'émerueillera donques s'il le conduit,
Qui d'vn tel accident me doit rendre ébahie,
Des Dieux, des vents, de l'onde, & des hommes
 trahie ?
Même, qui doutera ma sœur auoir esté,
Du malheureux complot de cette impieté?

Credule subornée en ses lacs atirée,
Méchante, serois-tu bien si dénaturée?
Non, tu n'auois encor l'âme pleine de mal;
Toutefois il n'y a plus fragile animal,
Plus sujet à donner dans les rets de l'enuie,
Qu'vne fille, depuis que l'amour l'y conuie;
Que l'exemple l'anime, & que la rage au flanc,
Vne autre (ce luy semble) est mise en plus haut rág
Pauure (quand il seroit) l'iniure ne m'outrage,
Ie ne t'en garderay de rancune au courage;
Au contraire ie plain, i'ay grand compassion,
Du chastiment futur de ton ambition,
Pareille, sous la main de ce brigant perfide,
A l'agneau, qui n'attend que le loup homicide,
Pareille à ces feüillars en l'Automne seichez,
D'vn zephire par terre à milliers épanchez :
Trois iours tu luy seras agreable, & nouuelle,
Mais que le quatriême il ne change infidelle,
Rencontrant à changer, qu'il ne treuue vn desert,
(Supplice familier dont le bourreau se sert?)
O simple de le croire, ô deplorable fille,
Dernier, & nul appuy de ta noble famille;
  Ie veux qu'il demeurât loyal en ton endroit,
Touiours vn Dieu du tort la vengeance prendroit,
L'inceste, l'adultere, où la discorde fiere,
Dissoudroient de vous deux l'alliance nociere,
Entre vous à la fin le meurtre, où le poison,
Du tort iniurieux me feroient la raison,

TRAGEDIE. 431

„Vne méchanceté suruiuante ne dure,
„Que pour payer vn iour ses auteurs à vsure;
„Leurs fraudes, & leurs arts ruiner, démolis,
„Delaissez tost, où tard, dessous enseuelis:
Helas! helas! i'en fay l'épreuue sur moy-même,
Qui mon pere, vn vieillard, proche de l'orque blê-
    me,
Volage abandonnay: qui mon honneur soumis,
Au pire, au plus mortel de tous ses ennemis;
Qui pillay ses tresors, les donnant (sacrilege)
Au meurtrier déloyal qui m'a tendu ce piege;
Mon pere, ne sois plus animé contre moy,
Comme ie te manquay de deuoir, & de foy,
Comme au pâle cercüeil tes iours ie précipite,
Vn encombre me tient égal au demerite:
Possible, que là bas ie te precederay,
Possible, qu'auant toy vaine ombre ie seray,
Dieux! hé! comment là bas souffriray-ie ta face,
De colere enflâmée, horrible de menace?
Comment de mon germain frustré de ses hôneurs?
Ia dé ia les tourmens des crimes guerdonneurs,
Souuent à mon oreille enuironnent mon âme,
Tisiphone me suit brandissant vne flâme,
Ses sœurs de foüets sanglants me viennent inues-
    tir,
Dessur moy tout l'enfer conjuré veut sortir:
Las! vn moment de trêue, Erebiques pucelles,
Ie vay voir de ce pas vos voutes criminelles;

Ores ne vous peinez de monter icy haut,
Le moyen de mourir preſent ne me defaut,
Il n'y a qu'à choiſir l'vn de ces précipices,
Helas! c'eſt enquoy i'ay les deſtins plus propices,
Ely donc, Ariadne, vn ſourcilleux rocher,
D'où tu puiſſes au fond de la mer trebucher,
D'où tu puiſſes de l'air, auparauant qu'atteindre
La ſurface des eaux, t'étouffer, & t'éteindre;
Car notre âme de feu, n'a ſi cruel tourment,
Que luiter à la mort vn contraire élément.

Mais vaudroit-il pas mieux expirer en la place,
Où les crimes commis de mon ſang i'expiaſſe?
Sus, ſus, alons reuoir ce deteſtable lieu,
Que là, notre fureur n'obſerue de milieu,
Là de ce corps polu, ne demeure partie,
Qui ne ſerue briſée à ma pudeur d'hoſtie,
Qui ne meure vne fois, premier que de mourir,
Sur qui le ſang ne puiſſe à gros boüillons courir.

Te voicy receleur des lieſſes paſſées,
Te voicy receleur des trahiſons braſſées,
Te voicy qui ſoûtins vn monſtre déloyal,
Pillant ma chaſteté dans le lit nuptial,
Tu me reſtes témoin de ſes ſermens pariures,
Tu les as entendus de tes oreilles dures,
Et tu y conſentois, & dans tes flancs ouuerts,
Traître tu ne daignas engloutir le peruers,
Va, qu'vn foudre tombant conſomme ton her-
    bage,

TRAGEDIE.

Comme vn Iupin vengea des terrenez l'outrage;
Que le Strix, les hibous, les serpens, & les ours,
Te diffament de cru, te repairent toujours;
Qu'vn feu de soufre obscur, te creue les entrailles;
Qu'vn bruit aux enuirons de cent mille batailles
Te rendent execrable aux nochers de renom,
Permets-le en ma faueur coniugale Iunon:
Reste de dechirer cette odieuse couche,
Où mes baisers lassoient son impudique bouche,
Où le corps imprimé du Tygre se reuoit,
Où sa trahison lâche eclose se couuoit;
Où ie portois au sein mon bourreau de vipere,
Reliques du barbare, & de mon vitupere,
Infectez apres moy les vagues de la mer,
Ietez à ce froid peuple vne rage d'aymer,
Qui le face au pouuoir de son Tyran rebelle,
Et qui venge sur luy sa race criminelle.
Or parfaisons en nous l'ouurage commencé,
Ce n'est que trop se prendre à vn corps insensé,
Trop hors de la raison furieuse se mettre,
Vers qui ne peut de soy ny bien, ny mal commettre.
 Tes yeux sont les premiers consentans du forfait,
Par eux l'ingrat au cœur vne breche t'a fait,
Par eux ie fus charmée, & par eux vne Erine,
De son philtre vlcera l'amoureuse poitrine;
O flambeaux destinez à ma perdition,

Ee

Receuez, receuez votre punition,
Oedipe conuaincu d'vn impudent inceste,
Volontaire s'ôta la lumiere celeste,
L'innocent parricide il expia fur eux,
Et moy de guet à pens coupable de ces deux,
Oüy ma rage d'amour si pleine d'infamie,
Conçeuë pour le chef d'vne gent ennemie,
Est pis qu'incestueuse, a de pires éfets;
Aussy veux-ie adioûter la mort à mes forfaits,
Aussy veux-ie mourir, & le vouloir contraire,
Ne me sçauroit frauder du merité salaire.

Mais poursuiuons de rang à ces cheueux épars,
Que l'air, l'onde, & les vents en emportent leurs pars,
Que ce front déchiré demeure sans figure,
Que ce sein prophané reçoiue sa torture,
Las! Qui pourroit punir le cœur pernicieux,
Il est autant où plus coupable que les yeux,
Il retint le pourtrait de son image emprainte,
Et doute qu'elle en soit du tout encore éteinte;
Ie doute que Cloton repousse de son dard,
Celuy que le barbare y lança du regard.

Or mourons desormais, il n'y a qu'vne porte,
Ouuerte à ce dessein par où ton âme sorte,
Le licol, la poison, ny la pointe du fer,
Ne peuuent t'enuoyer aux tenebres d'enfer,
L'onde seule te reste, & s'offre pitoyable;
Timide, trouues-tu son aspect effroyable?

TRAGEDIE.

Non, non, pour ne blémir, & pour ne herisser,
Il ne faut que les yeux tout d'vn coup s'élancer,
C'est fait, ie ne crain plus, me voila resoluë,
Adieu, clarté du iour de mes crimes poluë,
Adieu, ma chere sœur, i'espere te rcuoir,
Compagne de mon sort, bien-tost en l'orque noir.

ACTE V.

L'OMBRE D'ANDROGEE, ARIADNE, BACCHVS, SILENE, PAN.

L'OMBRE.

Opprobre iniurieux du Ciel, & de la terre,
Digne du triple feu que Iupiter desserre,
Impudique, qui suis ta mere pas à pas,
Sçache que le destin reuoque ton trépas,
Il voit vn repentir presqu'égal à l'offence,
Il veut qu'vn Dieu benin toujours ieune d'en-
  fance,
Desire des erreurs commises te purger,
Desire que par luy recoussé du danger,
Tu entres bien-heureuse en sa couche diuine,
Vaincœur de l'orient, sa flote il achemine,
Icy pour cét éfet tu le verras soudain
Consoler tes malheurs, & te tendre la main,

Tu le verras suiuy de Deïtez rustiques,
Celebrans ses trophez de glorieux Cantiques,
Tu verras au mouuoir de ses rames, la mer
Concerter des accords, docile se calmer,
Tu verras couronné ton chef d'vne couronne,
Que luire au Ciel vn iour sa prescience ordonne!
Donc apres leur secours admire ma bonté,
Admire que sauuant vn paillard effronté,
Aux depens des honneurs déferez à mes Mânes,
I'aye retrauersé les riues Stigianes,
Prophete messager de ton heur à venir,
Qui de ce desespoir le frein veux retenir;
Admire ma clemence, & reparant l'iniure,
Du plutost qu'instalée en sa grace future,
N'épargne vne hecatombe à me propicier,
N'épargne vne hecatombe à me remercier;
Autrement, il sufit, ie sçay que la menace,
Sans me précipiter en ton âme aura place,
Que tu te souuiendras de ce pieux deuoir;
Le silence eternel ores ie vay reuoir.

ARIADNE, BACCHVS, SILENE, PAN.

ARIADNE.

D'Où vien-ie miserable? hé! pauure langou-
    reuse,
Voudroit encor des Cieux la lampe rigoureuse,

TRAGEDIE.

Eclairer ma paupiere? hé! voudroit bien la mort,
Mon ame repousser de l'abry de son port?
La chute m'a porté, la chute soûtenüe,
De buissons outrageux, viue m'a retenuë,
Thetis de mes forfaits n'a voulu se soüiller,
Et vn hôte infernal est venu m'éueiller,
Vn esprit, de mon frere a la forme empruntée,
Mot, à mot, i'ay reçeu sa voix Acherontée;
Menaçante d'abord, elle me reprochoit
Vn peché, qui celuy de ma mere approchoit;
Puis adoucie en fin m'a flaté d'esperance,
Du secours d'vn grand Dieu me donnant asseu-
    rance,
Iusques à me promettre vne place en son lit;
Vrayment ie le croirois, apres vn tel delit,
Volontiers, qu'vn des Dieux accepteroit à femme,
Celle que d'vn voleur l'accointance diffame,
Spectre fallacieux, qui prens l'occasion
D'vn frenetic esprit, pour ton illusion;
Tu te trompes toy-même, & Pandore présente,
De me faire esperer ne seroit suffisante;
Ie ne recherche plus de salut qu'en la mort,
Las! & ie luy fay peur cedant à mon effort:
Tant qui craignent charmez des douceurs de la
    vie,
Qu'auec les voluptez elle leur soit rauie,
Ne laissent de charger la barque de Charon,
Moy, ie veux, & ne puis trauerser l'Acheron.

E e iij

Ses chemins me sont clos, ouuerts à tout le monde,
Dieux ! que voy-ie là bas ? vn vaisseau dessur
   l'onde,
Ses voiles sont enflez, & ne fait point de vent,
Sans patron de luy-même il se pousse en auant,
Vne douce armonie accompagne ses rames,
Capable de charmer ces Plutoniques âmes,
Les Dauphins atentifs à l'entour sautelans,
Se vont aux enuirons de joye entremélans,
Vn enfant au tillac de pampre se couronne,
Quelle trouppe bons Dieux ! fantasque l'enuironne ?
Vn vieillard sur vn âne assis en majesté,
Comme en la melodie immobile resté,
Ce sont les Deitez de cette isle deserte,
C'est du songe prédit vne assistance offerte,
Comment mon deshonneur luy pourray-ie celer ?
Le taire m'est nuisible, & honteux le parler.

BACCHVS, PAN, SILENE, ET ARIADNE.

BACCHVS.

Belle, chasse l'éfroy qui trouble ton visage,
Ie te suis d'vn secours le fortuné présage,
Ie sçay de tes malheurs autant où plus que toy,
Vn Corsaire fuitif t'a pariuré sa foy,
Vn que tu retiras de la parque éminente,
Girouette à tous vents, d'âme peu continente,
Forcené de l'amour qu'il portoit à ta sœur,

TRAGEDIE.

A fait voile, tandis que l'humide douceur
Du somme, te silloit la paupiere iumelle,
Ne le sçauroy-ie pas? qu'engendra de Semele,
Celuy qui tient le foudre, & l'Olimpe regit;
Quoy? de honte ce front d'albâtre se rougit?
Simple, hormis le joug d'vn pere trop seuere.
Que tu as secoüé, la faute est bien legere;
Le but à tes desseins de l'Hymen proposé,
T'ôte du deshonneur le blâme supposé;
La saine intention te décharge de crime;
Et pour te confirmer que i'en fay peu d'estime,
Expres coupant les flots, i'adresse icy mes pas,
Non pour te preseruer seulement du trépas,
Mais afin de t'offrir ma nociere aliance,
Telle faute tombée au fleuue d'oubliance,
Telle faute purgée en mon atouchement;
Ne le consens-tu pas? dy-le moy franchement.

ARIADNE.

Qui que tu sois des Dieux, miserable mortelle,
Ie me mets, ie me donne à ta sainte tutelle;
Tu peux d'autorité mes desirs commander,
Et (labeur superflu) ne les deusses sonder,
Ordonne que ie viue, où permets que ie meure,
En ton sacré vouloir l'vn, & l'autre demeure.

SILENE.

O quelle humilité! quelle attrayante voix?
Ingrat, & la laisser en ce lieu tu pouuois,
L'innocence conjointe à sa beauté diuine,

Ee iiij

De ce rare tresor l'amoureuse rapine,
N'ont moly tes rigueurs, diuerty ton dessein?
Certes, vn cœur de roche habite dans ton sein,
Tu as sucé le lait d'vne mere tigresse,
Indigne que Phœbus de son œil te caresse.

PAN.

Pere, écoute vn vieillard remply de charité,
Qui manque plus d'efet que de cupidité;
Voy sortir d'vn vieil tronc vne ieune étincelle,
Et commets en sa garde apres quelque pucelle;
En l'humeur où il est de la vouloir venger,
Pallas fust-elle armée, encourroit du danger.

SILENE.

Tay-toy bouc insolent, bouc infet de luxure,
Tu imputes à tous ta vilaine nature,
Iamais en mon ieune âge vn lubrique brandon,
Ne m'a fait soûpirer sur les bords de Ladon,
Iamais ne transforma de vierge poursuiuie;
La prudence a toujours sçeu temperer ma vie.

BACCHVS.

Il a dit ce propos plutost que le penser,
Ne t'en vueille donc pas dauantage ofenser,
Or ie retourne à toy ma nouuelle Charite,
Te iurant par le Stix, par ton diuin merite,
En presence des Dieux, en presence d'eux tous,
Vne immuable foy de tutelaire épous;
Serment qui ne reçoit d'exceptions humaines,
Serment à l'infracteur asseuré de ses peines,

TRAGEDIE. 441

Qui d'vn siecle ne peut se repaître odieux,
D'immortelle ambrosie à la table des Dieux;
Serment plus mal-aisé de dissoudre, friuole,
Qu'aux ondes que tu vois de floter sur le pole,
Repose-toy sur luy, mignonne, receuant
Ce gage, qui sera aux astres s'éleuant,
Separé de ton chef, & du mortel vsage.

PAN.
Vne nouuelle peur tient ailleurs son courage.

BACCHVS.
Quelle?

PAN.
Enfant que tu es, d'aparence manquer.

SILENE.
En semblable importance impuny se moquer?

PAN.
Ce vieil mâtin hargneux, a par tout à redire.

SILENE.
Et toy monstre difforme, impudent, à médire.

BACCHVS.
Ne pren garde ma Nymphe à ces joyeux debats,
Sans plus te resoluant aux nuptiaux ébats,
Ils ne le font, qu'afin d'arracher la tristesse,
Que tu as tant logée impitoyable hôtesse.

ARIADNE.
Ta diuine presence expulse mes ennuis,
Et celle que i'estois n'agueres, ie ne suis,
Alaigre de courage, en moy-même contente,

Bref de qui le discours ma serui de Nepente.

PAN.

Aussy sa deïté sur toutes, a cela,
Qu'où elle est, les soucis décamperont de là
Plus viste que la nuit au leuer de l'aurore,
L'vniuers obligé de ce bien-fait, l'adore;
Il réjoüit chacun de sa douce liqueur,
L'espoir luy ressuscite, & luy hausse le cœur,
Témoin ce vieil tison, qui d'vn peu de fumée,
Te voyant, a soudain sa flâme ralumée.

SILENE. (ter,

I'ayme mieux m'abseter, i'ayme mieux tout qui-
Que l'audace d'vn fol plus long tems suporter.

ARIADNE.

Concede, s'il te plaist, à mon humble priere,
Que de ta Deïté la remarque premiere
Vienne à ma conoissance, & qu'il me soit permis,
De sçauoir, en qui i'ay mon esperance mis.

BACCHVS.

Inuenteur aux humains d'vne plante sacrée,
Qui le corps viuifie, & les esprits récrée,
Qui d'vtiles vertus passe les elemens,
Qui les tigres captiue à mes commandemens,
Oste la cruauté d'où nature l'a mise,
Ie preside des Dieux, dans Thebes, & dans Nyse,
Dans Thebes ma natale, où dessur Citheron,
De trois ans, en trois ans, les cotaux d'enuiron
Resonent sous le cry des vineuses Menades,

TRAGEDIE.

L'*Orgie celebrans de ma fureur malades.*
ARIADNE.
Tu es donc ce Bacchus, de lignage diuin,
Qui nous donnas l'vsage, & l'essence du vin.
BACCHVS.
Luy mesme,
PAN.
    & ce vieillard de trogne purpurée,
Est son maistre, au possible aymant cette purée.
SILENE.
Que dis-tu là dessus?
BACCHVS.
        autre chose, sinon,
Que Satyre il en suit sa nature, & son nom.
SILENE.
Ha! si ie retournois en ma vigueur premiere,
Sanglât dessous mes piez il mordroit la poussiere,
Oüy, ie luy apprendrois, & encore,
PAN.
                ôtons nous,
Il se fait bon garder d'yurongnes, & de fous.
ARIADNE.
Ta puissante grandeur, indigne m'épouuante,
Chez toy ie ne merite un titre de seruante;
Mais si i'ay treuué grace enuers ta majesté,
Dy-moy, qui mon peril t'auroit manifesté,
Que veut en ton vaisseau ce guerrier équipage,
D'où vient, & où tu dois finir ce nauigage?

BACCHVS.

Ie retourne vaincœur d'vn grand peuple mutin,
En la plâge, où Phœbus se leue le matin,
Les armes que tu vois d'ordre confus dressées,
Ces morions, ces dards, ces piques enlacées,
Conquises dessur eux, sans employer le fer,
A Thebes ie les porte, afin d'en triompher;
Afin qu'à mon retour, illustrement i'assemble,
L'honeur de ma victoire, & mon Orgie ensemble:
   Or moy, n'ignorant rien de tout ce qui se fait,
Qui ton perfide ay veu commettre le forfait,
Présent à tes regrets, à tes pleurs, à ta chute,
Moy, qui pour le passé, d'offense ne t'impute,
Aux flots ay commandé de m'aborder icy,
Te mettre en ma tutelle, & en ma couche aussy.

ARIADNE.

Helas! de quelle sorte, & de quels saints offices,
Pourray-ie rendre grace à de tels benefices,
Me redonner d'vn coup, & la vie, & l'honneur?
Le Ciel d'actes pareils est seul reguerdoneur.

BACCHVS.

Ta fidelle amitié sufira de salaire,
Maintenant l'hymenée auisons de parfaire,
Silene, tu iras tous les Dieux inuiter,
Au banquet, qu'en ce lieu ie leur veux aprêter,
Tu iras suplier la bande supernelle,
De venir celebrer la pompe solennelle
De mon iour nupcial, en ce lieu, que desert,

TRAGEDIE.

Ie rendray dedans peu de delices couuert.
SILENE.
Commande, ie suis prest d'acomplir l'ambassade.
PAN.
Il merite vrayment qu'on l'appelle à ce grade,
Monté dessur son âne en cét affaire vrgent,
Voilà pour nous produire vn éfet diligent.
BACCHVS.
Allons dans le vaisseau te rafraichir, mon âme,
Te réchaufer le sein d'vne amoureuse flâme,
Te repeindre le front des premieres beautez,
Que ces noms d'infamie, & de déloyautez,
Perissent odieux, qu'en leur place, succede
Le ris, le ieu, l'amour; bref tout ce qui précede,
D'vn mariage heureux la prochaine moisson:
Quoy que ce front ne soit que d'vn ieune garçon,
I'espere neantmoins deceuoir ton atente,
Et que content de toy, ie te rendray contente.

FIN.

ALPHEE,
OV
LA IVSTICE
D'AMOVR.

PASTORALE.
DE L'INVENTION
D'ALEXANDRE HARDY,
Parisien.

ARGVMENT DE la Pastorale.

ISANDRE, vieil Berger, autant renommé entre les Arcades pour ses richesses & preud'homie, que pour l'incomparable beauté d'Alphée son vnique, ayant sçeu de l'oracle, que le mariage de sa fille susciteroit de grands troubles à sa maison, afin d'obuier aux accidens, se resolut de ne la point marier, & de fait, la tenant recluse chez soy, elle ne luy permet la hantise de personne. Toutesfois, l'ayant selon la coustume, menée aux Palilies, elle perdit son pere en la presse, & fortuitement rencontrée par Daphnis, ieune Berger des plus accomplis. Il la reconduit au logis, & par le chemin contracte vn commencement d'amitié auec ceste belle Nymphe. Le pere au lieu de luy sçauoir gré de telle courtoisie, la prend en tresmauuaise part, & tient sa fille plus captiue que iamais. Cependant Corine Magicienne,

de moyen âge, paſſionnée outre meſure de l'amour de Daphnis, apres pluſieurs refus, découure ſes nouuelles amours auec Alphée, les reuele au pere, & reduit ce couple innocent d'amants au deſeſpoir de toute iouyſſance. Vn Satyre d'ailleurs, ayme Corine, & luy ſert de paſſetemps, moqué & bafoüé à tout propos : ce même Satyre eſt aymé d'vne Driade qu'il mépriſe, & par vn mélange agreable, en ſa contrarieté, la Driade aymée du bel Euriale, n'en fait conte, de ſorte que l'extrêmité de ſes rigueurs, fait ſortir ce ieune berger de ſon bon ſens. Melanie, qui en eſt idolâtre, pert toute patience de le voir en tel état, ſans y pouuoir aporter de remede. Or Daphnis apres cela, courant du deſeſpoir à la vengeance, aborde Coryne, la menace de l'étrangler, ſi elle ne ſe dément de ſon impoſture deuant Iſandre, elle irritée en faueur de ſes charmes, le metamorphoſe en rocher, & Iſandre auec ſa fille, accourus au ſpectacle, ſont auſſi transformez, l'vn en arbre, l'autre en fontaine. Le deſaſtre de ces trois perſonnes, conuie la commune des paſteurs Arcades contre la Magicienne, & ſous la conduite d'Euriale tout vn peuple vient pour contraindre Coryne à leur rendre la premiere forme, elle implore le ſecours, tant du Satyre, que de ses Demons: il se fait là dessus vne furieuse mélée, en laquelle amour rendant sa Deïté visible, acoise leurs debats, ôte le charme, & fait trois mariages en vn, de Daphnis auec sa chere Alphée, d'Euriale auec Melanie, & du vieil Isandre, auec Corine.

Ff

ENTRE-PARLEVRS.

ALPHE'E.
DAPHNIS.
ISANDRE.
CORINE.
SATYRE.
DRIADE.
MELANIE.
EVRIALE.
ECHO.
CORIDON.
CVPIDON.
CHOEVR DE BERGERS.
TROVPE DE SATYRES.

ALPHEE, OV LA IVSTICE D'AMOVR.
PASTORALE.

ACTE I.
SCENE PREMIERE.
ALPHEE, DAPHNIS.
ALPHEE.

VE de malheur m'accompagne chétiue,
Dedans le temple à mes vœux attentiue,
Et aux honneurs que te font assemblez,

Tous nos bergers, ô Déesse des bleds,
Grande Pales qu'adore l'Arcadie,
Voicy qu'à coup vne foule hardie,
Mon pere & moy sepáre sans égard,
Deçà, delà s'écarte mon regard,
Ma voix en vain le reclame importune,
Et pour surcroist de mauuaise fortune,
Parmy ce nombre infiny s'ecoulant,
La nuit dé-jà sur nos yeux deualant,
Nymphe, parente, ou voisine trouuée,
A ce besoin secourable épreuuée,
Ne s'offre icy propre à reconuoier
Mes pas tremblans, crainte de fouruoier.
Dieux? au retour que me dira mon pere?
Comment pourray-ie adoucir sa colere?

DAPHNIS.

Diuine Alphée? vn esclaue berger,
Te reconduit si tu veux sans danger.

ALPHÉE.

Et qui es-tu qui me nommes surprise?

DAPHNIS.

Daphnis, qui l'heur de ta rencontre prise
Plus que d'auoir mille laineux troupeaux,
Dessus Menale aux verdoyans coupeaux.

ALPHÉE.

L'occasion?

DAPHNIS.
      Tu me demande chose,

PASTORALE.

Qui de frayeur le silence m'impose.
ALPHÉE.
Si n'estimay-ie auoir partie en moy,
Qui puisse ou doiue apporter de l'effroy.
DAPHNIS.
Tu n'es qu'amour, que douceur, que merueilles.
ALPHÉE.
Commence Alphée, à boucher tes oreilles.
DAPHNIS.
Quelles façons de faire sont-ce là?
ALPHÉE.
Ie suy l'auis paternel en cela.
DAPHNIS.
Qui porte?
ALPHÉE.
       Et veut que sourde à ces loüanges
Deües ailleurs, de langage tu changes.
DAPHNIS.
Ainsy ma peur s'achemine à l'effet.
ALPHÉE.
Veux-tu mon pere obliger d'vn bien-fait?
DAPHNIS.
Tres-volontiers, commande en son absence,
Sur ton captif vse de ta puissance.
ALPHÉE.
Marchant premier, souffre qu'à ce besoin,
Iusqu'au logis ie te suiue de loin.
DAPHNIS.

Pestiferé, traite-moy de la sorte,
Pour le present nul venin ie ne porte,
Hormis celuy, qu'espant (contagieux,)
Vne beauté, dans l'âme par les yeux,
Vne beauté qu'en vain tu tiens voilée
Cruelle, apres ma franchise volée.

ALPHE'E.

Moy, retenir chose qui t'appartint?
Que mon sujet esclaue te retint?
Où? depuis quand? le moyen? l'apparence?
Tu te méprens, ie n'ay pas l'asseurance,
Moins le desir de te faire aucun tort,
Or sans discours, marchons vn peu plus fort.

DAPHNIS.

Tu ne seras que trop tost arriuée
En la prison iournaliere épreuuée,
Où te reduit vn vieillard rigoureux,
Où ton printems s'écoule malheureux,
Où l'inhumain traite sa geniture
Comme ennemy iuré de la nature,
Comme il feroit les lyons & les ours,
Recluse en peur, sous la verge toujours.

Ne souffre plus tel inique seruage
Propre a domter quelque beste sauuage,
Ne souffre plus que ta douce beauté
Loin de mes yeux paisse sa cruauté,
Tu me la dois? gardien plus fidele,
Qui meurs le iour cent mille fois pour elle,

PASTORALE.

Et ne la veux que legitime épous,
Ou bien le Ciel m'extermine en courous.
ALPHE'E.
Berger, de grace impose-toy silence,
Mes desirs n'ont nul poids mis en balance,
Vn sage pere absolu de pouuoir,
Le tems venu, me sçaura bien pouruoir.
DAPHNIS.
Te semble pas le tems venu, mauuaise,
Or que l'amour fait sa double fournaise
De ce beau sein, qui dessous ton collet,
Enfle arondy deux montagnes de lait?
Or que tu sens l'aigre-douce pointure
Du Dieu qui fit du cahos ouuerture,
Oüy tu la sens, où la deusses sentir,
Le taire icy s'appelle consentir.
ALPHE'E.
O qu'à tes pieds presentement i'expire,
Si ce que c'est d'amour ie sçauroy dire.
DAPHNIS.
Donc n'as-tu veu, (rustique passetems,)
S'entre-baiser les tourtres au printems,
Les oisillons sous l'obscur des ramées,
Voler apres leur femelles aymées:
Donc n'as-tu veu, les taureaux negliger
Es prez herbus le boire & le manger,
Lors que l'amour furieux les tourmente,
Chacun jaloux pres de sa chere amante,

Donc n'as-tu veu les passereaux mignards,
Venir apres mille tours fretillards.
ALPHEE.
Hola Pasteur, ces exemples suffisent,
Qui neantmoins de rien plus ne m'instruisent,
DAPHNIS.
Grande malice, ô que tu ne permets,
ALPHEE.
Nous approchons le logis, desormais,
DAPHNIS.
Nous approchons l'eclipse redoutée
De mon Soleil, en ta lumiere ostée,
ALPHEE.
Le pauure cœur me palpite d'effroy.
DAPHNIS.
N'en iure point, Bergere, ie le croy :
Mais si tu veux me fier ton excuse,
Nous renuoyons la censure confuse,
De qui te cause une enfantine peur.
ALPHEE.
Tu ferois donc mon presage trompeur,
DAPHNIS.
Ouy, ne te chaille, & ce peu de seruice
Reçoy ma saincte en premier sacrifice,
Et poise mieux mes prieres uniour,
Dessur les fruits d'un coniugal amour.

SCENE II.

ISANDRE, DAPHNIS, ALPHEE.

ISANDRE.

Dieux immortels, que l'ignorance humaine,
Fonde souuent son mieux sur chose vaine,
Borne le plus de sa felicité
Dans ce qui n'est que pure aduersité.
Chacun son heur par les enfans mesure,
Qui font reuiure apres la sepulture,
Chez qui vieillards on trouue du suport,
Mais, que d'escueils entre nous & ce port!
Que ce rosier en épines abonde,
Sans qu'vne fleur d'esperance réponde,
Veuf, à qui l'âge approche le tombeau,
Ma maison n'a d'appuy, ny de flambeau,
Rien qu'vne fille, assez voire trop belle,
Veu que l'oracle (effroyable nouuelle)
Sur ses destins enquis, me la predit
Cause entre nous d'vn tumulte maudit,
D'vne discorde étrange, partiale
Qu'amortira la torche nuptiale,
Moy qui mes iours veux couler en repos,
Fay qu'elle fuit ce ioug tout à propos,

La tien chez nous quasi comme captiue,
Crainte toujours que ce desastre arriue,
Crainte toujours de le voir preuenir,
Ma fin qui doit si prochaine venir,
N'importe apres sous quelle destinée
S'acomplira son futur hymenée:
Or vn penser m'aflige soucieux,
L'éclair plutôt ne disparoist aux yeux,
Que dans la presse aujourd'huy l'indiscrete,
S'est à ma veuë & à ma main soustraite,
Si par malice encor ne sçait-on pas,
Ce fol amour a tant & tant d'apas:
Mais, la voicy qu'vn pasteur me rameine,
Trop enuers nous prodigue de sa peine.

DAPHNIS.

Pan te benisse, incomparable honneur
De nos bergers, à qui i'ay ce bon-heur
Guide fidelle offert à l'auanture,
De rendre sauf ce miracle en nature,
Qui reclamoit le secours paternel,
Qui s'imagine vn acte criminel,
D'auoir (contra inte) accepté ma conduite,
Excuse donc l'audace fortuite,
L'audace prise à te l'accompagner,
D'vn qui te veut son zele témoigner.

ISANDRE.

Ta courtoisie aucunement suspecte,
Trop à mon gré m'oblige, & me respecte,

PASTORALE.

Adieu Berger, ie te crains seducteur,
plus que cent fois ie n'ayme conducteur.

DAPHNIS.

Perisse mal, quiconque de sa vie
Voudra (tenté d'vne brutale enuie,)
A sa beauté pudique s'adresser,
Que c'est à tort l'innocence offenser,
Que c'est vouloir nourir sa defiance,
Par le refus d'vne stable alliance.

ISANDRE.

Adieu Berger, dedans vingt, ou trente ans,
On resoudra sur ce que tu pretens.

DAPHNIS.

Le Ciel a mieux fauorable t'inspire,
En abregeant mes iours, ou mon martyre.

ISANDRE.

Que de propos inutiles perdus,
Et sur vn rien friuoles étendus,
Approche-toy, approche-toy fuitiue?
Lors que ie croy qu'obeyssante on suiue,
Lieure iamais plus subtil ne rusa,
Mieux les leuriers poursuiuans n'abusa,
Qui te mouuoit? confesse miserable,
Où mon courroux t'appreste inexorable

ALPHEE.

Surprise, helas, de pareil accident,
Des cris, des pleurs, en la foule épandant,
Mille diront, que l'ame au vif atteinte,

ALPHEE,

Vous separé, ne montra nulle feinte.
Or le moyen que cela n'auint pas,
Vn voile obscur m'aueugle à chaque pas,
Outre qu'adonc la presse qui maistrise,
Me contraignoit peu forte, à lâcher prise.

ISANDRE.

Ce sont discours, ta propre volonté,
Souffre de guide vn pasteur effronté,
Qui me déplaist, & qui porte hypocrite
De ton honneur la perte en l'ame écrite,
Ne le voy plus prés, ou loin desormais,
Ou me flechir, ne presume iamais,
Ta gloire gist à viure solitaire,
A m'obeir, & apprendre à te taire.

ALPHEE.

Tous mes plaisirs ne pendent limitez,
Tous mes desirs que de vos volontez.

SCENE III.

CORINE, SATYRE.

CORINE.

Cruel enfant d'vne benigne mere,
Appaise Amour, appaise ta colere,
Cherche à tes dards ailleurs victorieux

PASTORALE.

Quelque sujet de renom glorieux,
Domte asseruy les courages rebelles,
Croist ton empire en cõquestes nouuelles,
De ces beautez orgueilleuses, d'auoir
Iusqu'à present ignoré ton pouuoir,
De ces beautez que l'âge fauorise,
Tu n'as d'honneur desormais à ma prise,
Tu ne dois plus meurtrir, lâche vaincœur
Qui te rendit sans combatre son cœur,
Qui te voüa sa ieunesse passée,
Ha! vueille donc sortir de ma pensée,
Laisse en repos ce qui reste à mes iours :
Mais arme-toy plutôt à mon secours,
De ce Narcis réprime l'insolence
Qui de mes feux mocque la violence,
Qui ie croit seul capable resister,
(Chose impossible au mesme Iupiter)
O vains regrets, prieres superfluës ;
O desespoir, ô ingrat qui me tues,
Ne crains tu point que ta temerité
Le chastiment subisse, merité?
Que sous mes vers?ha?rẽfort de martyre,
Voicy venir cest importun Satyre,
Qui me poursuit frenetique d'amour.

SATYRE.

Mon cœur, mon tout, ma lumiere, bon iour,
Que faisois-tu?que dis tu ma Carite?

CORINE.

ALPHEE,

Que ta folie vn voyage merite,

SATYRE.

Où ma Deeſſe?

CORINE.

en Anticyre, où vont
Ceux qui purger d'elebore ſe font.

SATYRE.

Tu es toujours gauſſeuſe, mais n'importe;
Reçoy les fruits, & les fleurs, que t'aporte
Dans ce cofin ma pure afection.

CORINE.

Tu me rauis en la perfection,
De tes diſcours, cornus comme le maiſtre,
Or ſus, or ſus, voyons que ce peut eſtre.

SATYRE.

Entre les fleurs admire ces beaux lis,
Dans le valon de ma grotte cüeillis,
Coule ta main ſur ces roſes muſquées,
D'vn or luiſant par le milieu marquées,
Foüille hardie encore plus auant,
Tu m'aduoûras n'auoir de ton viuant,

CORINE.

O Dieux! ô Dieux! vne abeille irritée,
Me laiſſe au doit ſon armûre plantée,
Morte elle tombe, & tu m'oſerois bien
Traitre nier, que tu n'en ſçauois rien?
Offre tes dons à d'autres en mal'heure.

SATYRE.

PASTORALE.

Si i'y pensois fraude aucune, ie meure.
CORINE.
Fuy, que ces mains ne t'assomment de coups.
SATYRE.
I'ayme mieux fuir qu'accroître ton courous.
CORINE.
Monstre brutal horrible à la nature,
Que pusses-tu sous pareille auanture,
Faire qu'amour en guise de freslon,
Piquast celuy que conçeut l'Aquilon,
Ce beau Daphnis, le geolier de mon âme,
Helas! helas! ma bleçeure s'enflâme,
Il faut dessus quelque vers murmurer,
Et sa douleur profonde coniurer,
Qui te cuira bouquin, ie le proteste,
Si tu me suis dauantage moleste.

SCENE IIII.
SATYRE, DRYADE.
SATYRE.

Vn plus chetif ne respire le iour,
   Tout reüssit contraire à mon amour,
Le Ciel ialoux ne pouuoit sa rancune,
Mieux opposer à ma bonne fortune,
De mes trauaux mieux perdre le fruit meur,
L'heure commode, & prise en belle humeur,

Gg

Ie la voyoy rire dé-ja dans l'âme,
Dé-ja s'éprendre aux rayons de ma flâme,
Ie la voyoy se plaire à ce present,
D'auoir sa grace à l'heure suffisant,
Si quelque Erine en cette mouche enclose,
Et embusquée es replis d'une rose,
L'occasion n'eust rauie à mes vœux,
Qui se laissoit empoigner les cheueux:
Pauure Satyre, ha! que ce coup d'orage,
Coup impourueu t'emousse, le courage,
Desesperé, confus, vague d'esprit,
Onque malheur pareil ne me surprit.

DRYADE.

Quelque accident d'amoureuse disgrace,
Te fait gemir, & se lit en ta face,
Donc à l'écart sur ce fleurage assis,
Declare-moy qui cause tes soucis.

SATYRE.

Passe chemin Dryade, où sans mot dire,
Creuse une tombe à ce mourant Satyre.

DRYADE.

Helas! de vray ta couleur pâlit fort,
Choisy plutost mon chesne de suport,
Non, pour le mieux, couchez ensemble à l'ombre,
Sur ce gazon recite ton encombre.

SATYRE.

Vne homicide, vne ingrate beauté,
De son seruice exclut ma loyauté;

PASTORALE.

Corine helas!
DRYADE.
Quelle mouche la pique?
SATYRE.
Tu parles Nymphe en esprit prophetique,
Rien qu'vne mouche, en des fleurs que i'offroy,
De son courous ne m'imprime l'effroy.
DRYADE.
Plaisante histoire, acheue,
SATYRE.
D'auanture,
Elle a senty sa legere pointure,
En maniant les desloyales fleurs,
Qui m'ont produit ce malheur des malheurs.
DRYADE.
Donques fais-tu Corine ton idole,
Si le cœur est conforme à la parole?
SATYRE.
Le doux aymant de ses perfections,
Vne excellence es moindres actions,
Traine mon âme en triomphe captiue,
Ie l'ayme, & veux aymer tant que ie viue.
DRYADE.
Dé-ja sur l'âge, elle deust neantmoins,
De tel orgüeil retenir vn peu moins.
SATYRE.
Cent mile attraits que sa grace possede,
DRYADE.

Gg

ALPHÉE,

Le nombre passe, & ma creance excede.
SATYRE.
Reparent bien la perte d'vn printems,
Qui l'abandone il n'y a pas lon tems.
DRYADE.
Bref, que tes yeux se l'imaginent belle.
SATYRE.
Et que mes feux glacent cette rebelle.
DRYADE.
Change pour voir, busque fortune ailleurs,
Tu treuueras tant de partis meilleurs.
SATYRE.
Vnique objet logé dedans mon âme,
Autre ne peut succeder à sa flâme.
DRYADE.
Ton desir a de foibles aiguillons,
Voyant vn front qui se ride en sillons.
SATYRE.
Il m'aparoist plus poly que la glace.
DRYADE.
Vn charme aueugle en tes sens treuue place.
SATYRE.
,, Soit charme, où non, qui se sçait contenter
,, De peu, ne doit dauantage tenter.
DRYADE.
Oüy, mais ce peu ta puissance surmonte,
Si que de toy l'ingrate ne fait conte,
De toy, que deust quelque ieune beauté,

PASTORALE,

Tenir heureux parmy sa priuauté,
De toy, qui es des Satyres la gloire.
SATYRE.
I'ay beau luy dire, elle n'en veut rien croire.
DRYADE.
Dispost, alaigre, inuentif, courageux,
Propre à la luite, à la dance, & aux jeux,
Que craint la troupe infernale, regie,
Sous les secrets de ta noire magie.
SATYRE.
Corine excelle en ce même sçauoir,
Qui d'alleger mes douleurs n'a pouuoir.
DRYADE.
Tu gueriras, fusses-tu plus malade,
Le conseil pris que done vne Dryade.
SATYRE.
Quel ?
DRYADE.
  Tes desirs autre part atachez,
De la tenir au rang des vieux pechez,
Ie te promets alors vne maistresse;
 O pauure Nymphe à toy-même traitresse,
Ta pudeur sort des bornes du deuoir,
Adieu Satyre, Adieu iusqu'au reuoir.
SATYRE SEVL.
La verité de sa bouche échapée,
Dedans mes rets la prouue enueloppée,
Ma bone grace au vif certes l'ateint,

Si ie ne suis tant delicat de teint,
Sans fard on m'ayme, & ce pendant Corine,
Me reproche ore vne barbe bouquine,
Tantôt ce front martial, nourissant
Deux cornichons, tels qu'vn ieune croissant,
Garde qu'en fin superbe, rigoureuse,
De ton refus vne autre viue heureuse,
Qu'impatient aux outrages souferts,
Elle rauisse vn tresor que tu perds:
Non, ne crain pas, ma ferueur ostinée,
Chez toy finît auec ma destinée:
Donc pour luy plaire, & paroître plus beau,
Relauons-nous dans le proche ruisseau.

ACTE II.

SCENE I.

MELANIE, EVRIALE, DRYADE.

MELANIE.

MES yeux l'ont veu, ta iustice infinie,
Porte carquois, venge trop Melanie,
Ton pouuoir luit à ce coup merueilleux,
Et redoutable enuers vn orgüeilleux,
Vn Euriale, ingrat outre mesure,

PASTORALE.

A ma constance, à mon amitié pure!
Voila qu'épris (bizarre affection)
D'vne Dryade il fait élection,
Qui ne dément son naturel sauuage;
Qui prise ailleurs dessous pire seruage,
Apres l'espoir, luy a perdu l'esprit,
Perte, qu'encor l'impitoyable rit,
Perte, qu'encor ie pleure à chaudes larmes,
Dieux le voicy!

EVRIALE FVRIEVX.

Pasteurs acourez aux armes,
Sus, viste enfans, qu'à force de caillous,
De traits, de dards, on m'écarte ces loups:
Courage, l'vn trebuche contre terre;
O quel fracas horrible de tonnerre,
Fuyons bergers, le Ciel tombe éclatant;
Mais, n'est-ce là ma Nymphe qui m'atend,
La voy-ie pas ma Dryade jolie?

MELANIE.

Triste spectacle, effroyable folie,
Qui me transit de crainte, & de pitié!

EVRIALE.

Tu ne peux plus frustrer mon amitié,
Plus luy tollir sa iuste recompense.

MELANIE.

L'extremité me tient l'âme suspense,
Soit de répondre, où m'ôter de ses yeux,
Car que feindroit de faire vn furieux?

EVRIALE.
Parle mauuaise, & allege ma fievre,
D'vn doux baiser cüeilly dessur ta levre.
MELANIE.
Tu te méprens berger, ie ne suis pas.
EVRIALE.
Non, malheureux i'auray perdu mes pas.
MELANIE.
Me connois-tu ?
EVRIALE.
Ha! chere Melanie.
MELANIE.
Ta bouche dit, ce que l'éfet me nie.
EVRIALE.
Hausse la voix, certaine surdité,
Me tient depuis autre incommodité.
MELANIE.
Oüy, que quasy tu souffres volontaire.
EVRIALE.
Ne plus ne moins que sa chaine vn forçaire.
MELANIE.
Le vieil prouerbe, icy te reglera
,, Tel different, ayme qui t'aymera.
EVRIALE.
Tu ne dis pas qu'où manque la puissance,
Aucune loy n'astraint d'obeissance.
MELANIE.
Tu ne sens pas, diuerty de penser,

PASTORALE.

Que ta langueur commence à te laisser.
EVRIALE.
Mais l'inhumain retourne plus auide,
Sus, sus, poursuy ta Dryade homicide,
Meurs, où fléchy son courage à l'amour;
Elle paroist l'aurore de mon iour,
N'en doute plus, la voilà qui regarde,
Et ja s'appreste à la course fuiarde,
Mais mon ardeur sa fuite préuiendra,
Plus que le vent legere l'attraindra.
MELANIE.
Vn tourbillon de vitesse n'égale,
Ce fol, qui court à sa perte fatale,
Qui ne veut pas à la raison remis,
Iouïr de l'heur de son calme permis:
Dieux! le plaisir, onques biche parüe,
Ne se vit mieux de la meute courüe,
Que la Dryade agile s'esquiuant,
Et qui plus fine a gagné le deuant.
DRYADE.
Tu ne tiens rien, ta friuole poursuite,
Plutost des vents arresteroit la fuite;
Ioint que pressée, & si tu le pouuois,
Vne clameur, vn accent de ma vois,
Faunes, Siluains, Oreades, Napées,
Arme soudain, tes embûches trompées:
Pauure insensé, cherche ailleurs guerison,
Vn autre tient ma franchise en prison,

ALPHEE,
Vn dédaigneux, vn farouche Satyre,
Vers qui dolente ore ie me retire,
Vers qui l'amour furieux m'a réduit,
A mettre bas vne honte qui nuit.

SCENE II.
DAPHNIS, CORINE.
DAPHNIS.

EN vain dit-on que le tems déracine
Nos plus grands maux, (salubre medecine,)
Ma flâme, croist par la suite des iours,
Et d'heure à autre elle augmente touiours;
Le beau pourtrait d'Alphée, inseparable,
Priue mes yeux du somme desirable;
Que si l'esprit succombe au soin pesant,
I'entr'oy la belle en songe me disant,
(, Songe fondé sur beaucoup d'aparence,)
Vien mon pasteur, vien ma seule esperance,
Vien, mais plutost auiourd'huy, que demain,
Briser les ceps de ce pere inhumain,
Ceps, que pour toy renforce le barbare,
Bien que nos cœurs l'absence ne separe,
Bien que la honte empéchast mon desir
De s'exprimer, n'en ayant le loisir,
Tu vis Berger depuis en ma pensée,
Qu'en ce Dedale obscur tu m'as laissée,

PASTORALE.

Pareils discours tenus de sa beauté,
A ce besoin sommet ma loyauté
De la reuoir, de tenter la fortune;
Voicy Corine, ô rencontre importune,
S'il faut qu'elle ait préuenu le secret,
Tous tes desseins auortent indiscret.

CORINE.
Que fait pensif le pasteur que i'adore?

DAPHNIS.
Tu me viendras assaciner encore.

CORINE.
Oüy bien cruel, qui te ressembleroit,
Qui de meurtrir scrupule ne feroit.

DAPHNIS.
Que ce propos sonne mal en ta bouche,
Propos d'amour chez vne vieille souche.

CORINE.
Me dire ieune,

DAPHNIS.
On ne te croiroit pas.

CORINE.
Ne decrépite, abbayante au trépas,
Vne vigueur me tient entre deux âges,
Capable encor d'asseruir des courages.

DAPHNIS.
Les enfers n'ont demon si malheureux,
Qui te voulût courtiser amoureux.

CORINE.

Moqueur, moqueur, tu as toute licence,
C'est abuser pourtant de sa puissance.
DAPHNIS.
Tu me réduis outre la volonté,
Outre l'humeur, à paroître effronté.
CORINE.
Helas! pourquoy? pense que l'Arcadie,
Non l'vniuers, en sa masse arondie,
N'eurent, & n'ont, & ne peuuent auoir,
Qui sur mon âme obtint même pouuoir.
DAPHNIS.
Pense qu'amour les desirs n'aparie,
Où l'âge ainsy dissemblable varie.
CORINE.
Trente-huit ans bornent la mienne au plus.
DAPHNIS.
De bons amis te gardent le surplus.
CORINE.
Veux-tu m'aymer, au cas que ie le treuue,
Qui là dessus veritable me preuue?
DAPHNIS.
Veux-tu me croire, & m'obliger aussy?
Laisse-moy seul m'entretenir icy.
CORINE.
Tu t'entretiens dessur l'incertitude,
Et au certain gît la beatitude.
DAPHNIS.
Nomme l'objet de mes pensers, apres,

PASTORALE.

J'honoreray ton art d'un beau Cyprés.

CORINE.
Sufit, que seule a poursuiure ta grace,
Tu ne serois comme tu es de glace.

DAPHNIS.
Enorme abus, le monde finiroit,
Si de nous deux sa ressource il tiroit.

CORINE.
Qu'ay-ie commis coupable de ta haine,
Cœur de rocher, âme trop inhumaine?

DAPHNIS.
„ On doit haïr les vices, seulement
„ Pour l'amour d'eux, leurs hôtes nullement!

CORINE.
Apren de moy, rude, & simple nouice,
Que la nature incompatible au vice,
N'en conoist point, quand vn couple amoureux,
A ses plaisirs se lâche vigoureux.

DAPHNIS.
Apren de moy, que l'afection vraye,
Iamais au cœur n'imprime qu'vne playe,
Que l'on n'en peut seruir deux à la fois,
Et puis, qu'il n'est feu que de ieune bois.

CORINE.
Tu as raison, la torche nuptiale,
Desire toute vne amitié loyale,
Te doit vnir quelque ieune beauté,
Sur tes desirs tenant la primauté,

Mais ne préuien l'heure de ce seruage,
L'Hymen, vaut pis quelque fois qu'vn veuuage,
Du moins, atten la feste, à la chommer,
Et iusques-là, ne laisse de m'aymer.

DAPHNIS.

Présume au cas que ce prodige auienne,
Que ta priere aucune grace obtienne,
Voir les poissons paître nos prez herbus,
Voir d'Occident leuer le blond Phœbus,
Voir les aigneaux mettre les loups en fuite,
Ne rougis-tu, mille fois éconduite,
De retenter la honte d'vn refus,
Qui son auteur épouuente confus?

CORINE.

Garde, qu'en fin ta rogue felonie,
Vn repentir ne s'attraîne punie.

DAPHNIS.

Garde, qu'en fin redoublant mon courous,
Tu sois l'opprobre, & la fable de tous.

CORINE.

Le mal venu, dy que tu le merites,
Que vœux adonc, ne larmes hypocrites,
N'amoliront l'équitable rancœur,
Ains plus courtois, n'en venons-là mon cœur,
Amour m'aprit des leçons de ieunesse,
Qui valent bien qu'vn pasteur me caresse.

DAPHNIS.

Va les montrer aux nocturnes esprits,

PASTORALE.

Vieille furie, infernale Cypris,
Soûle auec eux ton impudique rage,
Vne autre sainte attire mon courage,
Reçoit mes vœux & me tient en soucy;
Plus fol encor de m'arrester icy.

CORINE SEVLE.

Emprunte à fuir ma haine colerée,
Les ailerons des enfans de Borée,
Où bien du Thrace emprunte les cheuaux,
Sur les épis courants, & sur les eaux,
Tu ne sçaurois échaper ma vengeance,
Qui te tálonne, (incroyable allegeance,)
Tu ne sçaurois, tygre au visage humain,
Parer les coups de ma fatale main;
Te prendre à moy, vermisseau temeraire?
A moy, qui fay la Lune obscure, & claire?
Qui puis d'vn champ transporter les moissons?
Müer les corps en diuerses façons?
Faire fremir l'Érebe à ma parole?
Sus donc, réprime vne arrogance fole,
Marche inuisible ores dessur ses pas,
Et où l'amour luy seme vn autre apas,
Où l'aueuglé ses esperances fonde,
Qu'vn desespoir impourueu le confonde;
Oeuure de peu, qui vaut autant que fait,
Dont le propos coûte plus que l'éfet.

SCENE III.

ALPHE'E, DAPHNIS, CORINE.

ALPHE'E.

CHétiue Alphée, à ce coup tu es prise,
La flâme croist en tes veines éprise,
Aueugle flâme, étrange paßion,
Que d'vn pasteur nourit l'impreßion,
Que ce Daphnis, la gloire de son âge,
Auoit prédit à ton iuste courage:
Tu ne vis plus, sinon de ce penser,
Deust mille fois mon pere s'offenser,
I'ayme Daphnis, épous ie le desire,
Epous chez qui Mome n'a que redire,
De bons parens, beau d'esprit, & de corps,
La palme aquise entre les plus accorts,
Officieux, & que la voix comune,
Tient meriter quelque grande fortune.
   Mon pere a tort le souçonne trompeur,
L'Hymen offert, caution de sa peur,
L'Hymen offert, en bonne conscience,
Pour luy tüer ce ver de défiance:
Mais l'ombrageux, rebelle à la raison,
Veut confiner ma ieuneße en prison.
   O cruel pere! ô déplorable Alphée,

PASTORALE.

Que ne m'as-tu en naissant étoufée?
Ains que tu n'es auerty mon berger,
Comme le tems d'auis me fait changer,
Comme à ses vœux t'implore une captiue,
Dieux! le desir de iugement me priue,
Où ce Soleil à point-nommé me luit,
Luy-mesme vient par le bon-heur conduit,
Déguise un peu la joye immoderée,
Qui te rendroit beaucoup moins desirée,
Et ne montrant l'aperceuoir si pres,
Sçache s'il vient sur ton sujet expres.

DAPHNIS.

Mere d'amour, à ce tien benefice,
Mon cœur deuot promet un sacrifice,
Puis qu'un rayon de ce bel Orient,
Daigne sur moy s'épandre souriant,
Puis que ma peine heureuse outre mesure,
Cüeille à present cette agreable usure,
Mais tu pourrois de là haut mon soucy,
Pour le deuis décendre iusqu'icy.

ALPHEE.

Rien moins pasteur, oblige ma misere,
De n'estre en veuë aux aguets de mon pere,
Passé là bas retourne tout soudain,
De mon vouloir t'instruire par ma main.

CORINE.

Nous commençons à éuenter la mine,
Qui causera sa honteuse ruine.

Hh

DAPHNIS.
O doux oracle, à moy plus precieux,
A moy plus cher que prouenu des Cieux,
Effectué tu me combles de gloire.
CORINE.
Auant combatre il chante la victoire.
DAPHNIS.
Autre qu'vn Dieu ne fléchit son desir,
Qui disposé ne me donne loisir,
De redoubler l'amoureuse priere.
CORINE.
Tien la faueur, & premiere, & derniere.
DAPHNIS.
Sa grace ouuerte à ma fidelité,
N'importe plus qu'vn vieillard irrité,
CORINE.
Plus que iamais, sa colere opposée,
Pareils desseins conuertit en risée.
DAPHNIS.
A ce signal qu'elle donne du chef,
Cours t'affranchir de doute, & de méchef.
ALPHEE luy donnant vn fuseau.
Reçoy Daphnis ce gage, que te donne,
Tout ce que peut vne volonté bonne;
Tu treuueras le lisant à l'ecart,
Pourquoy si tost i'esquiue ton regard,
Et autre chose ; Adieu, plus de demeure,
Restreint les ceps qu'à ton sujet ie pleure.

PASTORALE.
DAPHNIS.

Adieu ma vie, Adieu chaste beauté,
Croy que dans peu ma ferme loyauté,
Liberera sa captiue Andromede;
Hormis la mort on treuue à tout remede:
Onc tyrannie iniuste n'a duré,
Suffit d'auoir ton courage asseuré,
Sous tel adueu ma dextre assez hardie,
Viendroit à bout de toute l'Arcadie;
Elle n'a plus qui soûtienne ses coups:
Or maintenant prophane à deux genoux,
Mille baisers imprimez sur ce gage,
Ren-luy deuot ce que tu dois d'hommage;
De ce fuseau pend l'heur de tes destins,
La belle parque à qui tu appartins,
(Fuseau receu dans les astres celestes,)
Par toy me rend ses desirs manifestes:
Lisons, helas! à grand peine mes yeux,
Peuuent souffrir son objet radieux,
Lisons, mais bas, car l'importance extrême,
D'un tel secret ie ne fië à moy-même,
Rely, bons Dieux! ma creance defaut,
A ce bon-heur qui me rauit là haut;
Retire-toy, que l'excessiue joye,
Au lieu du corps ne fist l'ombre ta proye,
Qu'vne Euridice à ce proche retour,
Me replongeast dans le triste sejour.

CORINE.

Hh ij

Iamais oyseau pris dedans la pantiere,
Ne me donna victoire plus entiere;
Leur imprudence arme de ton courous,
Plus dangereux que n'est vn lion rous,
Aspre, mortel, qui sçait l'heure de poindre,
Dissout leur couple auant que se rejoindre;
Treuue le pere, & mot, à mot, luy-dy,
De ses amants le dessein mal-ourdy;
N'épargne ruse, où imposture aucune,
Qui puisse aigrir son leuain de rancune;
Verse de l'huile en ce feu trop épris,
Qu'vn orgüeilleux maudisse son mépris,
Pour le secret que le fuseau te cache,
Il ne faut pas qu'aucun demon le sçache,
Où reuelé dedans ce cœur expres,
Rien ne s'opose à ma vengeance apres.

ACTE III.

SCENE I.

ISANDRE, ALPHEE.

ISANDRE.

INCORRIGIBLE, execrable vipere,
Qui fais mourir, & remourir ton pere,
Fille rebelle à mes commandemens,

PASTORALE.

Qui sous ce front hypocrite, démens
Vne luxure en l'âme enracinée,
Vne fureur de paillarde effrenée,
Que pourras-tu coupable repliquer?
Et quel mensonge impourueu fabriquer,
Sur l'entreueuë impudique permise,
A ce pasteur qui rit de la sottise?
Non, peu s'en faut qu'auec ces propres mains,
Ie ne t'étoufe opprobre des humains.

ALPHÉE.
Mon innocence ose dire acusée,
Qu'à la fenestre acheuant ma fusée,
Daphnis passoit, où veuë à son salut,
Le mien manquer du deuoir ne voulut,
Tous nos discours finis en trois paroles;
Où bien il faut insensibles idoles,
Estre du tout perclus de sentiment,
Où auancé rendre ce compliment.

ISANDRE.
Et le fuseau que tu allas inscrire?

ALPHÉE.
Confuse helas! ie ne sçay plus que dire.

ISANDRE.
Parle, répon sur le principal point,
Ce murmurer ne te garantit point.

ALPHÉE.
La peur de vous, plus craint que le tonnerre,
Me le fit choir d'entre les doigts à terre.

Hh iij

ISANDRE.

L'effronterie ô! la méchanceté,
Ce que tu fais conuainct ta fausseté,
Ne fis-tu lors à ce pasteur atendre,
Que le fuseau sur son écorce tendre,
Luy enseignât l'heure du rendez-vous?
N'embrase plus le feu de mon courous,
Tout l'Ocean ne laueroit capable,
L'énormité d'vn crime si coupable.

ALPHEE.

Ne vous veüillez dauantage irriter,
Ains patient ma priere écouter.

ISANDRE.

Priere, afin que la fraude m'abuse.

ALPHEE.

Non, mais afin de sçauoir qui m'acuse.

ISANDRE.

Daphnis par tout le diuulgue à bon droit,
Car qui moqueur en son lieu s'abstiendroit?

ALPHEE.

Que l'on me tüe, au cas que de ma vie,
Ce médisant me prouoque l'enuie
De le reuoir, de le fauoriser
D'aucun regard, que pour le mépriser.

ISANDRE.

Certes voilà qu'vn bon démon inspire,
Et qu'à ton mieux ma volonté conspire;
Pense qu'ainsy tu te tiens au plus seur,

PASTORALE.

Ne m'épreuuant que la même douceur.

ALPHE'E seule.

O iustes Dieux, ennemis du pariure,
Auez-vous pû permettre telle iniure?
Auez-vous pû permettre iustes Dieux,
Qu'vn déloyal en me perdant des yeux,
De sa parole ait perdu la memoire?
Helas! helas! à qui doit-on plus croire?
Daphnis trompeur, & perfide, ne croy,
Qu'en l'vniuers habite plus de foy;
Daphnis trompeur, homme qui viue au monde,
Ne m'éprendra d'vne flâme seconde;
Tel sombre auspice, en son malheur heureux,
Esteint chez moy tout desir amoureux!
Mais le moyen que sa langue indiscrette,
Parlât si tost de chose si secrette?
Les signes vrays sur ce sujet donnez,
Et non venus de témoins soupçonnez,
Preuuent la fraude execrable brassée,
A qui te garde vne bonne pensée,
Tu le pairas tost, où tard, imprudent,
Mon honneur sauf du naufrage gardant.

ALPHE'E,
SCENE II.
DRYADE, SATYRE,
DRYADE.

LASSE de perdre vne ocieuse peine,
Presque sans voix, sans force, sans haleine,
Qu'vne sueur baigne par tout le corps,
La forest n'a détours, grotes, ne forts,
Sources, fonceaux, ne cauernes moussües,
Ombrages frais, promenades, issües,
Bref aucuns lieux, où pouuoir plus chercher,
Le beau Soleil de mon Satyre cher!
Qui sçait helas! si Diane amoureuse,
L'a point rauy de ses baisers heureuse ?
Le tient reclus nouuel Endimion,
Dedans quelque antre à même occasion?
Il me souuient qu'à la proche saussaye,
Par fois de l'arc le folâtre s'essaye,
Puis exercé desirant sommeiller,
À sur les fleurs choisit son oreiller:
Vn bon amour m'inspire vn bon augure,
Et i'entreuoy sa celeste figure,
Que tient Morphée à l'ombrage étendu,
Semblant auoir ma venuë atendu ;
Sus donc mes yeux, que l'on admire à l'aise,
Tant de beautez qui m'emplissent de braise,

PASTORALE.

Sus donc mes yeux, faites vn long repas,
De ces beautez votre mortel apas;
Ce front sanguin, sous sa rouge teinture,
Montre vn amant de robuste nature;
Cette perruque a parmy l'époisseur,
Ie ne sçay quoy de luisante noirceur,
Qui me plaist plus que ces blondes frisées,
De l'artifice, & du fard composées;
Apres ce nez me contente, aquilin,
Nez de qui penche à l'alégresse enclin;
Sa bouche plus que la rose vermeille,
M'excite en l'âme vne ardeur nompareille,
De la baiser auidement, n'estoit,
Qu'vn réueil proche apréhender on doit.

SATYRE.

Fiere Corine, acole ton Satyre,

DRYADE.

Dormant il rêue, & me prouoque à rire;
Or te peux-tu préualoir d'vn bon tour,
Ceins-luy de fleurs le chef tout à l'entour,
Signe müet qui captiue sa grace,
Qui te fondra ce courage de glace!

SATYRE.

Tu ne sçaurois qu'inique refuser,
A mes trauaux la faueur d'vn baiser.

DRYADE.

Quoy que ce soit l'illusion plaisante,
Vne laideur belle luy represente,

Corine vieille eſtimant embraſſer,
Qui luy demeure encores au penſer.
SATYRE.
Tu ne viendras à bout d'vne entrepriſe,
Quant au paſteur qui ta flâme mépriſe.
DRYADE.
Comme l'eſprit vague iamais ne dort,
Son hôte pris du frere de la mort;
Mais acheuons la guirlande auancée,
Dans vn tortis de lierre entrelaſſée,
Propre ornement ſur le chef du vaincœur,
Qui mène eſclaue en triomphe ton cœur.
SATYRE.
Veux-tu venir en ma grote parée,
A receuoir tes graces preparée!
Où force fruit, force laitage frais,
Que dédaigneuſe ainſy tu me déplais.
DRYADE.
Faite autant vaut ſelon ma phantaiſie,
De chaque fleur odoreuſe choiſie,
Pren derechef ſa meſure, premier,
Que ſes deux bouts enſemblement lier.
SATYRE.
Ie ſens icy quelque mouche importune.
DRYADE.
De l'éueiller tu as couru fortune:
Or ce peril eſquiué, tout va bien,
Si tu benis mon labeur, Paphien,

PASTORALE.

Sans luy toucher presque s'il t'est possible;
Sus pose là, te rendant insensible:
Certes, voilà le pourtrait d'vn Adon,
Voilà qui vaut cent baisers de guerdon;
Tant elle sied, tant elle a bonne grace,
Auec ces fleurs qui ombragent sa face;
Coye en silence aten donc le réueil,
De ce Phœnix en beautez nompareil.

SATYRE.

Tu me veux fuir? ô l'agreable songe,
Où mon amour detenu se replonge,
Corine auoit ses bras entre les miens,
Heureuse feinte, hé! que tu ne reuiens?
Puisque l'éfet veritable n'ariue,
Qu'vn ombre au moins l'esperance cultiue,
Spectacle étrange, & plein de nouueauté,
D'où me prouient cette douce beauté?
D'où ce chapeau qui le chef m'enuironne,
Tissu de fleurs que le Printems nous donne?
Nymphe gentille, ainsy donc moins à toy,
Qu'à ton loisir, ma couronne ie doy.

DRYADE.

Tu ne la dois qu'à tes rares merites,
Chez qui Venus a logé ses Carites,
Satyre aymable en toute qualité,
Soit pour la forme, où pour l'agilité.

SATYRE.

Peu dessur moy l'emportent à la course.

ALPHEE,

Encor hier ie luitay contre vne ourse
Qui succomba,

DRYADE.
Tu n'as rien d'imparfait.
SATYRE.
Trop glorieux ta loüange me fait.
DRYADE.
Ne me croy pas, vien voir dans la fonteine,
Qu'à peu de coût, & aussy peu de peine,
On te rendra plus beau, que le berger,
Des trois beautez éleu pour les iuger.
SATYRE.
A faute d'autre aucunement passable.
DRYADE.
Ta couleur brune, en est moins perissable.
SATYRE.
Ie veux, miré sur ta rélation,
Me rendre au lieu de l'assignation.
DRYADE.
Tel cherche loin sa fortune meilleure,
Qui la regrette, & bien souuent la pleure.
SATYRE.
Plus m'aparoist mon image sur l'eau,
De fleurs ornée, & plus ie me voy beau;
Ioint que ce lierre vn Bacchus rememore,
Ayant conquis les peuples de l'Aurore;
Chere Dryade, apres vn petit tour
Fait icy pres, tu me vois de retour.

DRYADE.

La verité peut naître du mensonge,
La verité luit à trauers ce songe,
Et mon cerueau s'imprime d'vn martel,
Ses pas suiuis, voyons s'il sera tel,
Que de vouloir me preferer d'amie,
Cette Corine, vne vieille lamie;
Lors plus perdra qui plus y aura mis,
Lors quite à quite, ensemble, & bons amis.

SCENE III.
DAPHNIS, ALPHE'E.
DAPHNIS.

Heureux Berger, ta captiue maitresse,
T'acusera desormais de paresse,
Le tems venu qu'elle assigne à la voir,
Tems precieux, te somme du deuoir,
Porte le corps, où l'âme te precede,
Où le merite à la constance cede,
Où pelerin, ton voyage expiré,
Rendra tes vœux au temple desiré:
Non pas du tout, ce premier sacrifice,
Montre sans plus la Déesse propice,
Et que l'espoir de sa grace à venir,
Doit mes trauaux entierement finir,

Doit leur moisson tardiue auec vsure;
Proche du lieu, trop tost ne t'auanture,
Que le vieillard son Argus défiant,
Ne ruinast le dessein l'épiant :
Préseruez-nous bons Dieux de tel esclandre;
Ie l'aperçoy comme lasse d'atendre,
Qui me regarde auec vn ris amer,
Tu vas mon cœur la paresse blâmer.

ALPHÉE.

Double de front, ainsy que de courage,
Malin, remply de fraudulente rage,
Oses-tu bien te remontrer à moy,
Apres ingrat vn pariure de foy?
Apres auoir (cruelle perfidie)
Mis mon honneur en proye à l'Arcadie?
Apres auoir temeraire indiscret,
A tout vn monde éuenté mon secret?

DAPHNIS.

Te moques-tu ma chaste Cytherée?
Oüy, tu voudras faire la colerée,
Pour épreuuer si ma fidelité,
Dure toujours de même qualité?

ALPHÉE.

O l'impudence ! ô la ruse éfrontée,
Contente-toy, qu'vne fois afrontée,
Dorenauant tu m'es plus odieux,
Qu'onc tu ne fus agreable à mes yeux !

DAPHNIS.

PASTORALE.

Le criminel, ne subit son suplice,
Qu'apres l'arrest prononcé de iustice,
Cruelle Alphée, au moins me diras-tu,
Quelle imposture absent m'a combatu.
ALPHÉE.
Mon pere sçait, du bruit vulgaire aprise,
L'ambition d'vne vaine entreprise,
Sçait le signal, sçait les propos tenus,
Entre nous deux seulement paruenus,
Passe chemin, s'enquerir dauantage,
D'vn trait moqueur agraue cét outrage.
DAPHNIS.
Autre que toy n'oseroit maintenir,
Ce tour perfide en rien m'apartenir;
Si ton secret m'échapa de la bouche,
Que Iupiter, mort à tes piez me couche.
ALPHÉE.
Tu le sçais trop, complice des amants,
Rire là haut à tous leurs faux serments,
Adieu volage, Adieu, n'espere au change
De mon amour, ne proufit, ne loüange.
DAPHNIS.
Cruelle écoute, & ne soufre vne erreur,
Sur l'innocent exercer sa fureur,
ALPHÉE.
Tu veux en vain, d'vne nouuelle nuë,
Enueloper la verité conuë.
DAPHNIS.

Nomme quelqu'vn de ce monde, qui dit,
Daphnis auteur du pariure maudit;
Sans paßion examinant l'affaire,
Tu treuueras, le seul qui me défere,
Iuge, & partie, impitoyable, auoir,
Sçeu le secret de qui ne l'a pû voir.

ALPHE'E.

Rien moins pipeur, l'absence paternelle,
Te rend coupable, où bien moy criminelle.

DAPHNIS.

O Cieux! le charme opere en ce malheur.

ALPHE'E.

Encore pis,

DAPHNIS.

   Et ma iuste douleur,
Te va contraindre, execrable sorciere,
Auant que fuir la celeste lumiere,
De t'auoüer autrice du forfait;
Ta jalousie, & non autre l'a fait.

ALPHE'E.

Daphnis, helas! vn desespoir l'emporte,
Qui sur le front son innocence porte,
Reuien berger, ie te soupçonne à tort,
Mon pere aura comploté ce discord,
Corine, & luy, tu me la rememores,
Furent hier à consulter encores,
La miserable, en faueur de son art,
Vint décourir nos secrets au vieillard!

O simpl

PASTORALE.

Ô simple fille, ô credule incensée,
Tu as trop tost la parole auancée,
Qui le pasteur du desespoir conduit,
A quelque coup homicide reduit!
Qui te le pert, indigné de sa grace;
Sus donc mes pleurs ondoyez sur ma face,
Sus, que recluse à force de gemir,
Ie puisse l'âme en mes plaintes vômir.

SCENE IIII.

CORINE, SATYRE, DRYADE.

CORINE.

L'IMPATIENCE agite ma pensée,
Comme vne nef des ondes balancée,
Comme vn roseau deçà, delà mouuant,
Qui n'a d'arrest sous les soupirs du vent;
Telle i'atten la perilleuse issuë,
D'vne discorde à ces amants tissuë,
D'vne fallace, ains d'vne trahison,
Qu'à ma vindicte extorque la raison:
Te repens-tu? Non, quiconque t'irrite
Veut sa ruine, à bon droit la merite,
Et ce superbe auoir humilié,
Et ce tyran tenu mieux que lié,
Tous ses desseins conuertis en fumée,

Te fera crainte ensemble, & renommée!
Iamais, iamais ne te venge à demy,
Aussy l'as-tu capital ennemy;
Pourquoy? la fourbe en secret pratiquée,
Au pere seul discret communiquée,
Demeurera secrette entre nous deux;
O le plaisir de ce bouquin hideux,
Qui vient icy la teste couronée,
Reprendre encor sa poursuite ostinée.

SATYRE.
Que diras-tu ma belle, de me voir,
Vne faueur pareille receuoir?

CORINE.
Vne faueur marque de ta folie.

SATYRE.
Oüy, oüy, faueur d'vne Nymphe jolie.

DRYADE.
Tu la peux bien derniere publier.

CORINE.
Et qui voudroit iusques-là s'oublier?

SATYRE.
Comme tu fais, chacun ne me méprise,
Vne Dryade, & ce nom te sufise.

CORINE.
La miserable a le goust depraué.

SATYRE.
Ses belles mains flateuses m'ont laué.

CORINE.

PASTORALE.

Tu as pourtant plus d'vn bon doit de crasse
Dessur la peau de ta vilaine face.

SATYRE.
Me croiras-tu, que raillerie à part,
Dedans vn pré someillant à l'écart,
Cette flateuse éperdûment éprise,
Apres (Dieu sçait) combien de peine prise,
A mélanger, & assortir ces fleurs,
Qu'vn bel émail bigaré de couleurs,
M'en est venu enuironer la teste,
A mon réueil atendant toute preste.

DRYADE.
O l'impudence, ô la temerité.

CORINE.
Tu aurois bien tes cornes merité,
N'empoignant pas l'occasion sur l'heure.

SATYRE.
J'aten chez toy ma fortune meilleure.

CORINE.
Friuole atente, atente de neant,
Tu es en vain à ce morceau beant.

DRYADE.
Ainsy dans l'eau le mâtin qui aboye,
Veut prendre l'ombre, & laisse aler sa proye.

SATYRE.
Ne m'vse plus d'vn langage moqueur,
Suis-ie pas beau de la sorte, mon cœur?

CORINE.

Ii ij

Fort, & ce chef que la Lune gouuerne,
Tout propre à faire vn bouchon de tauerne.
DRYADE.
Voila draper le ruſtre comme il faut.
CORINE.
Sçais-tu que c'eſt, vîte gâgne le haut.
SATYRE.
Donques apres l'amoureuſe embraſſée.
CORINE.
D'autres ſoucis m'ocupent la penſée,
Retire-toy, auant que mon courous,
Face éclater vn orage de coups.
SATYRE.
A ce refus indiſcret qui me chaſſe,
Vne plus ieune acceptera ta place.
CORINE.
Va, que le Ciel te puiſſe à l'auenir
Confondre, en cas que veüilles reuenir.
DRYADE.
Tu ne tiens rien, ton option mal faite,
Me préferant vne ſorciere infecte,
A qui tu ſers de fable, & de mépris,
Te cuira trop, mon deſſein mal compris,
Traitre vanteur, monſtre, la même ordure,
La laideur même, & la même luxure,
A peine encor puis-ie croire mes yeux,
De ce prodige auenu pour vn mieux,
Oüy, vray prodige, à qui ſe repreſente,

PASTORALE.

D'vn tel amour la matiere plaisante,
Et que ce fol à l'incertain courant,
En sa folie ores sage me rend.

ACTE IIII.

SCENE I.

DAPHNIS, CORINE, MELANIE.

DAPHNIS.

ELLE me fuit la jalouse Mergere,
Qui de brasser la ruine s'ingere
D'vn vertueux & legitime amour,
Que ie feray malheureuse à son tour,
Aucuns démons, characteres, ny charmes,
Sumissions, prieres, feintes, larmes,
N'empécheront que ce bras irrité,
Ne la contraigne à dire verité,
Ne la contraigne à t'ôter de scrupule,
Fiere beauté surprise, trop credule,
Beauté captiue, à qui sa trahison,
Rétreint l'enclos d'vne dure prison,
Chez qui content i'épancheray mon âme,
Tout aussy tost que purgé de ce blâme,
A celle fin que vaine ombre aux enfers,

Vn pere au moins te relâche tes fers,
A celle fin que tu me puiſſes croire,
T'auoir aymée apres la tombe noire!
Sus donc, pourſuy de chercher furieux,
Ha! ce vieil ſpectre apparoiſt à mes yeux;
Corine vn mot, vn mot à la pareille,
Ne penſe fuir faiſant la ſourde oreille.
CORINE.
Fuir la clarté de mon bel Orient?
Tu ne ſçaurois le dire qu'en riant.
DAPHNIS.
Mes ris paſſez, treuuent leur ſepulture,
Dans ta jalouſe, & maligne impoſture.
CORINE.
Tu te méprens, veu ma ſincerité.
DAPHNIS.
N'irrite plus vn amant irrité.
CORINE.
L'ocaſion m'en demeure inconuë.
DAPHNIS.
Tu ſçais trop bien qui cauſe ma venuë.
CORINE.
Non fay vrayment, ſi ce n'eſt le remors,
De me donner chaque iour mille morts.
DAPHNIS.
Ote la feinte, âme en fraude confite,
Te taire, plus que mentir te proufite,
Auiſe au reſte à me iuſtifier,

PASTORALE.

Dessur vn cas que tu ne peux nier.
CORINE.
Quel, mon soucy?
DAPHNIS.
Vien de ce pas traitresse,
Dire deuant ma credule maitresse,
Que ton enuie a seule découuert
Notre secret, par les charmes ouuert,
Seule alumé le flambeau de discorde,
Qui te merite vne honteuse corde,
Qui t'éteindra la lumiere du iour,
Si tu ne viens l'éteindre sans seiour.
CORINE.
Parle d'accord, & d'âme plus rassise,
Qui te sçauoit vne maitresse aquise?
Qui me défere, auoir (acte indiscret,)
Pour te trahir épié ton secret?
La passion charge mon innocence,
D'vn crime, dont elle n'a cognoissance,
La passion te fait imaginer,
Que i'auroy pû tes desseins deuiner,
Chose de soy ridicule, qui passe,
Auec exces en ta fole menace.
DAPHNIS.
Ton pestilent, & damnable sçauoir,
Qui deust le feu de guerdon receuoir,
A chez Isandre vne alarme donée,
Qui de mon heur tranchant la destinée,

Tient pere, & fille, à ma ruine armez,
De ce raport infidelle charmez,
Ne perdons plus d'ocieuses paroles,
N'opose plus de repliques friuoles,
Tu te viendras dedire maintenant,
Rien lieu d'excuse en ce cas ne tenant.

CORINE.

Superbe, appren que la douceur me plie,
Que qui me croit fouler, ie l'humilie.

DAPHNIS.

Si de plein gré suiure tu ne me veux,
On te fera venir par les cheueux.

CORINE.

Te moques-tu ?

DAPHNIS.

Sorciere detestable,
Tu sentiras ma douleur veritable.

CORINE.

O que voila ta ruine chercher,

Changement de Daphnis en rocher.

Sus, que ce corps me deuienne vn rocher,
Que le suplice imite la nature
D'vn, qui témoigne à la race future,
Iusqu'où s'étend le sublime pouuoir :
De notre oculte & plus qu'humain sçauoir.
L'œuure parfait, éjoüy-toy mon âme,

PASTORALE.

Ne pense plus deliure de ta flâme,
Qu'à t'asseruir ce peuple bocager,
Dessous la peur de semblable danger.

SCENE II.

MELANIE SEVLE.

Dieux ! quel prodige à l'impourueu m'ariue?
D'éfroy pâmée, & plus morte que viue,
Sur ce cotau mes aignelets gardant,
J'estois Corine, & Daphnis regardant,
Mais qui n'ay pû de leur querelle aprendre,
Fors qu'elle vient pour la fille d'Isandre;
Que ce pasteur fâché iusqu'à la mort,
Taxoit Corine en certain faux rapport,
Et la vouloit, (ô l'imprudence extrême,)
De viue force entrainer au lieu même;
Afin qu'Alphée, innocent reconu,
Vist (disoit-il) pareille fraude à nu;
Corine adonc de sa simple parole,
A fait ce corps vne pierreuse idole,
Ce corps, qui fut à la troupe si cher,
Porte changé la forme d'vn rocher;
Metamorphose étrange, qui m'étonne,
Qui sa nouuelle à te porter me donne,
Compagne Alphée, hé! Cieux, que ce moment,
Te pert vn rare, & agreable amant.

SCENE III.
SATYRE, DRYADE.
SATYRE.

IAmais trop toſt nous ne deuenons ſages,
Comme au rebours de perilleux paſſages,
Onc aſſez-toſt ne peuuent s'affranchir;
N'eſperant plus vne ingrate fléchir,
Vne beauté qui paſſe ſurannée,
Treuue changeant meilleure deſtinée,
Cette Dryade a bien d'autres apas,
Sans perdre là, ne prieres, ne pas;
Ieune, gaillarde, alaigre, vigoureuſe,
De ton ſeruice elle ſe tient heureuſe,
Ton ſeul objet luy donne de l'amour;
Va donc changer les tenebres au iour,
Vn rude hyuer à vne prime-vere,
Puiſe en ſon ſein, l'eau qui te deſaltere,
Sein receleur de mille Cupidons,
Qui ſe termine en deux petits brandons,
Beau ſein, chez qui ſans labeur ie moiſſonne,
Où corriual ie ne craindray perſonne,
Où mon merite vne palme s'obtient:
Tout à propos ſa rencontre ſuruient,
Elle préuoit ma rigueur adoucie;
Belle Dryade, à moy, ne te ſoucie,

PASTORALE.

Tu joüiras, ains ioüy de tes vœux,
Qui n'auront plus d'obstacle, si tu veux.
DRYADE.
De son état ma fortune contente,
A l'auenir dauantage n'atente.
SATYRE.
Hormis vn point, qui concerne mon bien,
Défectueux ma fortune n'a rien.
DRYADE.
L'exception t'abuse imaginée,
Que mon esprit ne conçoit deuinée.
SATYRE.
Comme tu sçais l'art de dissimuler,
Et vn courage à petit feu brusler.
DRYADE.
Non pas le tien, que Corine possede.
SATYRE.
Plus qu'vne ronce à la rose ne cede,
Plus qu'vne étoile au nocturne flambeau,
Le moindre atrait de ton visage beau,
A l'infiny sur Corine l'emporte,
D'elle, chez nous la souuenance est morte.
DRYADE.
Quelque refus cause ce changement.
SATYRE.
Plutost qu'amour, ie nomme enragement,
L'afection qui m'enclinoit vers elle.
DRYADE.

Tu treuueras mon erreur mutuelle.
SATYRE.
Et comme quoy?
DRYADE.
    Cela ne se dit point.
SATYRE.
Orsus ma Nymphe, orsus, venons au point.
DRYADE.
Et à quel point desires-tu qu'on vienne?
Chacun, (Satyre) à ce qu'il a se tienne.
SATYRE.
I'accepte l'offre, accepte le deuoir,
D'vn qui se tient trop heureux de t'auoir.
DRYADE.
Tu ne m'auras que selon l'ordinaire.
SATYRE.
Toy, démentir ton humeur debonaire?
Me dénier vn reciproque amour?
Tu ne ferois iamais ce lâche tour.
DRYADE.
L'ocasion (dit certaine sentence)
Traine compagne apres la repentance.
SATYRE.
Non pas vers nous, qui le temis auenir
La pouuons faire à l'aise reuenir.
DRYADE.
Satyre, ainsy comptes-tu sans ton hôte.
SATYRE.

PASTORALE.

Aucun forfait de ta grace ne m'ôte.
DRYADE.
Tu n'y fus onc, sinon legerement.
SATYRE.
M'aymes-tu pas? parle sincerement.
DRYADE.
Oüy, d'amitié commune, indiferente.
SATYRE.
Plutost que d'estre en tes desirs errante,
Tu permettras notre douce union.
DRYADE.
Tu te deçois de trop d'opinion,
Adieu, refus d'une vieille Megere,
Tu es plus fol, que ie ne suis legere.
SATYRE.
Me fuïr, apres mon secours imploré?
Me dédaigner, & m'auoir adoré?
Cela ne sent que l'illusion pure,
D'un songe fait pendant la nuit obscure,
Cela ne sent aucune illusion,
Mais bien m'aprend que vaut l'ocasion,
Et que lâchée elle n'a de reprise:
Soit, amoureux poursuy ton entreprise,
Desesperé, qu'elle ne pense pas,
Ayant promis, faire perdre mes pas.

ALPHE'E,

SCENE IIII.

ISANDRE, ALPHE'E, MELANIE.

ISANDRE.

Que pleures-tu ? ces larmes épanchées,
Preuuent l'ardeur de tes flâmes cachées,
Outre vn complot d'illicite amitié,
Qui croist ta honte, en pareille pitié,
Pour me complaire, & pour ta renomée,
Fay que ce dûeil se dissipe en fumée.

ALPHE'E.

Iamais ce dûeil ne quitera mon cœur,
Deffence aucune, où inique rancœur,
Non le trépas, ne m'ôte la memoire,
De ce pasteur des Arcades la gloire;
De ce pasteur, immuable de foy,
De ce pasteur, qui ne viuoit qu'en moy,
De ce pasteur, qu'a perdu l'innocence:
Vous obeïr excede ma puissance,
Vn desespoir me prépare la mort,
Si ne soufrez que (debile confort)
I'aille mes pleurs d'effusion répandre,
Sur ce rocher qui ne peut plus m'entendre,
Sur ce rocher de sentiment perclus,
Qui vos soupçons ne fomentera plus,

PASTORALE.

Sur ce rocher, qui mon suplice endure,
Ie dûsse helas! trop credule, & trop dure,
Sa place en roc insensible tenir;
Mais qui pouroit le futur préuenir?

ISANDRE.

Tu n'eusses creu bergere Melanie,
Iusqu'où s'étend l'amoureuse manie;
Ma fille en pert la honte, & le respect,
Ne voulant pas que ie tienne suspect
L'auteur du mal, celuy qu'elle confesse,
Aymer malgré notre defence expresse,
O miserable, ô miserable enfant,
D'oser vouloir, ce qu'vn pere défend.

MELANIE.

On treuueroit en la nature étrange,
Des animaux le contraire mélange;
Le cerf d'amour à la lione ioint:
Mais sa douleur ne m'émerueille point,
L'élection de Daphnis apreuuée,
Vne amitié merite cultiuée;
Ce pair n'auoit d'où se mieux assortir,
Pardonnez-moy si ie ne puis mentir,
Daphnis l'vnique, à son vnique Alphée,
A la victoire égale son trophée:
La voix commune au moins le dit ainsy,
Et mon suffrage elle s'obtient aussy.

ISANDRE.

Chacun, d'autruy iuge à perte de veuë,

L'afection domestique préueuë,
Ne m'a le choix de ce gendre permis,
Choix reprouué des astres ennemis,
Choix malheureux, incompatible en somme,
Car ce Daphnis iamais ne fut mon homme.

ALPHE'E.

Le plus felon, regrette apres la mort,
Ceux qu'innocents il haïssoit à tort;
Traitez humain ce pasteur de la sorte,
Ne m'empéchant vers vne chose morte,
Efectuer ce vœu de pieté,
Vœu d'vn amour vertueux decreté.

ISANDRE.

Autre que moy là dessus ne decrete,
Tu n'iras point amoureuse indiscrete,
D'vn petit mal vn pire dériuer,
Qui ne pourroit lors faillir d'ariuer.

MELANIE.

Moins rigoureux, accordez sa demande,
Qu'auec les pleurs la tristesse s'épande,
Qu'apres l'aspect d'vn stupide rocher,
Elle n'ait plus où l'espoir atacher;
Que se torrent d'angoisseuse amertume,
Libre lâché, se dissipe en écume,
Ce qui sera sagement préuenir,
Outre le blâme, vn desastre auenir.

ISANDRE.

Ie te croiray, meine-nous donc ensemble,

Tout

PASTORALE.

Tout de ce pas au lieu si bon te semble.
MELANIE.
Tres volontiers, alons voir vn rocher,
De nos pasteurs la merueille cacher.

SCENE V.

CORINE, ALPHE'E, ECHO, MELANIE, ISANDRE.

CORINE.

A CE besoin qui te force toy-même,
Contrain l'Erebe, & sa cohorte blême,
De reueler si luy rendant le iour,
Tu fléchirois ce cruel à l'amour;
Sus accomply tel Magique mystere,
A ton pentacle adjoûte vn caractere,
Parfume-le de verueine, & d'encens,
Murmure encor trois mots assez puissans,
Traitres démons, he! quoy? que nul auspice,
A mes desirs ne réponde propice?
Ietons au feu derechef du laurier,
On ne l'entend fauorable crier,
Tous ces esprits retenus en ceruelle,
Ne t'osent dire vne triste nouuelle!
Fuyez pipeurs ma colere soudain,
O fole atente, ô art damnable en vain,

N'espere plus ta Magique imposture,
Pouuoir ce roc ôter à sa nature,
Vne influence équitable a permis,
Que de l'humain, le Tygre s'est démis,
Qu'il ne sera que ce qu'il deuoit estre;
Voicy dequoy ta vengeance repaistre,
Voicy, voicy, qui te vola son cœur,
Qui le rendit superbement moqueur!
Sçache embusquée à quoy tend sa venuë,
La peine preste à point-nommé tenuë,
Que luy fera temeraire endurer,
Sa langue osant contre moy murmurer.

MELANIE.

Vne frayeur me glace la poitrine,
De ce côtau i'apperceuois Corine,
Le transmüer en l'état que tu vois,
Perclus à l'heure, & de sens, & de voix;
N'en doute point, cette roche sans âme,
Couure l'objet de ta pudique flâme,
Daphnis n'est plus que ce fardeau pesant,
Dessur la terre immobile gisant.

ALPHE'E.

Pauure pasteur, si ta forme changée,
L'humanité n'a du tout étrangée,
Si tu pouuois sous elle retenir,
Quelque pitié dûë à mon souuenir,
Reçoy ces pleurs, qui te lauent mon crime,
Et ces baisers qu'à ta bouche i'imprime;

PASTORALE.

Reçoy pasteur vne offrande à genoux,
De qui jadis t'auoit éleu d'époux,
Sans la fureur d'vn implacable pere:
Helas! ton sort ore me desespere,　　　ECHO.
O douce voix! ô agreable son,　　　　　Espere.
Qui te retient vif en quelque façon,
Presumes-tu qu'apres la destinée,
Ie puisse Echo viure qu'infortunée?　　ECHO.
Moy fortunée? ha! ne me deçoy pas,　　Fortunée.
Tout mon bon-heur ne pend que du trépas, ECHO
Pas, ha! Daphnis pouuant remettre en vie, Pas.
Tu me pouuois diuertir telle enuie.　　ECHO.
Erreur en moy pleine d'étonement,　　En vie.
De t'informer de tel éuenement.　　　ECHO.
O Cieux! parmy la douleur qui m'outrage, Ne ment.
Ce funereux oracle m'encourage.　　　ECHO.
On le prendroit, seure que le retour,　Courage.
De ce pasteur deust estre sans sejour.　ECHO.
Tu en dis trop, l'impiteuse sorciere,　Ce jour.
N'a pour la rendre éclipse sa lumiere,
Elle n'auroit si tost chassé du cœur,
Vne execrable, & jalouse rancœur.

CORINE.

Tu as raison de le croire, impudente,
Plus que iamais dure ma haine ardente,

Changement d'Alphée en Fonteine.

Fonteine, aupres de ton aymé rocher,

Kk ij

ALPHE'E,

Tu peux des pleurs tout à l'aise épancher.

MELANIE.

Fuy Melanie, & n'atten que son ire,
Te vueille au sort de ces amans réduire.

ISANDRE.

Ma pauure fille, helas! tu ne vis plus,
Ton corps dissoût passe en l'humide flus,
Tu n'es qu'vne eau, qui laue la racine
De ce rocher, ô cruelle Corine,
O déloyale, épargne son erreur,
Et sur moy seul apaise ta fureur.

Changement d'Isandre en arbre.

CORINE.

Arbre, ie veux que tu suiues la trace,
De mon Narcisse, ainsy que de ta race,
Que triple exemple à la posterité,
Sous mon sçauoir effroyable irrité,
Chacun fremisse, ô stupide canaille,
N'estime pas que le nombre préuaille,
Corine peut vn monde exterminer,
Qui se voudroit aduersaire ostiner.

ACTE V.

EVRIALE, CHOEVR DE BERGERS, CORIDON, MELANIE.

EVRIALE.

PENSEZ amis, que pareil infortune,
Touche la perte, & la gloire comune,
Que de soufrir passer impunément,
L'outrage fait en son forcenement,
La cruauté d'vne sorciere infame,
Que long tems a deu expier la flâme,
En peu de iours desert & le païs,
Hommes, troupeaux, à la parque trahis,
Chacun réduit dessous sa tyrannie;
Remedions à semblable manie,
Du mal d'autruy plus sage deuenus,
Ne nous laissons oprimer préuenus;
Corine craint quiconque la méprise,
Et qui la craint, la Circe tyrannise:
Or ne faut-il à demy triompher,
Mais bien cette Hydre infernale étoufer,
Mais bien contraindre à remetre en nature,
Ces corps priuez de l'humaine figure;
Sortir apres par sa mort, du danger,

Kk iij

ALPHEE,
De nous plus voir en nos formes changer,
Faisons soudain, le Ciel n'a sacrifice,
Plus acceptable à sa haute iustice,
Que de ce monstre ennemy des humains,
Portant au sang son courage, & ses mains,
Docte à former mille poisons funestes,
A nous remplir de tombeaux, & de pestes,
Qui cesseront elle éteinte, où iamais,
Il est donc tems d'y pouruoir desormais.
CHOEVR.
Sans doute elle a, cruelle outre mesure,
Commis vers tous l'irremissible iniure,
Ceux offencez, qui furent le bon-heur
De l'Arcadie, & son suprême honneur:
Mais irritant vne guespe si fiere,
Croire l'auoir si ce n'est par priere,
Vne ruine acheue d'ébranler,
C'est mal, sur mal, imprudens apeler,
Là plus qu'assez, aprus d'experience,
Tout asseruy redouter sa science,
Seconde Hecate, elle obtient vn pouuoir,
Fatal, à qui son ire ose émouuoir,
Ne hazardons la force temeraire,
Qu'vn repentir talone d'ordinaire.
CORIDON.
O simple troupe, & digne que toujours,
Même fleau persecute vos iours,
Remise au pis, que sans plus Euriale,

PASTORALE.

M'ayde aßisté de sa dextre loyale,
Et charme adonc, ne murmure de vers,
Ny ses regards élancez de trauers,
N'empécheront qu'elle ne restituë
L'âme à ce corps, où que l'on ne la tuë;
Daphnis le veut, vn pasteur accomply,
Qui de son los tous nos bois a remply,
Qu'ayme le Ciel, & qu'honore la terre,
Bien que gisant vne insensible pierre.

MELANIE.

Et son Alphée, innocente beauté,
Nymphe, à qui doit Venus la primauté,
Nymphe, l'honneur, les delices du monde,
Que vous voyez n'estre plus rien qu'vne onde.

CORIDON.

Le vieil Isandre, homme si bien viuant,
Le droit sentier de la vertu suiuant,
Pere commun, des chetifs le refuge,
De nos discords seul équitable iuge,
Merite plus, plus de compaßion,
Ne pouuant mais de telle paßion.

EVRIALE.

Puis que chacun participe au domage,
Sous ma conduite, & vnis de courage,
Venez Corine afrontée inuestir,
D'entre nos mains ne la laißons sortir,
Qu'vne fin prompte au charme elle n'impose,
Ces corps tirez de leur metamorphose;

ALPHEE,

Qu'elle n'abiure vn damnable sçauoir,
Où qu'au refus, l'Orque elle n'aille voir.

CHOEVR.

Nous le voulons, & neantmoins tempere,
De prime abord l'excessiue colere,
,, Ce qui se peut obtenir de douceur,
,, Est toujours plus qu'auec la force seur.

SCENE II.

CORINE, TROVPE DE SATYRES, EVRIALE, CORIDON, CHOEVR.

CORINE.

COMME vn lion, de fureur, & de joye,
Rugît alors qu'il découure sa proye,
Les crins dressez, les yeux étincelans,
Sa force croist sur les troupeaux beuglans;
De même ardeur, Corine colerée,
Vne canaille ingrate coniurée,
Vn vil amas de peuple bocager,
Qui s'achemine, & me croit sacager,
Dessein mal pris, fol dessein, que reuele,
Vn que retient mon salut en ceruelle,
Voire premier que du desir éclos,
Que de leur bouche auoir sortir l'enclos;
Prepare toy Corine à la victoire,

PASTORALE.

Efface d'eux iusques à la memoire,
Perds sans égard, qui conspire ta mort,
Ha! i'aperçoy les troupes de renfort,
Que le Satyre en ma faueur ameine,
D'afection souflant à grosse aleine.

SATYRE.

Tu vois Corine, vne guerriere fleur,
Qui sans discours, n'est que pure valeur,
Ces trois, & moy, ne craignons vne armée,
Chez nos pareils riches de renomée,
Toujours premiers, & derniers au combat,
A qui ne sext le peril que d'ébat;
Pan, nous retient d'ordinaire à sa garde,
Pan, dessur nous sûrement se hazarde,
Veux-tu quelqu'vn des Martiaux exploits,
Qui dans le Ciel resonent de ces bois?
Mille pour vn, amenez tout à l'heure,
Te plégeront vne victoire seure:
Mais quel besoin d'employer que ce bras,
Contre l'éfort de tes pastres ingrats?

CORINE.

La volonté, plus que l'éfet m'oblige,
Car en ce cas rien de plus ne m'aflige,
Que de n'auoir vn objet glorieux,
Propre à verser mon courous furieux!
Courous, qui peut d'vne poudre menuë,
Semée en l'air, faire creuer la nuë,
Faire en plein iour les tenebres venir,

A mon secours les élemens tenir:
Or maintenant, vos cornes aiguisées,
Tels ennemis surmontent oposées,
On n'a besoin d'autres armes contre eux,
Contre l'éfort de ces lievres peureux.

SATYRE.

Voilà toujours gausseuse ta coûtume,
Ce qu'il te plaist de nos forces présume,
L'experience au besoin fera foy,
Que nous sçauons le mestier, eux, & moy.

CORINE.

Dis-tu de fuir?

SATYRE.

De vaincre, & de défaire,
Quiconque s'ose afronter temeraire.

CORINE.

Par les talons extrêmement dispos,
L'aparence est conforme à ton propos.

SATYRE.

Orsus, orsus, trêue de moquerie,
J'enten marcher vne tourbe en furie,
Elle te cherche, elle vient droit à nous.

CORINE.

Et ie ne veux d'armes, que mon courous,
Ne bougez pas, qu'à l'heure qu'vn orage,
Leur fera perdre & parole, & courage,
Que vagabons en fuite dispersez,
Vous poursuiurez de les battre lassez.

PASTORALE.

Silence, oyons remis, que voudra dire,
Cette racaille, indigne de notre ire.

SCENE III. ET DERNIERE.

EVRIALE, CORINE, CORIDON, SATYRE, CHOEVR DE BERGERS, CVPIDON, ISANDRE, DAPHNIS, ALPHEE, MELANIE.

EVRIALE.

Ambassadeur du peuple qui me suit,
Qu'au desespoir tes charmes ont réduit,
Ren d'amitié, la figure premiere,
A trois qui sont de nos bois la lumiere;
Oste le sort, qui tient pernicieux,
Ces trois Soleils éclipsez de nos yeux;
Où ne croy plus retarder, inhumaine,
Le iuste éfet d'vne commune haine,
Tu maudiras, qui te mit dans le sein,
La cruauté de semblable dessein.

CORINE.

Ma patience excuse ta folie,
Qu'vne menace indiscrette publie;
Retirez-vous, ce complot imprudent,
Va les auteurs qui s'ostinent perdant,

Ie n'ay rien fait qu'encore ie ne fiſſe,
Que ce ne ſoit le dû de mon ofice.
CORIDON.
Pren, que leur peine égalée au forfait,
Tout le paſſé legitime fût fait,
Que ton pouuoir limite notre vie,
Et n'eſtant pas ta rancune aſſouuie,
Donc le crime au public innocent,
Vers ta pitié ſa priere adreſſant;
Lors du tombeau tu tires l'Arcadie,
Lors vne plainte aucunement hardie,
Deuient müette, & feras conuertir
Telle menace, en honteux repentir.
CORINE.
Non, d'vne main preſenter ſa requeſte,
Et dedans l'autre auoir la force preſte,
S'appelle aigrir vn courage irrité;
Ceux ont au pis leur peine merité,
Pour qui voulez la querelle entreprendre;
Hé! quoy ? venir nos actions reprendre?
Retirez-vous, plus viſte que le pas,
Où ma fureur ne s'épargnera pas.
EVRIALE.
Chargeons amis, cette bande cornuë,
A ſon ſecours malheureuſe venuë,
Le tout conſiſte à la ioindre de pres,
On vient à bout d'elle aiſément apres.
CORIDON.

PASTORALE.

Je te suiuray, donne braue Euriale,
Trempe en leur sang ta dextre Martiale.
CORINE.
Hôtes de l'air, fauorables démons,
Par le pouuoir de la Diue aux trois noms,
A coups d'éclairs, de tonerre, & de grefle,
Bouleuerfez cette troupe rebelle.
SATYRE.
Chers compagnons, Satyres valeureux,
Suiuez d'exemple vn Alcide amoureux,
Le Ciel émû la victoire nous fraye.

Là se fait vn grand bruit derriere le Theatre.

CHOEVR.
Corine, helas! fay ceffer cette playe.
EVRIALE.
Ferme pafteurs, ce charme paffera,
Qui fa ruine infaillible fera,
Elle n'a plus de reffource, perduë,
Mais quelle flâme interuient épanduë?
D'où ces rayons? que fuit vn ieune enfant,
Qui ce combat pourfuiuy nous défend?
A ce bandeau, ce carquois, & ces ailes,
(D'un immortel remarques eternelles,)
Amour a pris la peine de venir,
(Profternons-nous,) le tumulte finir.

CVPIDON.

Maître des Dieux, que l'Olympe réuere,
Que Paphe adore, & Amathe, & Cythere,
Que l'vniuers redoute, conoiſſant,
Tout ſuccomber à ces dards impuiſſant,
Ie veux Bergers, que chez vous, ma iuſtice,
Pareil orage, en calme conuertiſſe,
Arbitre ſeul du diſcord ancien,
Ie veux égal rendre à chacun le ſien;
Pour cét éfet ma verge que l'on touche,
Tire d'vn charme, en la nociere couche,
Le plus beau pair qui habite ces bois:
Vieillard, repren ta figure, & ta vois:
Orſus, remis chacun auec fiance,
Prenne de moy ſon ſort en patience.

    ISANDRE rendu à ſa premiere forme.
O beau Soleil, claire lampe du iour,
Fais-tu chez moy ton aymable retour?
Voilà ma fille, au moins il me le ſemble,
Et ce Daphnis, reſſuſcitez enſemble:
Que veut l'amas d'vn grand peuple confus?
Onc de la ſorte ébahy ie ne fus!

    DAPHNIS remis en la ſienne.
D'où me reuient la lumiere étherée?
D'où la beauté, de mon âme adorée?
Soit, que ce ſoit, ſa douce illuſion,
Flate mes ſens de telle viſion;
Celeſte Alphée, auance vne parole,

PASTORALE.

Si tu n'es point une trompeuse idole,
D'une merueille éclaircy mes esprits,
Qui les détient profondement surpris.

ALPHE'E retournée à sa figure.
Oste toy-même, ô Daphnis mon fidelle,
Oste un éfroy dont le sein me pantelle,
Vis-tu mon âme? & te peut-on toucher?
Homme à present d'insensible rocher?
Oüy, quelque Dieu pitoyable à mes larmes,
Force Corine, & surmonte ses charmes,
Ie l'aperçoy ce vaincœur des humains,
Et le chef-d'œuure apartient à ses mains.

CORINE.
Premier des Dieux, qui nous fis ouuerture,
De ce mélange, où gisoit la nature,
Clement, pardonne à l'erreur du passé,
A tes feux pris dans un sujet glacé,
Qui m'ont renduë, & ialouse, & cruelle,
Vers leur amour chastement mutuelle:
Pardone helas! puis que tout mon sçauoir,
De resister contre toy n'a pouuoir;
Puis que ta loy d'autorité suprême,
Pour estre tiens, nous dérobe à nous-même,
Puis que dé-ja sur l'arriere saison,
Tu pris plaisir à vaincre ma raison;
Guery le mal furieux qui m'emporte,
Où que l'enfer m'ouure sa noire porte,
Borne ma vie, où le tourment amer,

Que ce pasteur me done pour l'aymer.

CVPIDON.

Va, tu obtiens ta priere équitable,
Reçeuë au lit d'vn mary plus sortable,
Du vieil Isandre, encore vigoureux,
Tel mariage en mon auspice heureux:
Or toy Daphnis, possede ton Alphée,
Toute rancœur vers Corine étoufée:
Pour Euriale, à son bon sens remis,
L'inepte amour d'vne Dryade obmis,
Ie veux qu'il soit conjoint à Melanie,
Que leurs desirs facent vne armonie,
Bref, qu'à l'enuy chacun de nous content,
Epreuue vn Dieu l'aliance traitant.

SATYRE.

Qu'ordones-tu sur le cruel martyre,
De ton plus humble, & plus deuot Satyre?

CVPIDON.

Que ces bergers t'assommeront de coups,
Si ta folie alume leur courous,
Si ta fureur ne te cherche brutale,
Parmy les bois quelque maistresse égale.

SATYRE.

Dure sentence, on ne m'y retient plus,
Reigle chez eux seulement le surplus.

CVPIDON.

Alez pasteurs, records du benefice,
Nous comencer l'anüel sacrifice

PASTORALE.

De deux pigeons, à ma mere, & à moy:
Alez cüeillir sous la nociere loy,
Vne moisson des plaisirs d'Hymenée,
Marquez de blanc cette heureuse iournée,
Sans craindre plus les contraires desirs,
Qu'on se relâche aux jeux, & aux plaisirs;
Où ma presence insensible assurée,
Confirmera ce bon-heur de durée,
Où mon plaisir m'oblige d'assister,
Prest à punir qui voudroit resister.

ISANDRE.

Bien que résout d'acheuer en veuuage,
Ce qui restoit à la course de l'âge,
Sous ton vouloir le mien change, pourueu,
Que de Corine accepté ie sois veu,
Qu'à mon desir le sien ne contrarie,
Que le courage vnis nous apparie,
Vn peu grison, la valeur toutefois,
Ne m'abandone es Cypriens exploits.

CORINE.

Ores qu'vn Dieu m'a guery sa blesseure,
Tien ma promesse inuiolable, & seure,
De t'obeïr, & t'aymer à iamais,
Ce couple heureux oubliant desormais,
Les torts receus d'vne jalouse rage,
Qui maitrisa mon ostiné courage.

DAPHNIS.

L'oracle expres nous aliant ainsy,

ALPHEE,

Te doit ôter ce friuole soucy,
Alphée, & moy, t'aurons mere commune,
Alphée, échûë à ma bonne fortune;
Des maux souferts le plaisant souuenir,
Ne seruira qu'à nous entretenir,
Alphée? ô Cieux! à peine osay-ie croire,
Que mon bon-heur s'obtienne tant de gloire.

ALPHEE.

La gloire, & l'heur m'en resultent berger,
Tu ne pourrois moins auoir pour changer,
Ny moy choisir en la machine ronde,
Autre pasteur qui tes vertus seconde.

EVRIALE.

Ne veuille pas Nymphe te ressentir,
De mon erreur purgé d'vn repentir;
Pardone, ô belle, & chaste Mélanie,
A ma trop longue, & dure tyrannie,
Pardone helas! si perclus de raison,
Ie préferay, nulle en comparaison,
Cette Dryade, vne ingrate farouche,
De qui le nom me put dedans la bouche;
Le mal commis fera dorenauant,
Vers toy mon zele au double plus feruent,

MELANIE.

Il me sufit, que la reconnoissance,
D'vn myrthe deu couronne l'innocence;
Il me sufit que ton afection,
Mes vœux conduise à leur perfection.

PASTORALE.
ISANDRE.

Chacun content, le principal nous reste,
De s'aquiter vers la faueur celeste,
L'hostie offerte, & sincere, & sans pris,
Qu'amour depart à sa mere Cypris;
Les Dieux en peu nos courages épreuuent,
Et qu'auec eux aucun present n'apreuuent,
Ils font sentir aux pariures ingrats,
La pesanteur fatale de leur bras:
Alons amis, sa volonté suiuie,
Francs de soucis, de rancœur, & d'enuie,
A qui mieux, mieux, celebrer ce beau iour,
Qui nous écloſt vn miracle d'amour.

FIN.

Extraict du Priuilege du Roy.

PAR grace & Priuilege du Roy, il est permis à ALEXANDRE HARDY, Poëte de sa Majesté, de faire imprimer par tels Libraires, & Imprimeurs que bon luy semblera, toutes, & chacunes ses œuures, contenantes plusieurs Poëmes, Tragedies & Pastorales, par luy reueuës, & corrigées pour cét effet, auec defences à tous Libraires, Imprimeurs, Relieurs, & autres personnes de quelque estat, & condition qu'ils soient, de les imprimer où faire imprimer, ny en extraire aucune chose, si ce n'est du consentement dudit sieur Hardy, pendant le temps & espace de dix ans, à peine de trois mil liures d'amende, & autres peines contenuës en l'original du present extrait. Donné à Paris, le 8. iour d'Octobre 1622. Signé LANCY, & seellé de cire jaune.

ET lequel Priuilege a esté signifié, & d'iceluy baillé copie, à la requeste dudit sieur Hardy, aux Libraires, Imprimeurs, & Relieurs de cette ville de Paris, par Laurens Tempeste, Sergent à verge au Chastelet, les 22. 23. & 26. Nouembre 1622.

Ledit sieur Hardy a esleu & choisy pour imprimer sesdites Oeuures, Iacques Quesnel, auquel il a fait transport dudit Priuilege, suiuant l'accord qu'ils ont passé ensemblément, pardeuant deux Notaires du Chastelet de Paris.